晚清上海生活史

小校场年画中的都市风情

张伟 严洁琼 著

上海科学技术文献出版社
Shanghai Scientific and Technological Literature Press

图书在版编目（CIP）数据

晚清上海生活史：小校场年画中的都市风情/张伟，严洁琼著．—上海：上海科学技术文献出版社，2020
 ISBN978-7-5439-8160-7

Ⅰ．①晚…　Ⅱ．①张…②严…　Ⅲ．①社会生活—史料—上海—清后期　Ⅳ．① K295.1

中国版本图书馆 CIP 数据核字（2020）第 134054 号

策划编辑：张　　树
责任编辑：王　　珺
封面设计：留白文化

晚清上海生活史：小校场年画中的都市风情
WANQING SHANGHAI SHENGHUOSHI: XIAOJIAOCHANG NIANHUA ZHONG DE DUSHI FENGQING
张　伟　严洁琼　著
出版发行：上海科学技术文献出版社
地　　址：上海市长乐路 746 号
邮政编码：200040
经　　销：全国新华书店
印　　刷：上海新开宝商务印刷有限公司
开　　本：710×1000　1/16
印　　张：19.25
版　　次：2020 年 8 月第 1 版　2020 年 8 月第 1 次印刷
书　　号：ISBN978-7-5439-8160-7
定　　价：128.00 元
http://www.sstlp.com

张 伟

浙江镇海人。上海图书馆研究馆员,主要从事近代文献整理与研究工作。2011年主编《中国木版年画集成·上海小校场卷》,2015年出版《晚清都市的风情画卷——上海小校场年画从崛起到式微》(与严洁琼合作)。2019年任中国木版年画研究中心学术委员会委员。另著有《满纸烟岚》《遥望土山湾》《纸边闲草》《近代日记书信丛考》等,主编《中国近现代话剧图志》《上海图书馆藏历史原照》《中国现代电影期刊全目书志》等著作多种。

严洁琼

上海图书馆历史文献中心副研究馆员,从事近代文献整理与研究工作。自2010年起,参与馆藏年画整理工作,参与编撰《中国木版年画集成·上海小校场卷》,发表论文《小校场年画中的清末海上娱乐画卷》《清末民初时事年画中的"歪曲"与"真实"》等。

目/录
contents

上编
上海小校场年画发展概观

- 002 | 中国传统年画的历史回顾
- 007 | 从桃花坞到城隍庙——上海小校场年画的崛起
- 015 | 吴友如、钱慧安等海派画家与小校场年画的关系
- 022 | 谁是「梦蕉」？——小校场年画史上的一个悬案
- 028 | 「梦蕉」年画的版本现象
- 033 | 从「纪念通商」到「庆贺总统」——小校场年画中的「移花接木」现象
- 037 | 上海小校场年画的地域性和艺术风格
- 042 | 小校场年画的收藏与研究
- 050 | 当下社会中的年画走向

目/录
contents

中编
小校场年画个案研究

- 060 | 江南蚕丝业的繁盛画卷——以上海小校场年画为例
- 073 | 图像刻绘的民俗——小校场年画《打连厢》和《荡湖船》赏析
- 085 | 小校场年画中的吴方言
- 097 | 画中风景——沪上铁路诞生记
- 108 | 晚清上海的『车利尼马戏』热
- 119 | 年画视野中的晚清四马路风光
- 132 | 搬上年画的海上第一名园——上海张氏味莼园散记
- 144 | 《更上一层楼》与上海早期茶楼风俗
- 154 | 时事年画中的『歪曲』与『真实』

目/录
contents

下编
小校场年画的转身与衍变
——海派月份牌

- 177 | 月份牌的历史渊源
- 187 | 年画、石印广告画与月份牌的血亲关系
- 196 | 月份牌繁荣发展的两大助力
- 202 | 月份牌的形制演变与发行模式
- 207 | 月份牌创作的丰富内容
- 213 | 月份牌史上的三位关键人物
- 220 | 月份牌的价值
- 223 | 月份牌的收藏与研究

目 / 录
contents

231 — 原版后记：关于小校场年画的一些回忆

234 — 修订版后记：一份不成熟的答卷

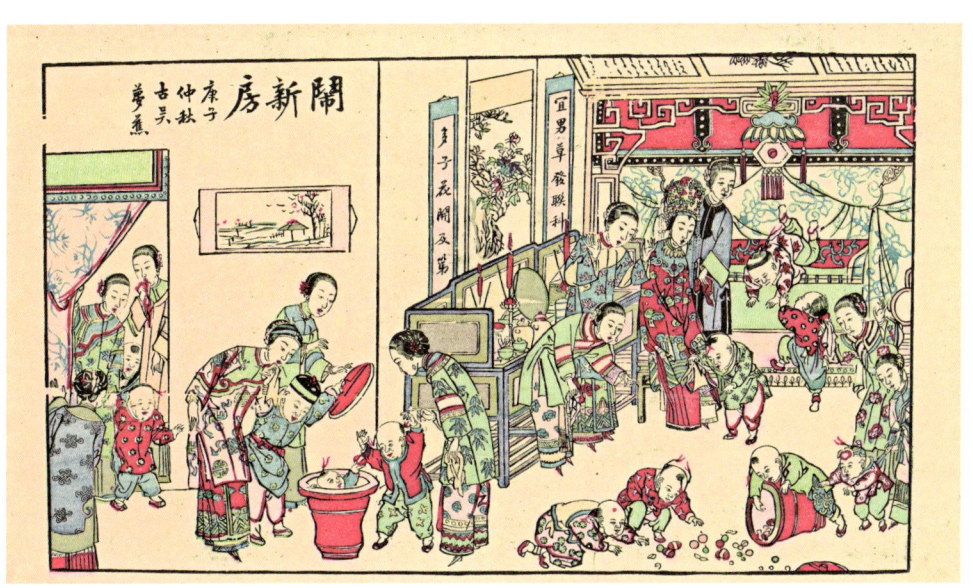

闹新房 / 上
合家欢 / 下

百子图龙灯胜会 / 左
百子图状元及第 / 右

天仙早送麒麟子 / 左
玉女常怀及第郎 / 右

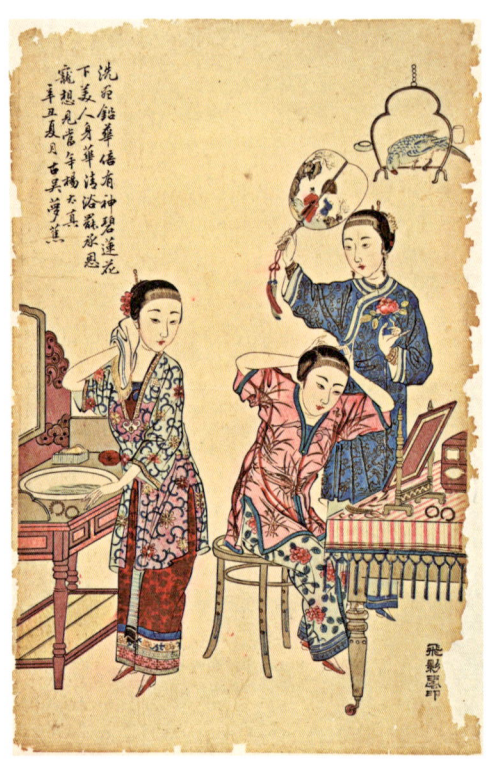
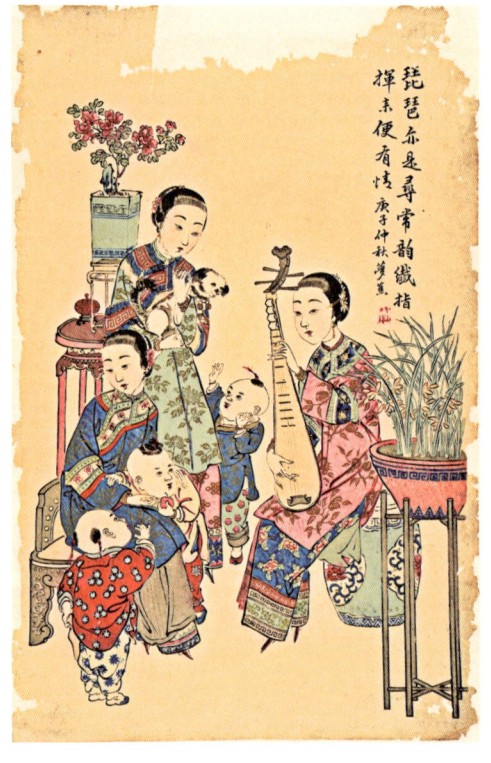

仕女出浴闺门画 / 左
琵琶有情闺门画 / 右

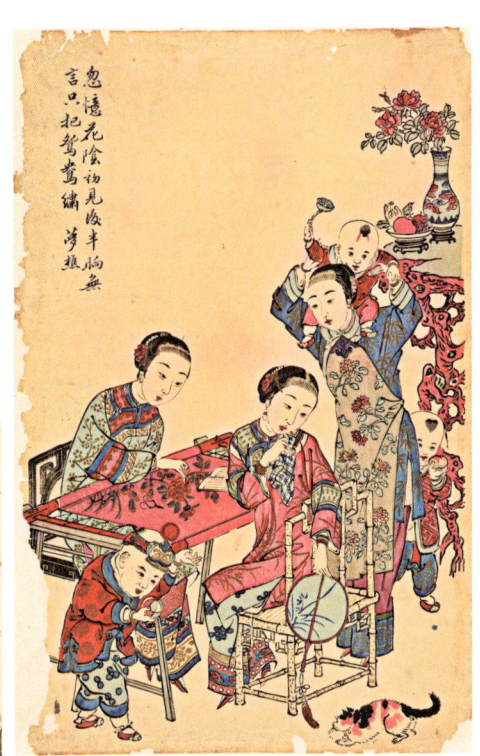

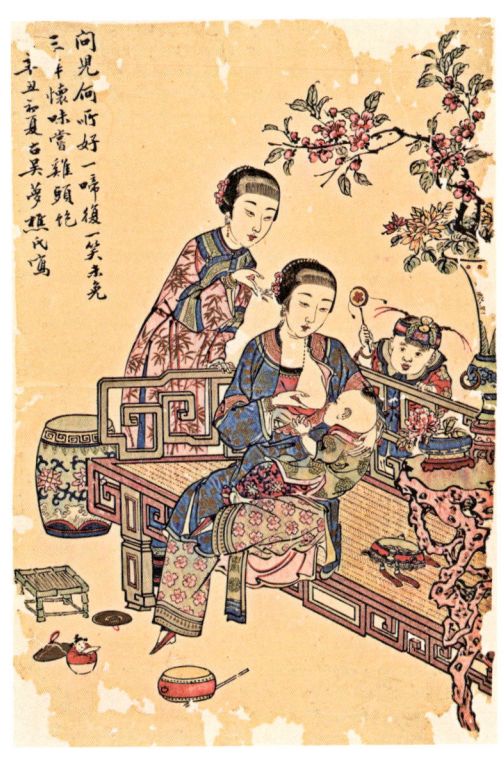

慈母哺乳闺门画 / 左
秀女刺绣闺门画 / 右

万年家庆 / 左
百福临门 / 右

竹报平安 / 左
花开富贵 / 右

满堂红 / 左
五子夺魁 / 右

五子日升 / 左
榴开见子 / 右

丹凤朝阳／上
闹元宵／下

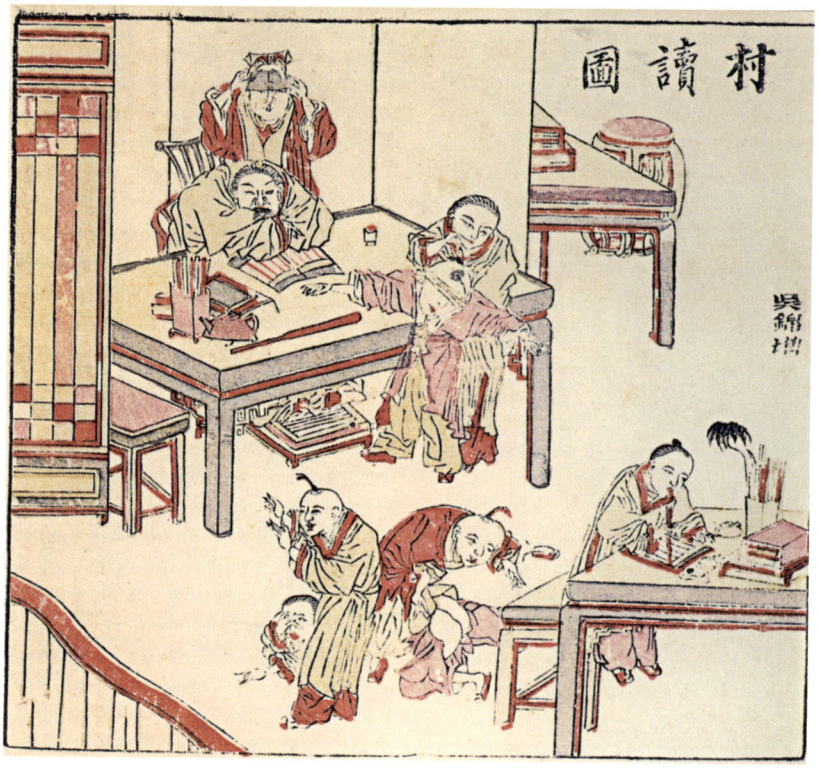

闹学堂 / 上
村读图 / 下

蚕花茂盛五谷丰登

蚕花茂盛 / 上
长春富贵 / 下

京都妓院十美踢球图／上
打连(莲)箱(厢)／下

荡湖船 / 上
新出改良西洋老鼠嫁亲女 / 下

上海新造铁路火轮车开往吴淞 / 上
上洋金利源码头长江火轮船 / 下

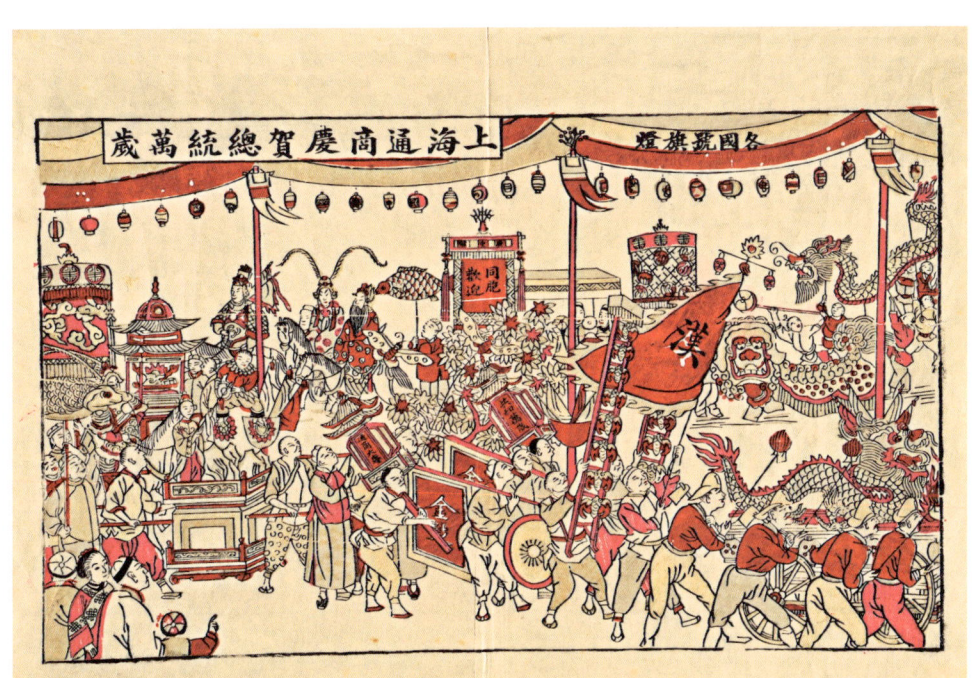

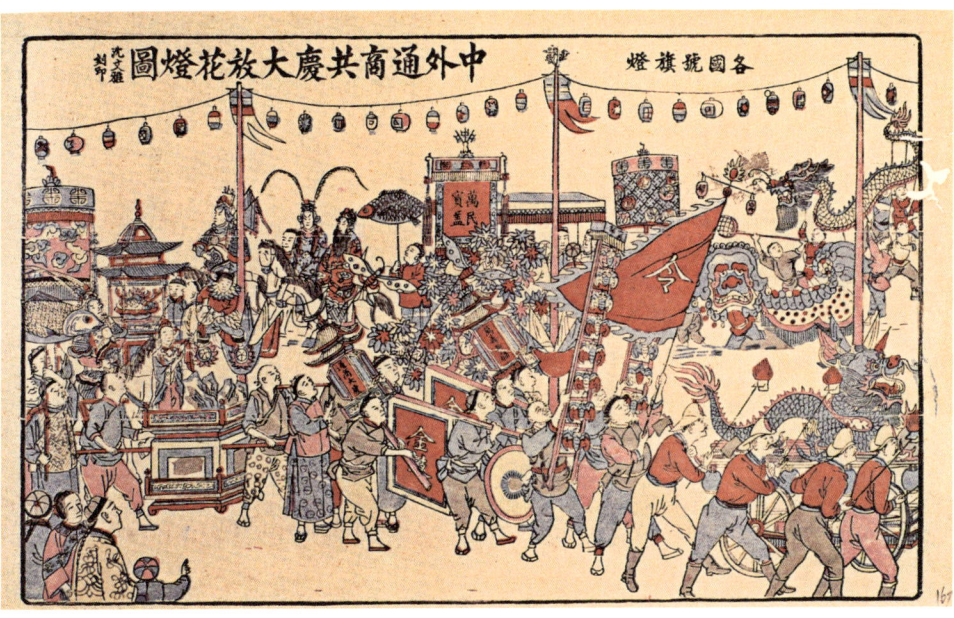

上海通商庆贺总统万岁 / 上
中外通商共庆大放花灯图 / 下

寓沪西绅商点灯庆太平 / 上

新刻希奇一笑图 / 下

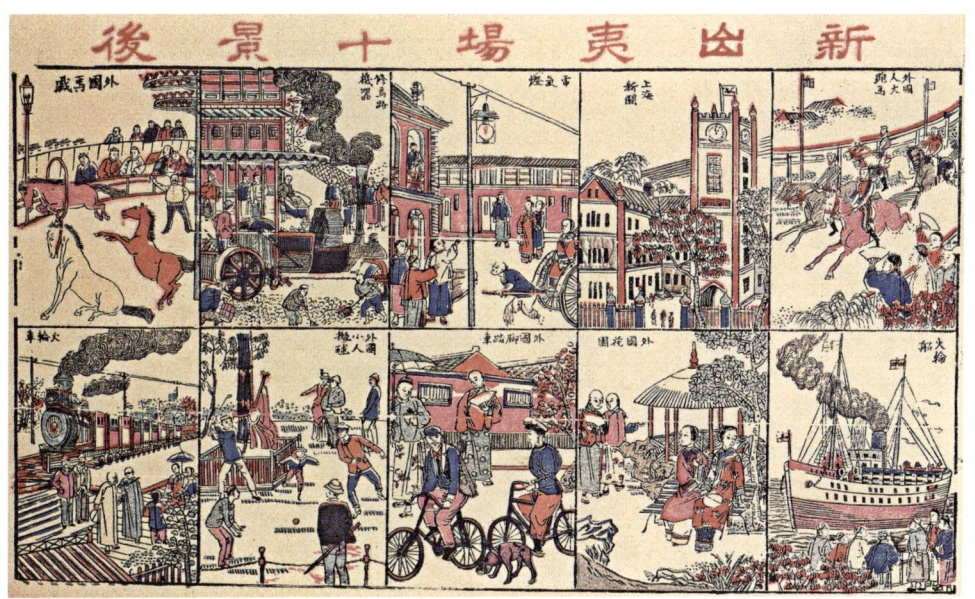

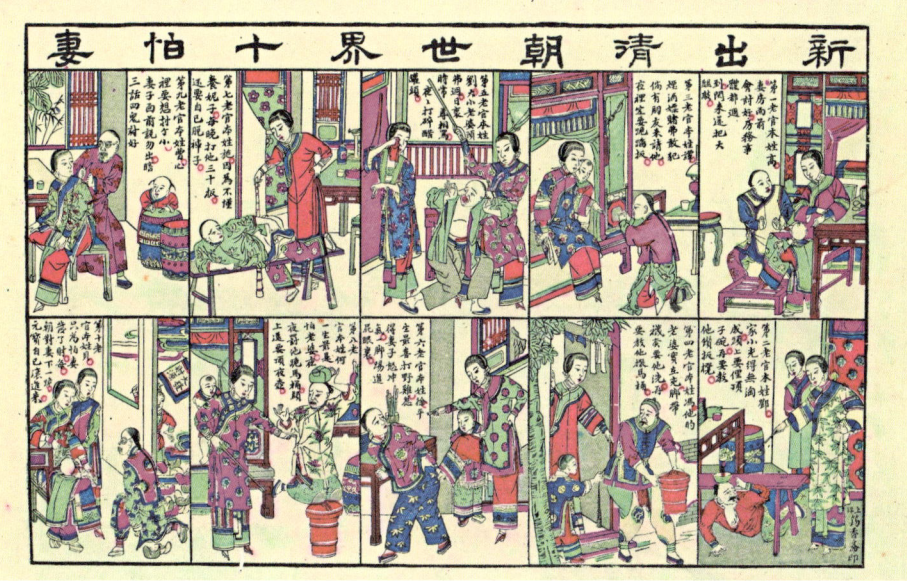

新出夷场十景后 / 上
新出清朝世界十怕妻 / 下

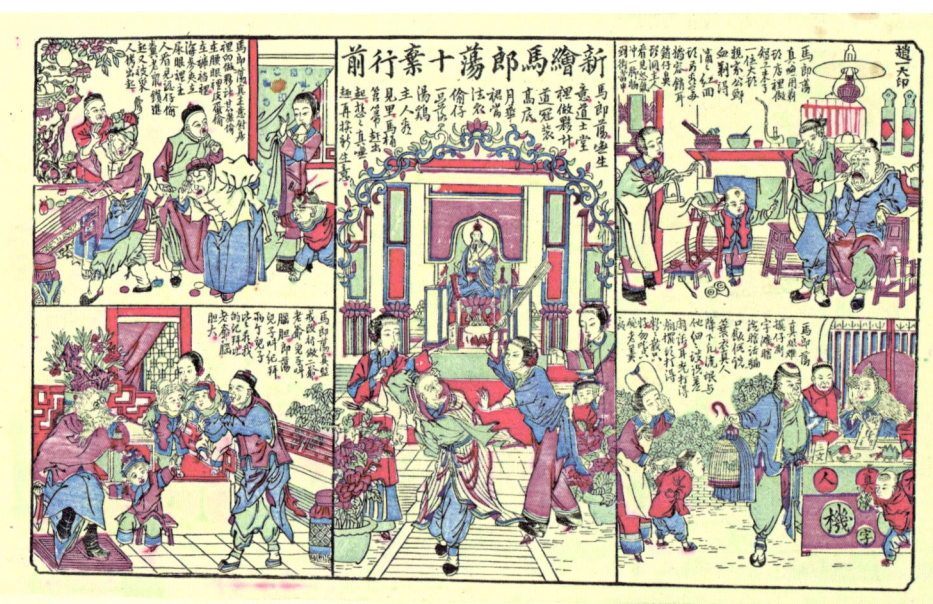

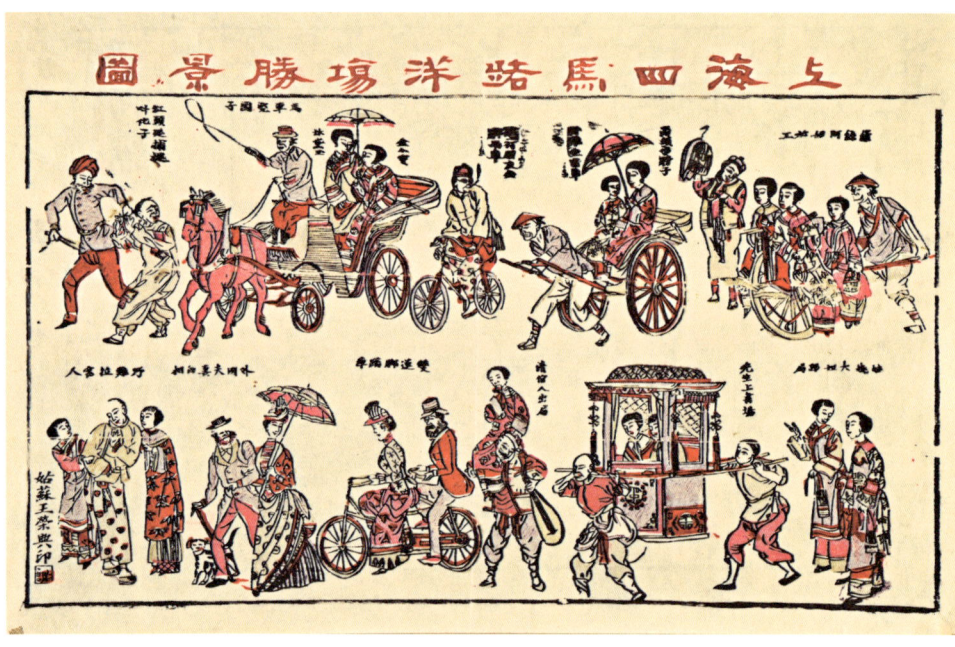

新出马郎荡十弃行前 / 上
上海四马路洋场胜景图 / 下

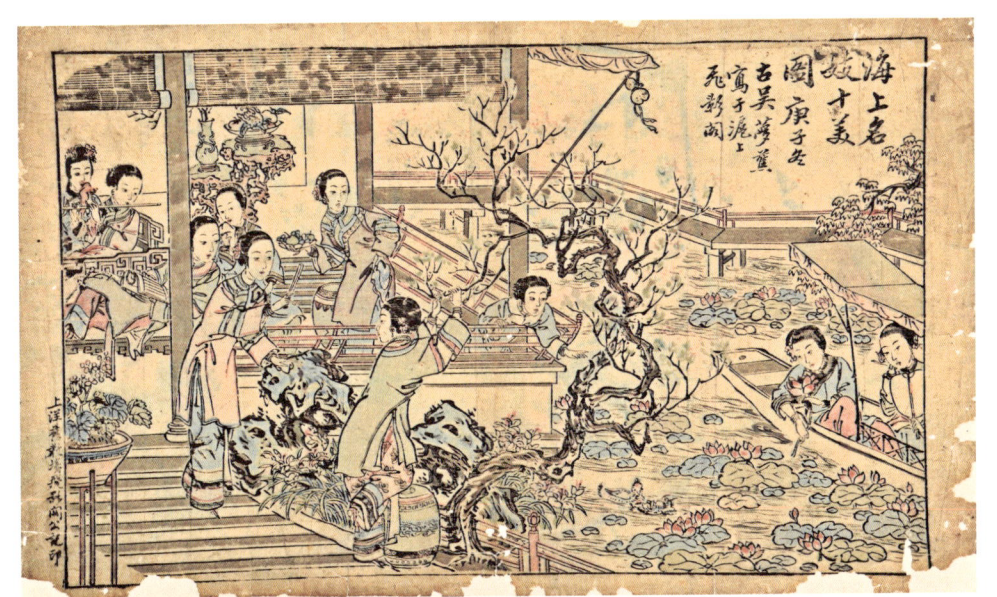
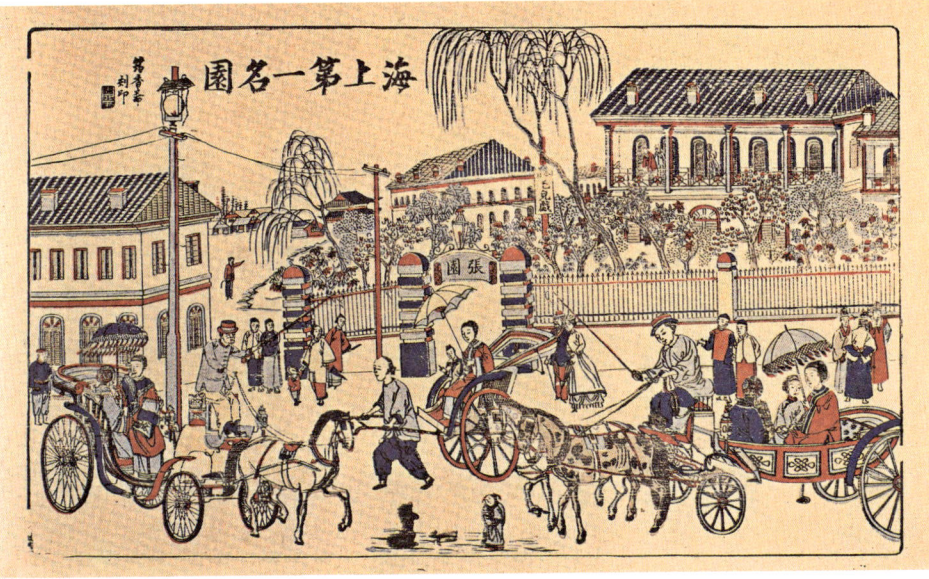

海上名妓十美图 / 上
海上第一名园 / 下

更上一层楼 / 上
西国车利尼大马戏空中悬绳大战 / 下

文明大舞台 / 上
豫园把戏图 / 下

清朝活财神大开聚美厅 / 上
曾国藩庆贺太平宴 / 下

刘永福镇守台南会同生番大胜 / 上

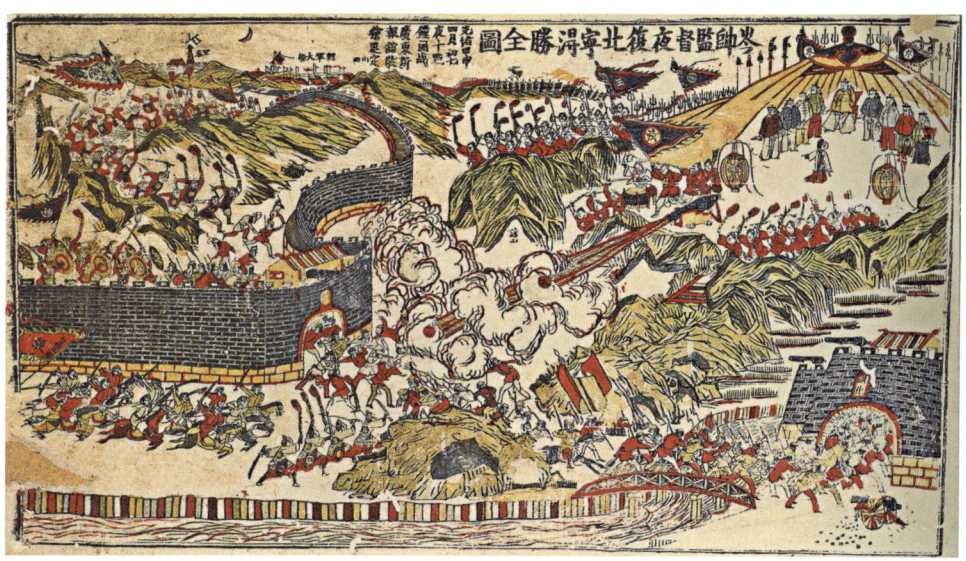

岑帅监督夜复北宁得胜全图 / 下

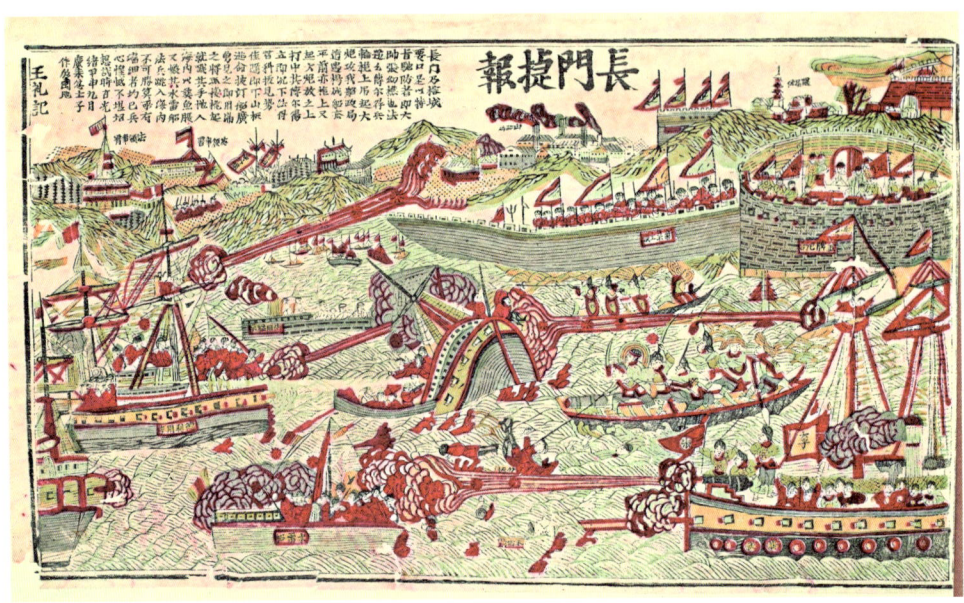

长门捷报 / 上
董军门杨村设计敌西兵图 / 下

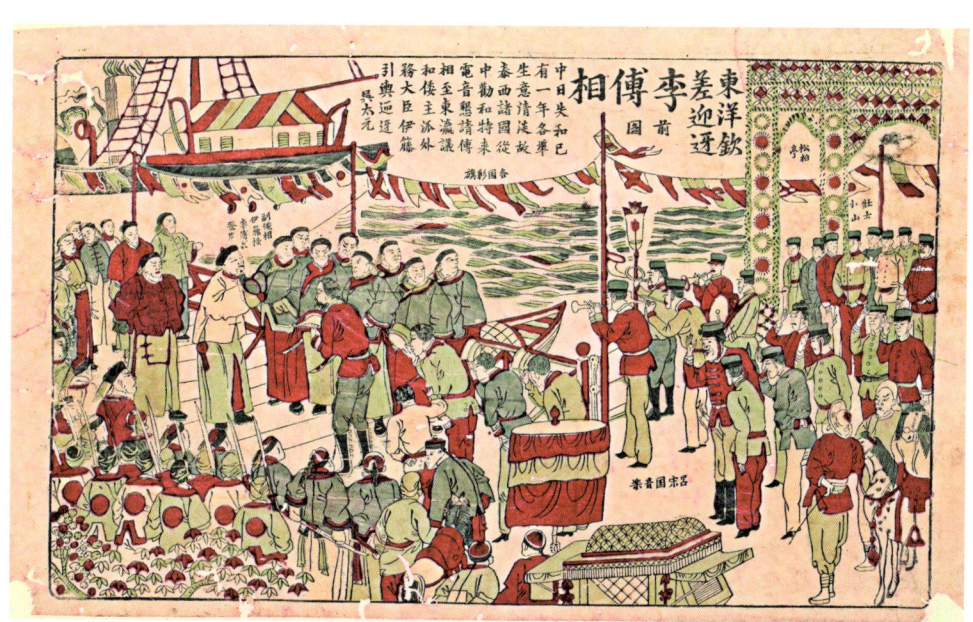

东洋钦差迎迓李傅相前图

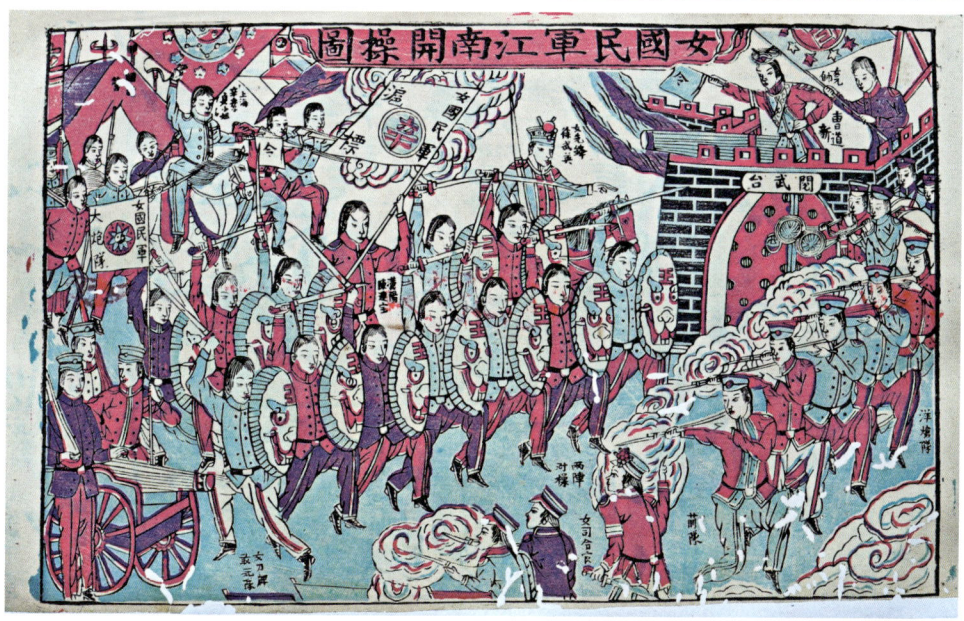

女国民军江南开操图

东洋钦差迎迓李傅相前图 / 上
女国民军江南开操图 / 下

鄂省官军与民国军伟人肖像 / 上
中华民国大总统府 / 下

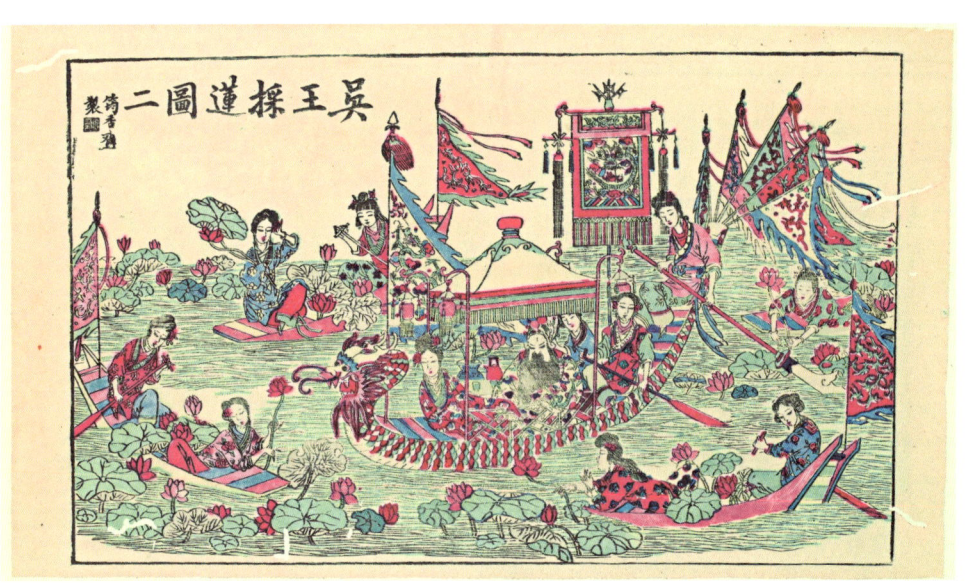

吴王采莲图二／上
花碧莲四望亭捉猴／下

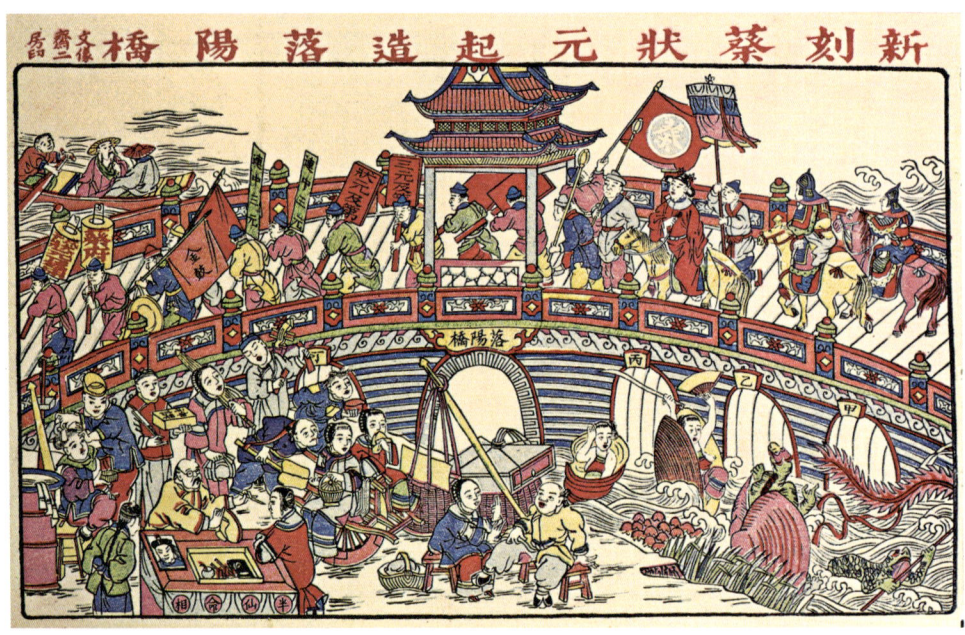

新刻蔡状元起造落(洛)阳桥 / 上
新刻说唱珍珠塔全传 / 下

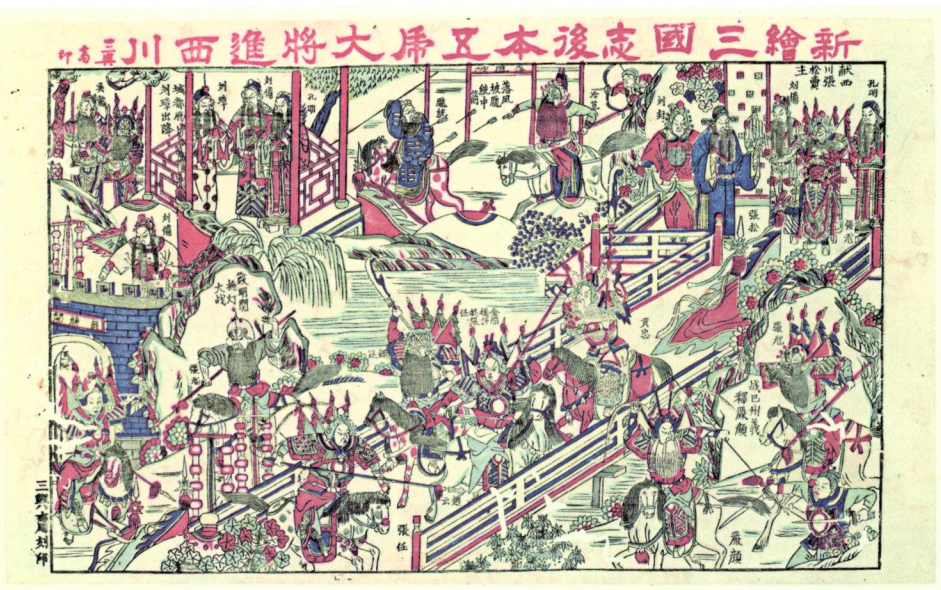

新绘三国志前本　曹兵百万下江南／上
新绘三国志后本　五虎大将进西川／下

征东传薛仁贵大破磨天岭 / 上
取黄金盒闺门画 / 下

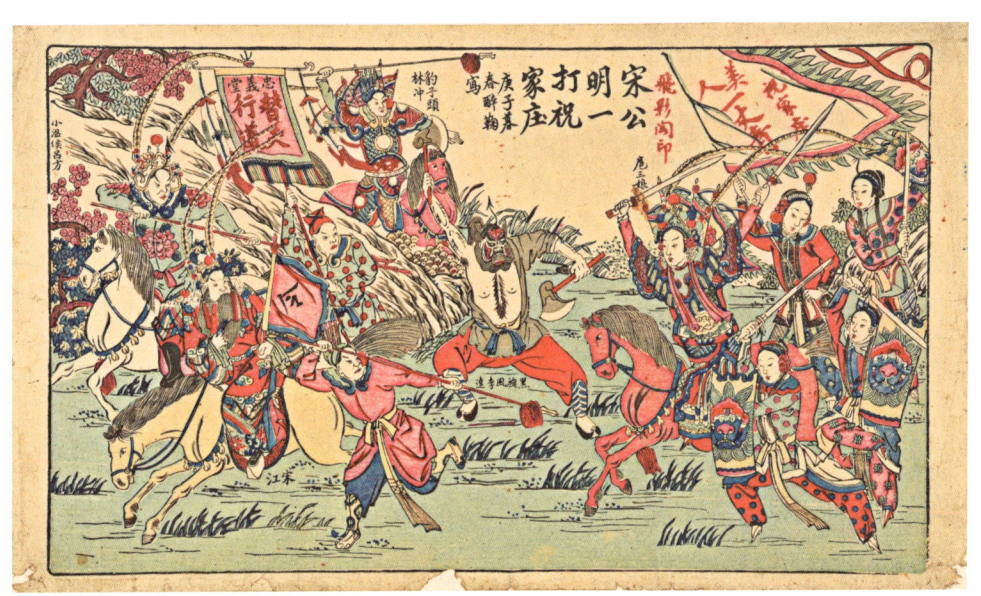

宋公明一打祝家庄（庄）/ 上
双包案五鼠闹东京 / 下

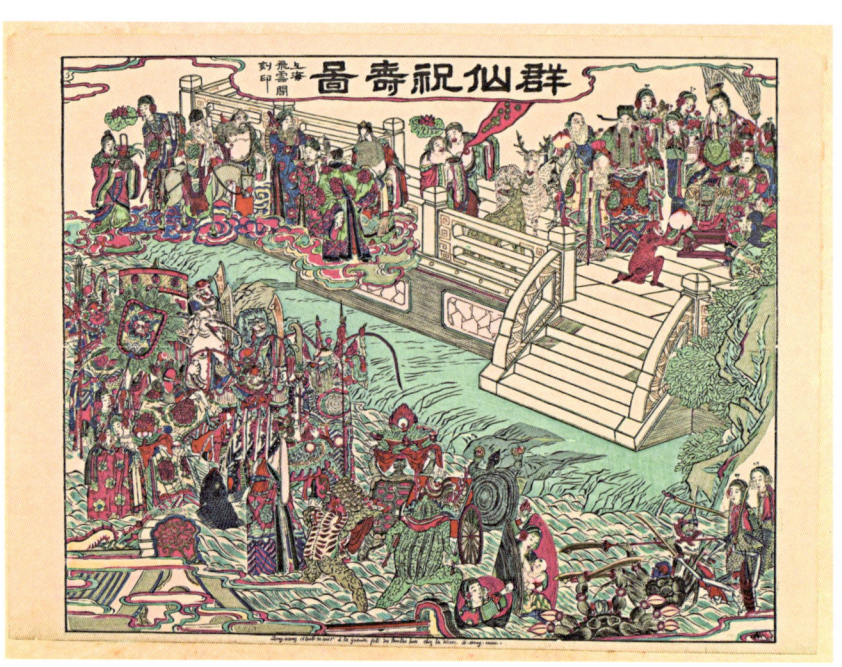

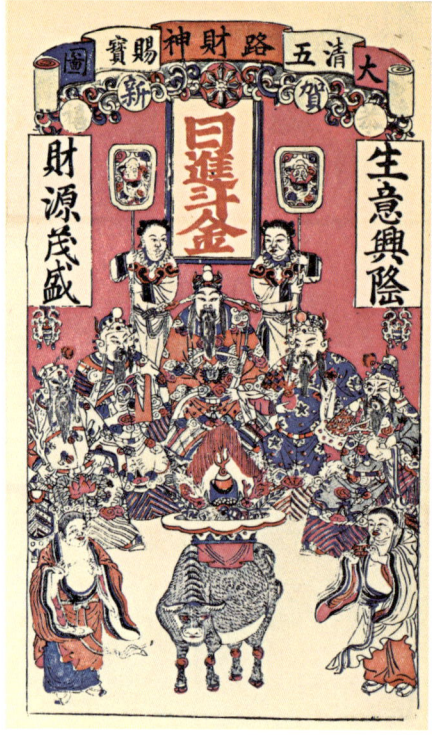

群仙祝寿图 / 上
大清五路财神赐宝 / 下

五鬼闹判 / 上
孙行者大闹蟠桃会 / 下

文王访贤八百八年 / 上
光绪三十五年罗汉春牛图 / 下

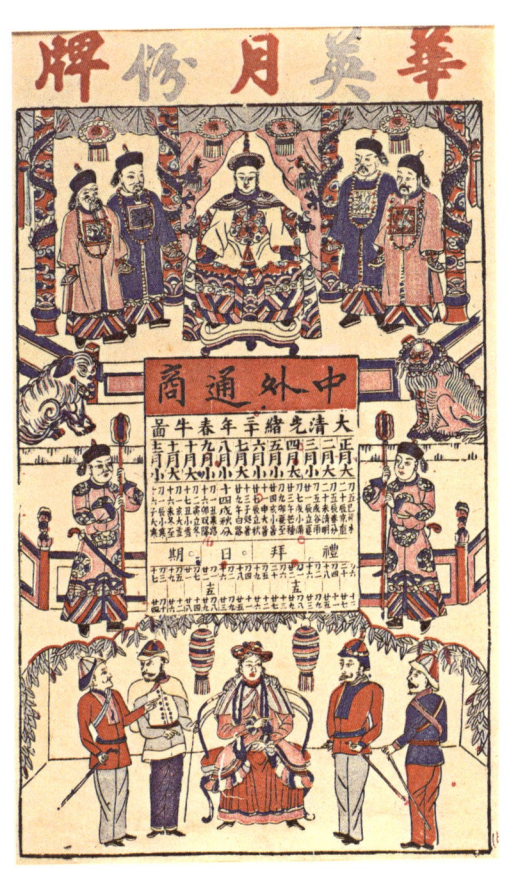

中外通商华英月份牌 / 左
华英进宝月份牌 / 右

中华大汉民国月份牌 / 上
光绪三十年万仙牛图 / 下

招财进宝 / 左
龙虎真人天师 / 右

欢天喜地 / 左
紫薇高照 / 右

张仙送子 / 左
春蚕胜意 / 右

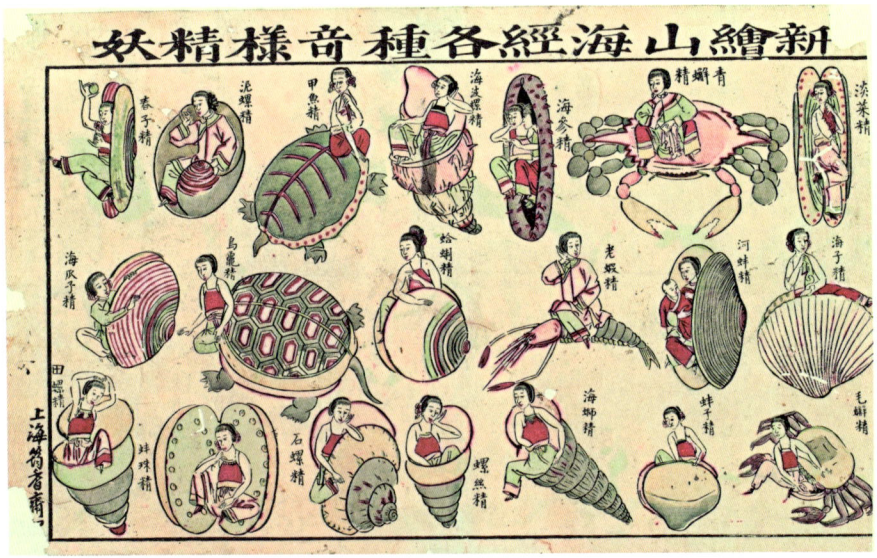

蚕花茂盛 / 上
新绘山海经各种奇样精妖 / 下

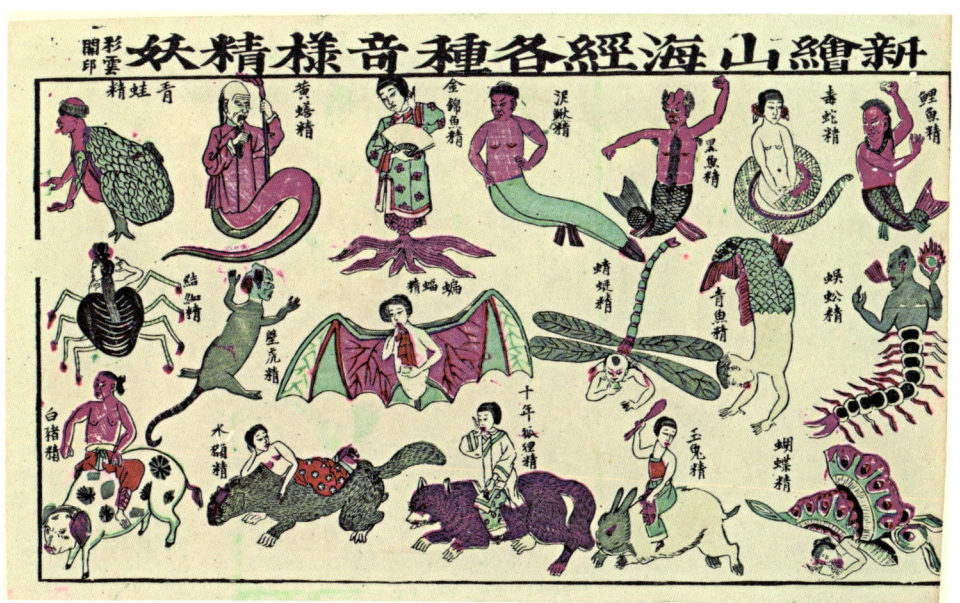

新绘山海经各种奇样精妖 / 上
孙悟空巧盗芭蕉扇 / 下

高老庄猪八戒招亲 / 上
白蛇传 / 下

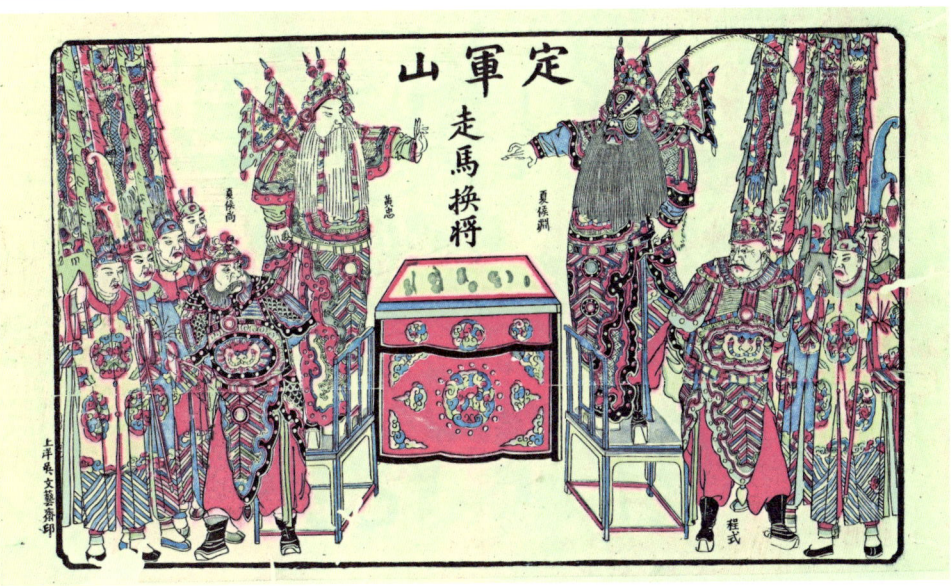

韩信九里山十面埋伏困项羽 / 上
定军山走马换将 / 下

刘皇叔东吴招亲 / 上
景阳岗（冈）/ 下

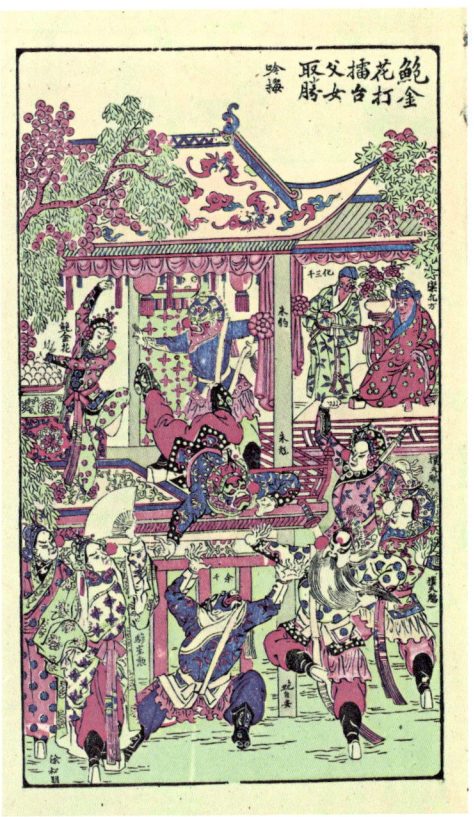

鲍金花打擂台父女取胜 / 上
济小唐大闹花灯 / 下

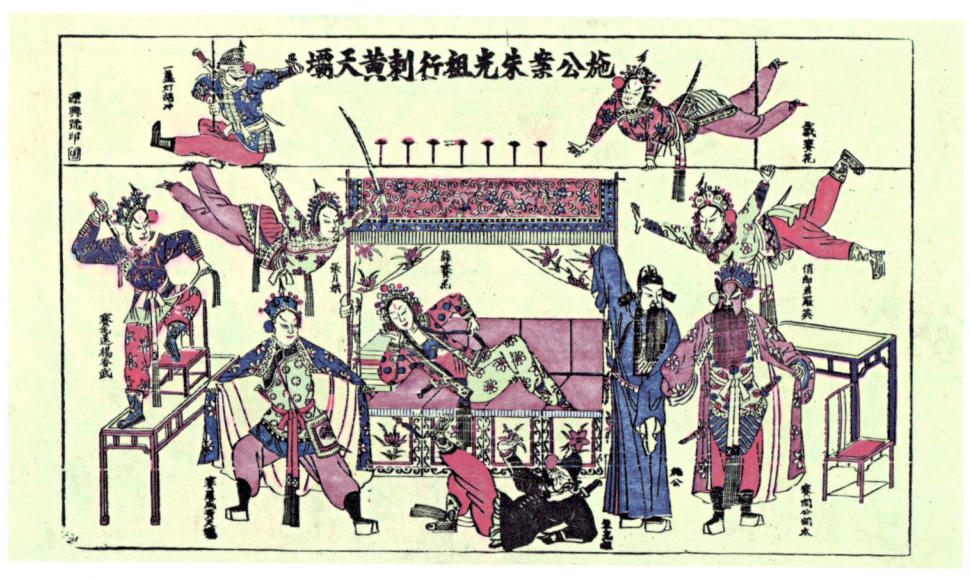

施公案朱光祖行刺黄天霸 / 上
隋炀帝下江南 / 下

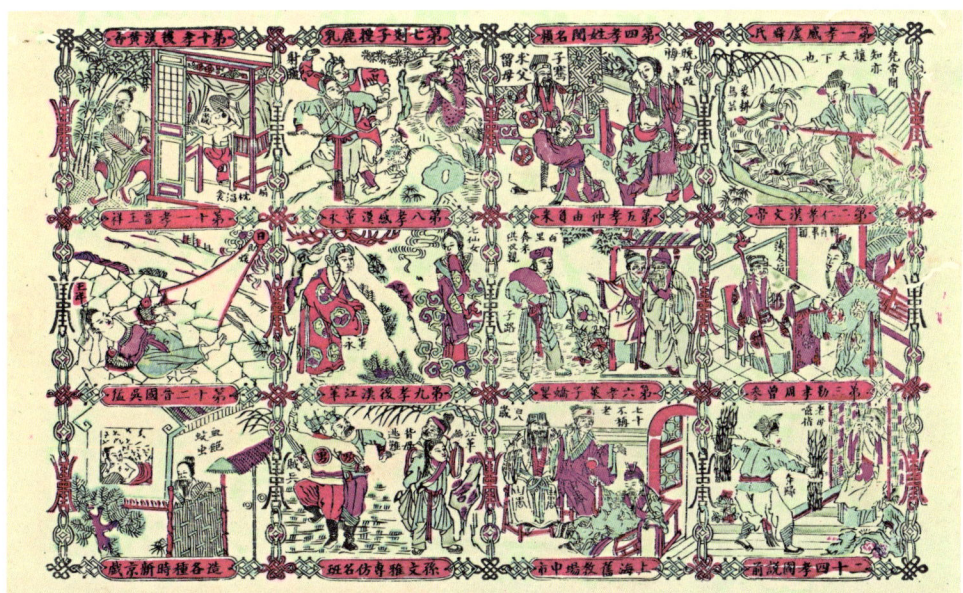

二十四孝图说前 / 上

二十四孝图说后 / 下

三百六十行之卖西瓜 / 上

市井各业 / 下

彩色石印画　光复起象 / 左
彩色石印画　振武台 / 右

彩色石印画　豫园九曲桥宛在轩 / 左
彩色石印画　梦笔生花 / 右

彩色石印画　子孙万代／上
彩色石印画　鸳鸯桥／下

周慕桥绘《视远惟明》,彩色石印画 / 上
周慕桥绘《民国万岁》,协和贸易公司 1914 年月份牌 / 下

中国图书公司 1912 年发行《中华民国元年月份牌》/ 左
徐咏青为英商亚细亚火油洋烛绘 1924 年月份牌《深山古刹》/ 右

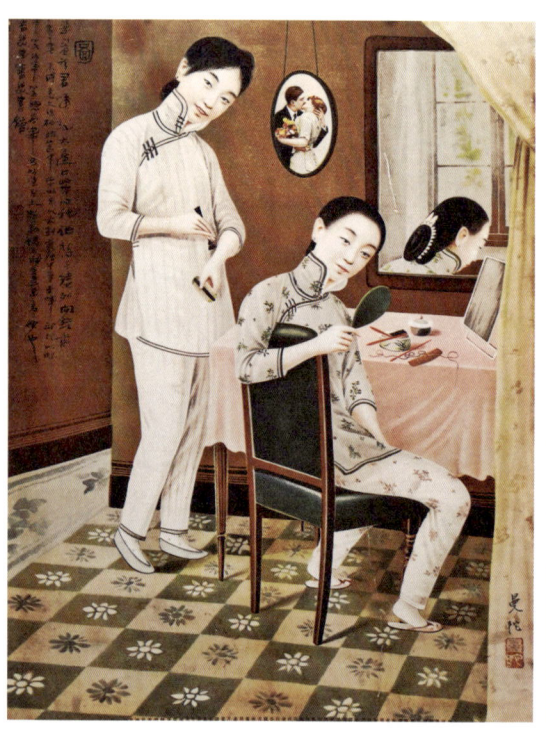 

郑曼陀 1913 年绘《晚妆图》挂屏月份牌画，
高剑父题句，审美书馆出品 / 左
郑曼陀 1920 年绘《梅边倩影图》月份牌 / 右

谢之光为中国华成烟草公司绘香烟广告画《村童闹学》/ 上
胡伯翔绘《秋水伊人》，英美烟公司 1930 年月份牌 / 下

杭稚英、谢之光等十一位画家绘月份牌《木兰还乡图》(1940年)/左
杭稚英绘《琵琶少女》月份牌/右

唐铭生绘《(李霞卿)环球飞行》月份牌 / 左
金肇芳1950年代绘月份牌年画——《练好身体，加紧生产》，金肇芳绘 / 右

金梅生绘新年画《红色娘子军》/ 上
李慕白、金雪尘绘新年画《踢毽子》/ 下

上编

上海小校场年画发展概观

SHANGHAI XIAOJIAOCHANG NIANHUA
FAZHAN GAIGUAN

中国传统年画的历史回顾

年画是中国的，年画是民俗的，年画是童年的印象，年画是故乡的梦境，年画是一个世纪前的故事，年画是祖宗先辈留给后人的文化遗产。我们的先人希望好事成双，希望神虎镇宅，希望百福临门，希望天下太平……他们把所期冀的一切表现在年画里，因为只有在"年"里，他们的生活才最接近理想。今天，当我们翻开一幅幅画面虽略显陈旧、色彩却依然光鲜的年画，眼前会自然浮现出这样的景象：数百年前的父老兄弟们恭恭敬敬地把财神菩萨请上神龛，把不同内容的年画贴到墙上，然后用小笤帚轻轻地刷拂，让它们妥帖地粘好。紧接着，喜庆的鞭炮冲天而起，在热闹的炸响声中，孩子们欢呼雀跃起来。五光十色的年画装饰了中国历代百姓的梦，点缀着他们一代又一代平凡的生活。时光流转，现代生活改变了我们过年的形式，古老的年画也正在逐渐淡出我们的生活，但是那份醇厚的回味却依然留在了我们的记忆深处，这里，就让我们先稍稍回溯一下中国年画走过的历程。

年画是一种深深扎根于民间的造型艺术，有着最广泛的群众基础和社会影响。长期以来，各地年画之所以受到人民群众的深深喜爱，不仅仅在于画面热闹紧凑、色彩鲜艳夺目，以及人物俊俏、画题吉利等等，更重要的还在于它的题材符合老百姓的意愿，它表现的内容迎合了广大民众的心理。年画是在漫长的岁月

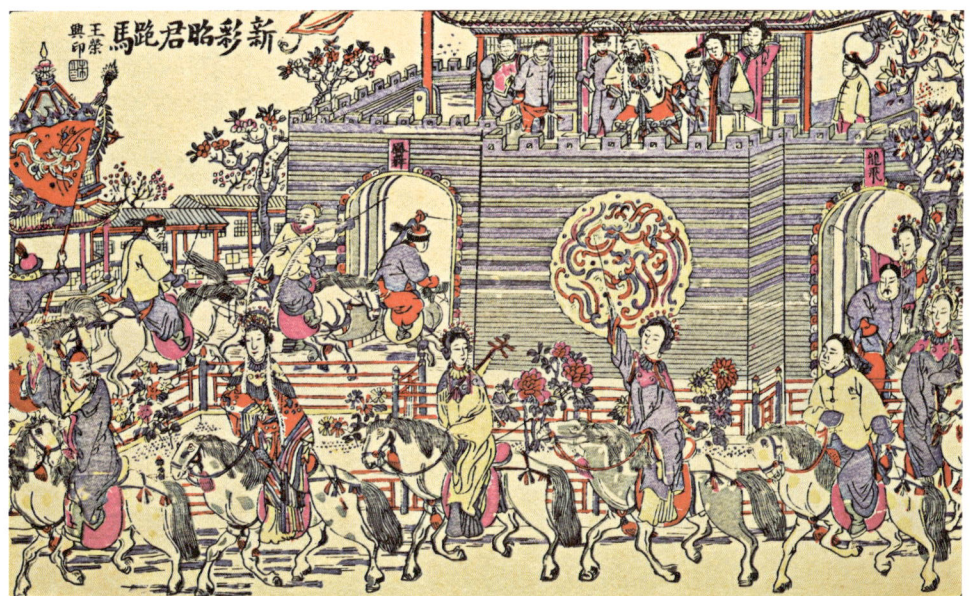

山东潍坊杨家埠年画《草船借箭》/ 上
苏州桃花坞年画《新彩昭君跑马》/ 下

里，随着年节风俗的演变而衍生形成的，它的起源可以追溯到人类远古时期的自然崇拜观念和神灵信仰观念。我国早期的年画都与驱凶辟邪、祈福迎祥这两个母题有着密切关系，在祈祷丰收、祭祀祖宗、驱妖除怪等年节风俗习俗化的过程中，逐渐出现了与之相适应的年节装饰艺术，如画鸡于户、画虎于门等等。以后，随着社会的发展，人类对自然的崇拜逐渐转化为对社会性的人格神的崇拜与信仰，从最早的桃符、苇索、金鸡、神虎，到神荼、郁垒，再到后来的庞涓、赵云、尉迟恭、秦叔宝等武将和钟馗、天师、东方朔等神仙，其间有着一条鲜明的发展轨迹。而福寿天官、当朝一品、加官进禄等吉祥题材，也是当时民众最喜欢的内容。孟元老的《东京梦华录》、周密的《武林旧事》等典籍，都记载了宋代京城春节期间出售年画之类吉祥装饰品的景况，从中可看出当时年画的张贴已普及于城镇居民之中。明代，小说、戏曲插图的勃兴对年画的发展有很大促进，寓意吉庆祥瑞和表现民间风俗的内容得到重视，年画的创作印制和购买张贴逐渐发展为欢乐喜庆、装饰美化环境的节日风俗活动，年画的一些典型题材，如"一团和气"、"八仙庆寿"、"万事如意"等已趋于定型；饾版拱花技艺的发明，使年画的印制更为丰富多彩；年画的几个最重要的创作基地：天津杨柳青、山东潍坊杨家埠和苏州桃花坞，也均在明代兴起，并已俨然成市，有了较大规模。年画在清代进入鼎盛阶段，康、乾年间国泰民安的社会盛世，为年画的繁荣打下了坚实的基础；通俗小说的风行，又为大量的年画作坊提供了丰富的创作素材。清初年画的一个最主要特征就是：在题材上，出现了大量以历史故事、神话传说、戏曲人物、演义小说为主要内容的作品。由于各地年画产生的文化背景不同，因而在表现手法、形式风格等方面都存在着明显差异，如杨柳青年画因临近京城，深受宋元院画的影响，注重写实，描绘细腻，画面精细绚丽，颇具皇家气象；桃花坞年画出自中国最富庶的地区，擅长描绘盛大的场景，叙述完整的故事情节，追求重彩异色，呈江南富态；而杨家埠年画产生于齐鲁大地，又受四川古文化的影响

（杨家埠杨氏祖居四川梓潼），作品风格质朴、简洁，乡土气息浓郁。上海是中国近代崛起的文化大都市，在各种艺术门类中都不会甘于寂寞，年画亦是如此。鸦片战争后，上海的"小校场年画"异军突起，成为年画生产的一股新兴力量，形成了不同于其他年画创作的海派风格，并成为中国传统木版年画史上的最后一个繁荣阶段！

年画，是沉积于中国农耕社会的民间艺术，是中华民族特有的一种文化，千百年来为人们所喜闻乐见。它直接反映了市民百姓的情感和愿望，有着浓郁的生活气息和乡土氛围。中国民间社会有一些非常稳固的精神内核，即使遇到战乱、灾荒等，也能很快自我修复。比如强调家族血统的纯洁和延续，要"裕后光前，慎终追远"；比如强调知足、守常，追求个人与家族、社会以及自然的和谐等等。而年画，就是绵延不绝传递这种民间价值观的重要载体之一。这些粗犷率直、简朴飘逸的绘画作品，承载了中国悠久而深长的民间文化，它让美术从文人画的冷逸格调转向老百姓的现实生活，千百年来老百姓以此建立起了精英文化之外的另一种文化。年画的鲜明特色之一在于它的朴实直露，毫不掩饰地表白对美好生活的向往。看看当时的年画：男耕女织、五子登科、劫富济贫、财多福多等等，几乎无所不包，而归根结底，不外乎安居乐业，人财两旺。这种对于生活的最基本需求的表达，与文人画冷逸含蓄的境界形成了鲜明的对比。这些年画内容，历几百年而不变，代代相传，为老百姓所真心喜爱。通过一年一次的仪式，中国人将这种稳定的价值观一代代传续下来。各地年画中有许多这样的范例，例如有一幅名为《黄金万两》的晚清年画非常典型。这是一幅过去商家喜帖的装饰画，图中头扎双髻的善财童子，右手举双鱼如意，左手执"日进斗金"彩旗，脚下为聚财宝盆和元宝盈满。头顶上方为"黄金万两"的联笔减画，四周绘彩凤、双钱、方胜、宝珠等吉祥物，气氛欢乐。一幅小小的年画，集众多吉祥祝愿于一身。从表面上来看，市民阶层的审美趣味似乎总是与物质表层的追求保持着太多的关联，其实，在动荡不安、朝不保夕的乱世，那种对平静生活的向往，正是众多中国人的普遍心理需求。而如果更进一层去探求，人们对庸常生活的体验和追求，也绝不会仅仅只停留在物质层面，看似波澜不兴的下面，其实涌动着丰富的精神世界。在当时忽视民众教育、制造愚昧的封建社会，年画的直观形象粗犷简朴，在民间替代了儒家经典，起着文化启蒙、普及教育的作用。长期以来，在中国民间正是通过张贴年画和观看戏剧、欣赏说书等形式，让老百姓朴素地认识到自己应持有的伦理规范和道德评价尺度。故现在保存下来的这些年画，其价值绝不仅仅只体现在美术和民俗文献上，它们更是认识过去人们思维模式、心理行为的一个重要参照系。

从桃花坞到城隍庙
——上海小校场年画的崛起

苏州自古为东南名郡，唐宋以后商业愈益繁盛，至明代时已成为工商业繁聚、人才荟萃之地。苏州是吴派绘画的中心，也是当时的版刻重镇，民间美术特别发达，涌现了大量优秀的文人书画家及职业画家和画工、雕匠，这一切催生了精美的苏州桃花坞年画。清雍、乾年间，苏州年画达到繁华顶峰，画铺有数十家之多，年画产量达百万张以上，作品行销江苏、浙江、安徽、山东一带，有些甚至远销到南洋等地。当时山塘一带以手绘年画著称，而桃花坞所产则以版刻为精，桃花坞年画也因此有"姑苏版"之称。流风所及，不但影响到扬州、南通、上海、芜湖等周边地区的画铺作坊，一些畅销年画常被翻版复印，摹刻仿制，甚至连日本的浮世绘也受到深刻影响。桃花坞年画以精细富丽为特色，鲜明热闹中蕴涵雅致，擅长绘刻历史故事、传奇小说和戏曲唱本，特别是表现流传于南方一带的故事传说，如《珍珠塔》《三笑姻缘》等尤为特色；至清中后期，一度又非常流行时装美人图和时事新闻画，其中蕴有明显的文人趣味。咸丰年间，太平天国军队攻袭苏州，与清军爆发激烈的战斗，苏州城焚毁严重，年画铺的版片也被付之一炬，桃花坞年画遭到毁灭性打击，从顶峰跌下深渊，从此再未能重现繁荣之景。

上海的小校场年画正是发轫于苏州桃花坞，所谓此起彼伏。据文献记载，上海早在18世纪末至19世纪初的清嘉庆年间已开始有年画生产，当时沪南城隍庙一带因庙会聚成街市，汇集起不少制作和销售纸锭、香烛等民俗用品的店铺，同时也有一些画商在此代销外埠年画，但只是零星点缀，并不成气候。有文献证明，最早一位来沪经营的桃花坞画商是清道光年间在小校场设摊的，名叫项耀，曾开过一家名叫飞云阁的画店经销自己出品的年画[①]。1860年太平军东进攻陷苏州后，不少桃花坞年画业主和民间艺人为避战乱纷纷来沪，落户城南小校场，有的开店重操旧业，有的受雇于上海的年画店庄。这股新鲜血液的注入，为清末上海年画的蓬勃发展打下了雄厚的基础。当时上海年画的生产销售之所以多集中在老城区小校场周围（今黄浦区旧校场路一带），是有其历史渊源的。小校场位于上海城隍庙西边，原为操练士兵用的练武场，明正德九年（1514），由上海知县黄希英主持辟建。清康熙五十九年（1720），提标右营全军移至上海县城，于是，原来的演武场顿显窄小，不敷练兵之用，遂在城外东南方即今东江阴街以南、陆家浜路以北的地方另辟一个新的大演武场。这样，原先的演兵场就被称为旧校场或小校场，且日渐荒芜，后被市房蚕食占据，成为街市。

小校场因临近城隍庙，以庙会而兴起市场，逐渐成为繁荣的商业区。这里有商业公所十余个，商贩们沿城隍庙一带设店经营，形成商业街区十余条，主要供应日常百货和笺扇、玉器、书画、香烛等古玩、民俗商品。至光绪初年，印制、贩卖年画的日渐增多，年节时分则销售更旺，方圆百米之内，众多年画店铺林立其间，彩幌遥对，金匾夺目。各店争相把最新刻绘的年画样张悬挂起来，笑脸相迎，热情接待；买家则漫步其间，悠闲挑选，讨价还价，一派热闹景象。如果逢年过节，则人来车往，晨聚暮散，行商小贩趸年画者源源不断，酒

---

① 杨逸：《海上墨林》，1920年木刻初版，转引自陈正青标点，上海古籍出版社1989年5月版。

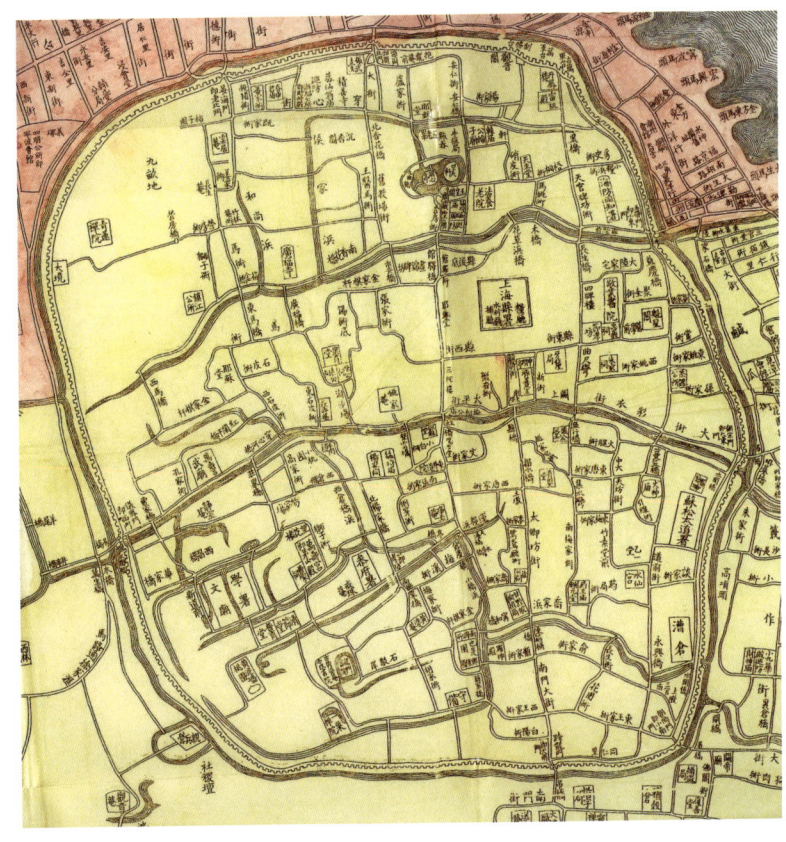

家、茶楼、旅舍皆座无虚席,人满为患。光绪末年有人撰《竹枝词》描写年画销售的场景:"密排争战画图张,鞍马刀枪各呈强。引得游人多注目,买归数纸慰儿郎。"①

当时上海小校场一带经营年画的店铺工场有几十家之多,小校场遂有"年画街"之称,小校场年画也因此成为上海年画的代名词。在今天尚存世的一些小校场年画中,还能找到不少当年经销年画的商家名号,如芳记、源兴号、爱莲堂、福斋画店、韩青华斋等,其中以飞影阁、吴文艺、沈文雅、赵一大、筠香阁等年画庄最负盛名。经仔细辨别,我们将这些年画店号整理列表如下:

---

① 颐安主人:《沪江商业市景词》,光绪三十二年石印本。

上海县城厢租界全图(邑庙部分)。此图由中国人许雨苍于光绪元年(1875)绘制、光绪十年(1884)点石斋在其基础上更正缩印而成,为套色石印本

表1

店名	地址	主要活动时间	刻印发售的主要作品
吴文艺斋	新北门内旧校场中（下同）	19世纪末20世纪初（下同）	长春富贵西洋斗鸡 孟姜女万里寻夫 刘永福镇守台南大胜 百子图龙灯胜会
孙文雅			韩信九里山十面埋伏困项羽 三国唐宋故事六出 二十四孝
赵一大			虎牢关 西洋老鼠嫁女 合家欢
筠香斋			吴王采莲图 观音游地府 市井各业 海上第一名园
源兴号			姜太公 施公案朱光祖行刺黄天霸 孙行者闹龙宫
飞影阁			连环计 荡湖船 五子日升 瞎子捉奸
飞影阁公记			海上名妓十美图
飞影阁协记			赵家楼
飞云阁			新出伐子都大战惠南王 夺小沛 榴开见子
老飞云阁			子龙长江夺幼主
飞云阁鼎记			新增翼州马超报仇 征东薛仁贵金沙滩救驾 文明大舞台京戏海报
异新斋			新绘三国志全部
陈茂记			张四姐闹东京
沈文雅	小东门内邑庙西首（下同）		湖丝厂放工抢亲图 宋十回闹江洲劫法场 中外通商共庆大放花灯图

(续表)

店　名	地　址	主要活动时间	刻印发售的主要作品
沈文雅希记			大四杰村
文仪斋			银坑洞七擒孟获 清朝活财神大开聚美厅 西国车利尼大马戏空中悬绳大战
文仪斋二房			新刻蔡状元起造洛阳桥
老文仪澜记			福禄寿禧八仙飞禽走兽马灯 张天师 琴箫缘
鸣凤	小东门内长生桥北		
三六轩画店	老北门外		打连箱（厢） 闹学堂
韩青华斋	不详（下同）		陈翠娥赠塔 方卿唱道情
久和斋			新出珍珠塔 绣像三国志英雄谱 无底洞老鼠做亲
青云斋			古装仕女四条屏
三兴斋			新绘三国志
铭香斋			曾国藩庆贺太平宴
彩云阁			光绪三十四年四海升平图
爱莲堂			五虎平西风云扇破元槌 上洋金利源码头长江火轮船
福斋画店			白蛇传四条屏 四美图四条屏
吴长兴			旗装仕女四条屏
杨义成			
陆新昌			新出改良西洋老鼠嫁亲女 猢狲抢帽子 中华民国月份牌
顾鸣记			
王文雅			真打茶碗

(续表)

店　名	地　址	主要活动时间	刻印发售的主要作品
妙自然堂			沪江迎迓醇亲王
上洋新记			光绪三十四年赐福春牛图 举鼎观画
上洋芳记			刘帅深谋远虑周
孙文裕			三百六十行之九：洋妇人坐轿
宝和斋			麒麟送子
吴太元（上海分店）			三百六十行之三：街头卖艺
吴锦增（上海分店）			三百六十行之五：卖篦子 村读图 闹元宵
王礼记（上海分店）			长门捷报
陈同盛（上海分店）			法人求和
周恒兴（上海分店）			三百六十行之七：顶碗

从这张表格中我们可以发现，这些年画店铺凡注明具体方位的，几乎都位于"上洋小东门内邑庙西首"或"上洋新北门内旧校场中市"，而这两处地方正是当年上海老城的真正黄金地带。这绝非偶然，上海的城墙和城门有着深厚的历史底蕴，记载了上海老城厢的发展。上海自元代初年（1292）设县建城以后的200多年内始终没有修筑城墙，其中一个很大原因就是地方贫瘠，经济尚不发达，无需顾虑海盗侵犯。明中期以后，上海的社会经济有了较大发展，"编户六百余里，殷实家率多在市，钱粮四十余万"①，成为一座具有相当经济实力的城市，开始受到东南沿海一带倭寇的注意，屡遭抢掠，损失惨重。为了抵御海盗侵袭，上海于明嘉靖三十二年（1553）十月起建造城墙，于当年十二月完工。城墙周长4.5公里，高2.4丈，城墙外绕有水壕，长1600余丈，深1.7丈。当时设有城门6座，

---

① 孙卫国主编：《南市区志》，上海社会科学院出版社1997年版。

俗称：大东门、大南门、老西门、老北门、小东门、小南门。开埠后的1866年，为防御太平军，又在老北门的东面另辟一门，取韩昌黎"挽狂澜，障百川"意，定名为障川门（即新北门）。清宣统年间（1909—1910）又增辟小西门、小北门和新东门。故上海城墙曾先后开设过10座城门。

在清末上海的社会格局中，城墙具有非常重要的功能和象征意义。在上海开埠前，城内是官府集中地，是政治中心，而城外的沿江地区则属于商业重地，故当时的东门和南门是城内外往来最为频繁的要道。开埠后的上海，各种西洋文明纷纷进驻，租界日益繁荣，城市地理空间逐步扩大，整个上海城的中心也随之北移，租界对老城区的影响，包括金钱、物资、人流等方面的拉力越来越大。因此，靠近租界的北门逐渐成为连接城内外活动的交通要道。这里，有一个例子很能说明问题：开埠初期，上海各城门"按时启闭，民间有事进出，钟鸣六点为期"。以后，随着经济发展，城内外交通日益繁忙，各城门关闭的时间先后延迟到晚10点和晚12点，而行人进出最多的新、老北门，则得以享受"格外待遇"，每次都比其他各门"下锁稍迟"，以待夜归之人[①]。我们注意到，小校场地区正位于新北门之内，是开埠以后上海县城连接租界洋场的最重要通道，也是当时商品交流最为繁荣之地，当时报上发表的一首《竹枝词》正形象地说明了这一点："沪上风光尽足夸，门开新北更繁华。出城便判华夷界，一抹平沙大道斜。"[②] 年画商人们选择此地集中开店，可以说既享有地利之便，又造成了商业上的集聚效应，实在是一举两得。

小校场的年画店铺除由民间艺人生产传统题材的年画外，还聘请上海地区的文人画家如周慕桥、何吟梅、张志瀛、田子琳、沈心田等参与年画创作，生产以反映上海租界生活和洋场风俗为题材的作品，并及时反映新闻事件，逐渐形成了

---

① 《上海新报》第三册，台湾文海出版社影印出版，沈云龙主编《近代中国史料丛刊三编》第59辑。
② 海上逐臭夫《沪北竹枝词》，载于1872年5月18日《申报》。

独特的"小校场风格"。这些年画多取材百姓普遍关心的事物景观,充满生活气息,迎合了新兴市民阶层的需要,受到广泛欢迎。当时,上海小校场不仅为一般居民和小商贩们零星售卖年画提供了方便,而且,随着大量客商的频繁出入,这里逐渐成为江南地区著名的年画批发市场。在当年的小校场年画上,我们能够发现这方面的信息:在一幅署名"嵩山道人"绘于"光绪甲午年"(1894)的《刘军门镇守台湾,黑旗兵四海闻名》年画上,可以清晰地看到"上洋新北门内小校场南筠香斋批发"的字样。光绪中晚期(1900前后),上海周边地区的年画商们除了纷纷来沪批发外,还经常翻版摹刻小校场的作品,上海也因此在晚清期间成为继桃花坞之后江南一带最大的年画生产基地和贸易市场。

清末上海北门城墙入口处

吴友如、钱慧安等海派画家与小校场年画的关系

上海在1843年开埠之后，以其商业繁盛、华洋共居、五方杂处的社会氛围，造就了融会中西、兼容并蓄的海派艺术。在美术界，许多外埠画家纷纷携艺来沪，使之逐渐成为全国的一个绘画中心，并促使了"海上画派"的诞生。光绪初年，曾担任过《申报》编纂主任的黄式权在《淞南梦影录》一书中曾谓："各省书画家以技鸣沪上者，不下百余人。"[①]而同期另一文人张鸣珂也在自己的著作中指出："当时的上海，自海禁一开，贸易之盛，无过上海一隅。而以砚田为生者，亦皆于于而来，侨居买画。"[②]于此，足见当时上海画坛之繁盛。

近代上海的画家虽然人数众多，但是和年画发生关系的却少之又少，而若要在这极少数画家中找出领军人物，人们首先想到的一定是吴友如和钱慧安，他们两位也的确画艺高超，影响也最大。

吴友如（？—1894），江苏元和（今属苏州）人。名嘉猷，字友如，别署猷，以字行。约1861年太平天国期间避难来沪，师从张志瀛习丹青。光绪十年（1884），应《申报》主人之请主绘《点石斋画报》，描摹社会风情，妙肖精美，开创中国新闻时事画之先河。关于吴友如和年画之关系，相关著作历来均谓其幼

---

① 上海进步书局光绪九年（1883）初版，转引自郑祖安标点，上海古籍出版社1989年5月版。
② 张鸣珂：《寒松阁谈艺琐录》，转引自《中国书画全书》第14卷，上海书画出版社1999年版。

习丹青，早年在苏州时即为桃花坞画店绘过年画，如年画界前辈王树村先生在其著作中所言：吴友如"少年丧父，家境寒苦。稍长，由亲戚介绍到阊门内西街云蓝阁裱画铺做学徒工"。经过一番苦学，"所作之仕女人物，渐被一般士流赏识，为桃花坞年画作坊主人所注目……竟相出售吴友如作品刻板刷印的年画"①。这一说法影响很大，袭用者甚广。但后来发现的一则文献则推翻了关于吴友如早年为桃花坞绘画的公论。吴友如在1893年秋发表的一则《小启》中曾自叙："余幼承先人余荫，玩愒无成，弱冠后遭赭寇之乱，避难来沪，始习丹青。每观名家真迹，辄为日想心存，至废寝食。探索久之，似有会悟。于是出而问世，藉以资生。"②从这则《小启》中可以证实：吴友如家境宽裕，太平军兴后来沪避难，此时始习丹青，并渐以画驰名。研究桃花坞年画的前辈顾公硕先生早在1959年就曾在《文物》杂志上发表《苏州年画》一文，较早提出吴友如早年为桃花坞绘制年画的论点，以后各家叙述其实大半袭自此文。但在看到吴友如这则亲笔《小启》并亲自赴沪拜访吴友如的孙女获得证实后，顾公硕先生不仅改变了自己的看法，还公开撰文纠正自己的错误③。这种尊重事实的勇气值得我们尊敬，可惜由于种种原因，这一确论却至今仍未为诸多论著所采信。

吴友如1884年主编《点石斋画报》，以绘制世俗生活、新闻时事而著称于世。1890年他辞职后自创《飞影阁画报》，认为"画新闻如应试诗文，虽极揣摩，终嫌时尚，似难流传。若缋册页，如名家著作，别开生面，独运精思，开咨启迪。"故"改弦易辙，弃短用长"，改以绘制典故诗文故事和仕女人物画为主。1893年2月，在主编《飞影阁画报》至90期后，吴友如将画报移交"士记"续编，自己则在当年9月另办《飞影阁画册》，风格一如前刊，那则自叙生平的《小启》就刊在《画册》创刊号上。《飞影阁画册》至1894年2月出

---

① 王树村：《中国年画发展史》，天津人民美术出版社2005年1月版。
② 吴嘉猷：《飞影阁画册小启》，载光绪十九年（1893）八月朔日《飞影阁画册》第1号。
③ 顾公硕：《吴友如与桃花坞年画的"关系"——从新材料纠正旧报道》，载《苏州杂志》1998年第3期。

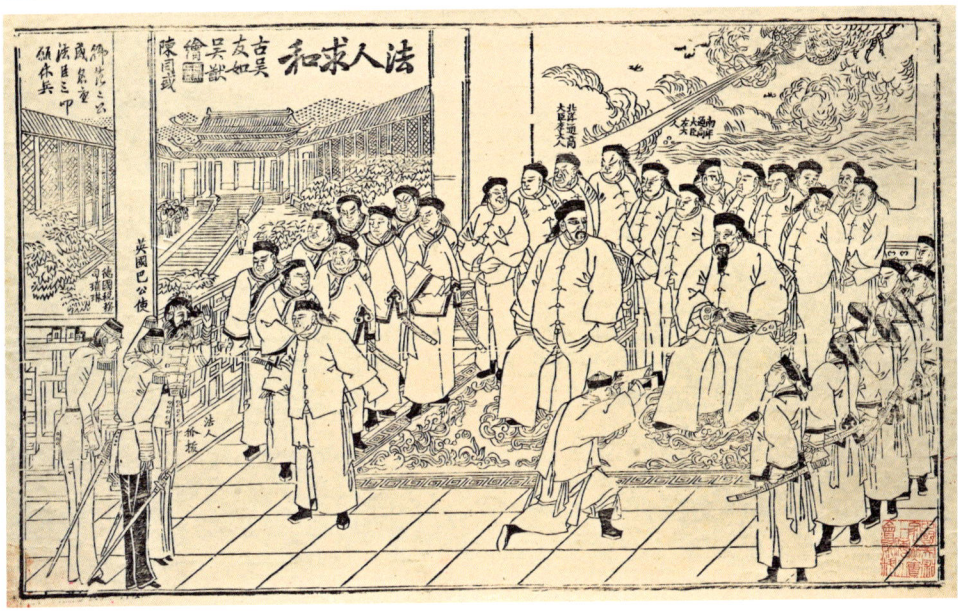

吴友如绘《爆竹生花》/ 上
吴友如绘《法人求和》/ 下

版第10期后就不见下文。何以停刊？至今仍是疑案，很有可能和吴友如的突然辞世有关。一般工具书多认为吴友如逝世于1893年或1894年，其因盖出于此。

关于吴友如参与绘制年画之事，至今并无确凿文献可以征引，但我们在现存年画中确实可以看到不少署名吴友如的作品，如《闹元宵》《村读图》《豫园把戏图》《法人求和》等等，多由姑苏老店吴锦增、陈同盛、吴太元等刻版刷印。另据王树村《中国年画发展史》载，吴友如还为天津杨柳青绘制过一组6幅婴戏题材的年画，分别为《丰年吉庆》《争夺富贵》《子孙拜相》《余荫贵子》《欢天喜地》和《争名夺利》，由盛兴画店刊印。吴友如是职业画家，以卖画为生，我们不能排除他有可能为稻粱谋而应邀绘制年画，而他在主编《飞影阁画报》和《飞影阁画册》期间，曾多次随刊附赠着色立轴或挂屏，如《饮丽延年》《瑞集庭阶》《三阳开泰》《平地春雷》等等。这些设色作品无论从题材内容还是绘制风格上，都和年画有着很多相像之处。但从现存署名吴友如的年画作品来看，其中有一些具有明显的石印绘画特征，如《法人求和》等，很可能是由石印作品直接翻刻而成。有专著将这类作品归入"清朝末年在上海流通的木刻新闻画片"，并认为"显然是受了西方新闻和吴友如时事画报的影响"①。这是比较中肯的看法。事实上，吴友如的一些石印画作，历来就被大家视为年画作品，如2011年上海发行福彩"上海风采"系列文化主题彩票，全套票共分为三组，分别为《过年啦》《闹新春》和《童子乐》，选择了《合家欢》《五路财神》《百事如意》和《百子图龙灯胜会》等小校场年画中的经典作品作为彩票图案，其中就有吴友如的《爆竹生花》，而这正是他的一幅石印绘画代表作。吴友如因主编《点石斋画报》和《飞影阁画报》而在晚清画坛享有盛名，他的作品写实性强，生活气息浓郁，符合新兴市民阶层的审美口味，年画作坊以其画作直接翻刻制版，既印证了吴友如

---

① 李铸晋、万青力：《中国现代绘画史·晚清之部》，上海文汇出版社2003年8月版。

画作在当时的广受欢迎，也说明年画商人们在顺应社会潮流方面具有敏捷的商业头脑。

除吴友如外，另一位有年画作品存世的著名画家是钱慧安，在晚清画坛，他的名声甚至要超过吴友如。钱慧安（1833—1911），又名贵昌，字吉生，别号清溪樵子。上海宝山人。他幼年即习丹青，光绪初年已成为海上画坛名家，尤以人物画著称，被誉为"真可追踪仇英"者[①]。光绪二年（1876），葛元煦著《沪游杂记》，书中列入"书画名家"共35位，其中以"工笔人物"著称的仅钱慧安一人。钱慧安晚年曾应天津杨柳青之邀北上绘制年画，所作大都以前人诗句或典故为题材，人物传神，意态高古，有着浓郁的文人情趣，在京、津一带很受欢迎。今天尤能见到的钱慧安绘就的年画有《春风得意》《弄璋如意》《风尘三侠》《竹林七侠》《南村访友》《小红低唱我吹箫》等几十幅。此外，他还为天津、南京、苏州等地绘制过大量笺谱，有不少是民间年画题材和形式的；他还留下了很多尚未刊刻的手稿和线描粉本。宣统元年（1909），拥有会员近百人的豫园书画善会成立，钱慧安被推选为首任会长，事实上，此时的他已被视为"海上画派"的领袖人物之一。令人诧异的是，作为海上知名画家的钱慧安，却似乎并没有为本土画店绘制过年画稿，在现仍存世的小校场年画中，尚未有钱慧安的作品发现。钱慧安为何会舍近求远，北上天津？是杨柳青出的价高还是别的什么心态原因？这些都充满了悬疑，期待着有新的文献发现来打破这个谜。

在小校场年画中，虽然目前尚未发现吴友如和钱慧安有确切的作品存世，但已知在他们同时代的画家中却有不少人为小校场的画店绘制过年画，如吴友如的老师张志瀛、吴友如在点石斋期间的同事田子琳、文人画家沈心田等，其中比较突出的是何元俊和李醉鞠。以往关于何元俊是否画过年画一直存有疑问，笔者最近发现，何元俊有一幅画名《渔翁钓竿待上钩》，画上题款为：乙未初冬明甫写

[①] 杨逸：《海上墨林》，上海古籍出版社1989年版。

李醉鞠绘制《刘皇叔东吴招亲》/ 上
何吟梅绘制《孙行者大闹蟠桃会》/ 下

于海上吟梅阁，钤白文印：何元俊印。这就很清楚了，所谓何元俊、何明甫、何吟梅，其实都是一个人，一个和吴友如、周慕桥同在《点石斋画报》工作过的画家。在现存小校场年画中，大约可以找到十余幅署名"（何）吟梅"的画作，如《岳家庄》《白蛇传》《苍梧锁怨》和《孙行者大闹蟠桃会》等。这些画几乎全由飞影阁刻印，画作大都署名"吟梅"，而在一幅《蚕花茂盛，五谷丰登》的画上，则署"何吟梅"的全名。何吟梅所绘年画年份均是在庚子年，即1900年，这和周慕桥类似。周绘年画所署年份也大都是庚子年，少数有辛丑（1901）和壬寅（1902）、癸卯（1903）。这说明，两人是同时在飞影阁工作：即为店主绘制年画稿本，只是何吟梅仅画了一年，而周慕桥则坚持了四年。另一位画家李醉鞠的生平不详，只知道他是苏州人，也是1860年太平天国战乱时随家人逃难到上海。他绘制的小校场年画存世量较多，笔者所见就有不下20幅，和周慕桥大致相仿。与周慕桥擅长仕女画不同的是，醉鞠所画最多的是历史及戏曲题材作品，其代表作有《描金凤》《乌龙院》《武松杀嫂》《刘皇叔东吴招亲》和《宋公明一打祝家庄》等，时间大约在1900—1904年；这些画作也几乎都由飞影阁刻印出品，故醉鞠很可能也是飞影阁的签约画家，和周慕桥、何元俊是同事。网上的"淘宝百科"有李醉鞠的简单介绍，根据在《宋公明一打祝家庄》的年画上有"庚子暮春醉鞠"的落款，断定他是"清道光年间苏州桃花坞木版年画艺人"。此实不确。醉鞠绘制的这些年画，从内容、风格到形制，都与周慕桥和何元俊的作品相仿，且都由沪上画店飞影阁刻印，显然是同一时期的作品。故这里的"庚子"，只可能是光绪二十六年的1900年，而非上一甲子中道光二十年的1840年。道光年间的上海，尚无可能产生成熟年画的土壤。

谁是"梦蕉"?
——小校场年画史上的一个悬案

在近代上海文人画家中,真正对小校场年画的发展做出重要贡献的是吴友如的同门师弟周慕桥,也即今天人们在很多年画上都能看到的那个"古吴梦蕉"。周慕桥(1868—1922),苏州人。名权,字慕桥,以字行。号梦樵(亦作梦蕉),又号红薇馆主、古吴花朝生。周家很早就从苏州迁来上海,周慕桥自幼聪颖,从小就对绘画发生兴趣,拜在名画师张志瀛门下深造,同拜师门的还有日后一起编绘《飞影阁画报》的何明甫。周慕桥学画"揣摩尽致,笔意活泼……年才弱冠,已然崭露头角"[①]。出道后他即紧随师兄吴友如闯荡,吴友如主编《点石斋画报》时周慕桥即是其得力助手,后来吴友如脱离"点石斋",自创《飞影阁画报》和《飞影阁画册》,周慕桥不仅全力协助,而且屡屡在吴友如陷入困境时出手相援,甚至署吴友如名为其绘稿救急,以致"今之所谓《吴友如画宝》中不乏君之手笔"[②]。周慕桥不仅作画勤奋,读书也既多又杂,从四书五经到诗词文赋均有所涉猎,像《周易》《诗经》《史记》《世说新语》等古籍经典,以及《说文解字》《尔雅》《广韵》等专门著述,他在画作跋语中都时有征引,还写得一首漂亮的行楷,

---

① 练川饮秋氏:《周慕桥小传》,载 1914 年 11 月《繁华杂志》第 3 期。
② 练川饮秋氏:《周慕桥小传》,载 1914 年 11 月《繁华杂志》第 3 期。

周权像

"尝谓:古典、书法,与画相辅而行,不能偏废,故其胸中淹博,字亦工秀"[①]。周慕桥为画报作画,很多作品是对当时社会世俗做再现式的描绘,所表现的不仅仅是传统绘画中类型化的才子佳人和概念化的亭台楼阁,而较多为现实生活中的市农工商和车船光电,故仅有传统技巧是远远不够的,需要有新的表现手法加以补充。周慕桥引入西洋绘画中的透视法理论和水彩画法,使其作品充满了生命力,符合新兴市民阶层的审美要求而广受欢迎。后来他还勇敢创新,融合西洋绘画和传统绘画的优势,在20世纪初创造了大量具有鲜明海派风格的新颖广告画,成为当时最受欢迎的月份牌画家。

以上是我们现在所能搜集到的有关周慕桥的生平材料,但要论及他和小校场年画的关系,则很有必要先做一番考证。在现存上海小校场年画以及苏州桃花坞年画中,署名"古吴梦蕉"的作品很多,且不少是优秀的代表作品,如小校场年画中的《闹新房》《五子夺魁》《海上名妓十美图》,桃花坞年画中的《冠带流传》《琵琶亦是

---

① 练川饮秋氏:《周慕桥小传》,载1914年11月《繁华杂志》第3期。

寻常韵》等。但这个"古吴梦蕉"到底是谁？说法不一，没有确论。石谷风先生认为是道光年间到上海开设飞云阁的苏州画师项燿，他也因此把所有署名"梦蕉"的年画都标上了"项梦蕉绘"的字样①。周新月先生在其著作中也专门谈到这一问题，他列举了坊间的三种说法，并谈了自己的看法：其一，"梦蕉"姓吴。这其实是误读"古吴梦蕉"之故。其二，"梦蕉"即周慕桥。此说未知根据何在？其三，"梦蕉"即开设飞云阁的项燿。此说虽不无可能，但疑点仍不少，特别是两人画风明显不同。结论是：关于谁是"梦蕉"，"尚有待进一步考证"②。从以上列举来看，学术界目前对"梦蕉"其人确实缺乏了解。但若对现有相关文献做一番耐心仔细的梳理比对，则可能对解开这一谜案有助！在李福清先生主编的《中国木版年画集成·俄罗斯卷》③中，收录有一幅俄国学者阿理克1909年购于上海的小校场年画《钟馗闹判》，画上题款为："壬寅（1902）孟夏古吴梦蕉写于海上飞云阁。"很显然，这是一幅出自"梦蕉"手笔的作品。值得注意的是，题款下方钤有一方白文印章：周权印。这显然给我们提供了一条重要线索："梦蕉"即周权。循此思路再去做进一步的探索，我们在周慕桥主编的《飞影阁士记画册》中找到了有力的证据。《飞影阁士记画册》是吴友如主编的《飞影阁画册》停刊后由周慕桥续刊主编的一本画报，完全继承吴友如的先前风格，以描摹社会风俗和仕女故事为主，所有作品均由周慕桥一人绘制。在这本画报第29期[光绪二十一年（1895）六月朔日出版]上刊有一幅名为《荡秋千》的仕女画，画上署名：梦樵，旁边钤有一方朱文印章：慕桥。在第30期上另有一幅名为《郭汾阳》的历史人物画，画上落款：周慕桥作，旁边钤有一方朱文印：梦樵。这就非常清晰地解开了我们心中的疑问：所谓周权、周慕桥和梦蕉三位一体，均为一人，正好是同一人的名、字、号。这也是当时文人吟诗作画常用的署名方式；至于"蕉"和"樵"的相混互用，更是当时人在署字、号时

---

① 见石谷风编著：《上海木版年画》，天津人民美术出版社2005年8月版。
② 周新月：《苏州桃花坞年画》，江苏人民出版社2009年5月版。
③ 中华书局2009年10月版。

谐音互换的一种常态,不足为怪!

如果我们再做一番探寻,可以发现:周慕桥凡在画报上发表作品,多署"慕桥"或"周权"本名,而在年画上署名,则一律署号"梦蕉",几无例外!由此我们可以推测,当时像周慕桥这样的文人画家应邀为画铺创作年画应该并非罕例,此也为"卖画谋生"之一途。但囿于传统,他们自己并不太愿意在这些画上留下太明显的个人痕迹,因此,在今天我们所能看到的年画作品上鲜有画家署名的,即有也为别署,且大多用的是较少为人所知的别号。一般而言,年画作者多为民间画师,籍籍无名,故大多数年画作品均无绘者署名;而作为集团生产性作品,年画上却十之八九有着刊刻店铺的名号,这一点和明、清两朝的笺纸刊印倒有着某些相像之处。不同之点在于,笺纸的消费群主要是文人士大夫,故其绘制风格有着强烈的文人画情趣,而为其作画的画家也将其视为文人闲情逸致的偶一

周慕桥在飞影阁时期绘制的《庆赏元宵》
(飞影阁士记画册第17期)

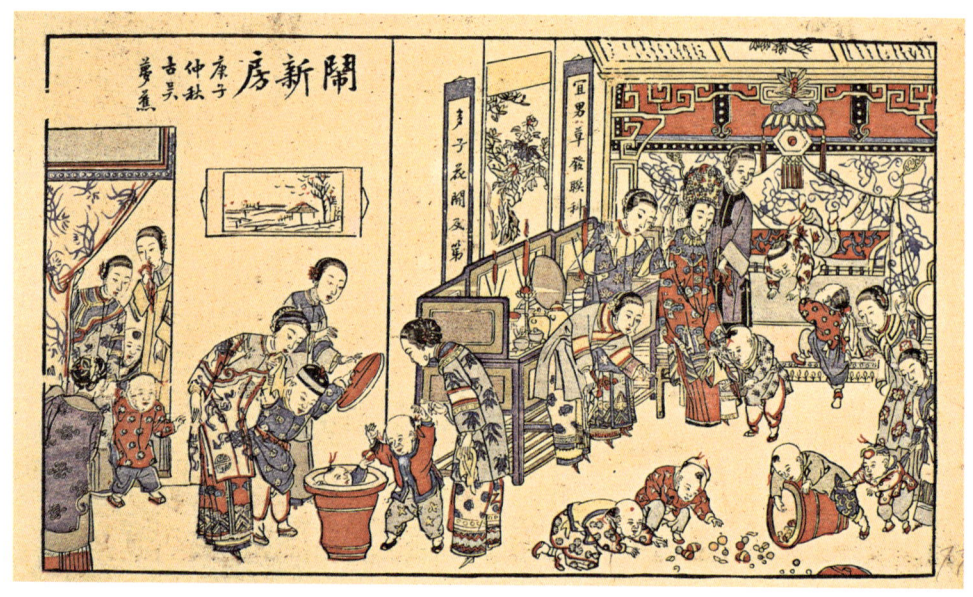

周慕桥绘《闹新房》,署名"梦蕉"

为之,并不忌讳在笺纸上署名,即使是名震朝野的著名画家。相反,年画的消费群主要是中、下层市民,年画作品也不为史家所重,从不入画史,故文人画家答应为年画作坊绘稿,一般多出于谋生养家的考虑,极少有在画上署名的,即使落款,也多署别号,如墨浪子、松崖主人、梅州隐士等。时过境迁,他们的生平事迹就成了难以考证的悬案,"梦蕉"之谜,恰恰提供了这样一个典型之例,而这种特点,在很大程度上正决定了年画艺术发展的民间乡野方向!

周慕桥的画风细腻写实,擅长人物,尤善于表现世俗生活,这些特点和年画的某些特征是相吻合的。他发表的很多作品,无论从题材内容还是表现手法,简直就像是年画的线描粉本,如《新年十二景》之与《闹新房》《百子图》《舞龙灯》,《三十六行》之与《新出夷场十景》《各行各业风情图》,《时装仕女图》之与《玉堂富贵》《福寿齐眉》,《灯会志盛》之与《寓沪西绅商点灯庆太平》等等。事实上,他在主编画报时随刊赠送的彩色挂屏和年画就很少有什么区别。如他主编的《飞影阁士记画册》,从1894年6月到次年10月共出版35期,相继9

次附送大幅人物画挂屏，其中6次是彩色人物画挂屏，如创刊号附送着色钟馗立轴；第2号至第5号连续4期附送着色四大美女挂屏，依次为《西子浣纱》《明妃出塞》《杨妃醉酒》和《貂蝉拜月》；第17号出版时正逢新年，随册附送着色《酒献屠苏》挂屏。其他还附送有刘军门像（31号）、时装仕女挂屏（32号）等。比较明显的不同点在于，这些画上几乎都有题跋，有些甚至是大段题跋，既体现了周慕桥的文人情趣，也表现出他对社会世俗的细致观察和一些独特的看法。如他画《三十六行之八：扦脚》，画上题跋："三十六行中卑鄙龌龊无有甚于扦脚者，然苟其手段轻松，奏刀敏捷，则托业醒微固高于吮痈舐痔万万也。图其形亦足以儆不知羞耻者。"[1]对溜须拍马者表示了强烈的谴责！《三十六行之三十二：拨浪鼓卖货郎》题跋："环箱子，一名唤娇娘，箱中储花粉、头绳、丝线、肥皂之属。手摇小铜钲，两旁有耳，持其柄而摇之，妇女闻之，争出购取，故得以美名。然其箱必环于背，故又曰：环箱子。今沪上有易之以担者，则已失其本旨矣。"[2]一段题跋就像是一则民俗研究笔记，而这正显示了周慕桥作为一个文人的研究功力。值得一提的是，周慕桥在主编《飞影阁士记画报》时还画过另一组表现上海年节民俗的画，共15幅图，总其名曰：《太平欢乐图》。让我们关注的是"欢乐图"这个词。"年画"一词，晚至道光二十九年（1849）李光庭著《乡言解颐》一书中始出现，在此之前有各种名称，如门神、纸画儿、消寒图、卫画等。清乾隆年间，杭州一带称年画为"欢乐图"。乾隆四十年（1775），顾光撰《杭州新年百咏》，谓："欢乐图，花纸铺所卖，四张为一堂，皆彩印戏出，全本团圆。马如龙《杭州府志》谓之合家欢乐图。"[3]从客观效果看，周慕桥绘《太平欢乐图》，从画的题名到内容都和年画有着密切关系，但其主观意识到底如何，是值得我们进一步研究的。

---

[1] 光绪二十年（1894）十一月朔日《飞影阁士记画册》13号。
[2] 光绪二十年（1894）十二月朔日《飞影阁士记画册》15号。
[3] 宣统三年（1911）上海六艺书局石印本，转引自王树村《中国年画发展史》。

"梦蕉"年画的版本现象

周慕桥是近代上海文人画家中绘制年画数量最丰富的一位,而且其作品也最受欢迎,曾屡屡被上海小校场和苏州桃花坞的年画店主们翻版复制,甚至有一幅画被几家店庄翻版以至出现多个不同版本的现象,成为近代年画史上的一道奇特风景。下面我们选取几例略作分析。

一、琵琶亦是寻常韵　纤指挥来便有情

1. 上海历史博物馆藏本。画面除画题外,另有题款:庚子仲秋梦蕉。钤白文印章:周。画的设色非常淡雅。

2. 古吴轩藏本(古吴轩出版社 2006 年 5 月《桃花坞木刻年画》,阎立主编)。此本画题和画面内容与上海历博本相同,但无"庚子仲秋梦蕉"的绘者题款,却多了"王荣兴印"四字;且画题"琵琶亦是寻常韵,纤指挥来便有情"等 14 字,笔迹也和历博本有细微差别,应属作者的另次书写。此外,古吴轩本在设色上虽也是淡雅一路,但和上海历博本还是有较大差异,如古吴轩本弹琵琶女和抱猫女子两人的衣服及左、右两侧的花盆都是一色的,而在上海历博本上,人物衣服和花盆上都加有花纹环饰。

3. 上海图书馆藏本。此画画题改为《玉堂富贵》,但无画店和绘者名。画面内

容也和上海历博本和古吴轩本有所不同：a. 人物两侧的花架和盆花均被删去。b. 画面中央多了一个花架和一盆盛开的牡丹，以此和画题"玉堂富贵"相切。c. 人物衣服设色浓艳，与古吴轩本有较大差异；人物衣服花饰和上海历博本也有较大差异。

4. 上海美术家协会藏本。画题和画面内容与上图本相同，但美协本多了"陈同盛印"4字。其他地方两者也有不同之处：a. 画题"玉堂富贵"4字的笔迹有差异，显然属同一人的两次书写。b. 两者设色虽都同属浓艳一路，但美协本比上图本要更甚，如弹琵琶女所坐之鼓墩，上图本设色稍淡，而美协本则是深蓝色；画幅中央之瓶栽牡丹，上图本设色过渡清晰，比较精致，而美协本的设色浑噩不清，显得非常粗糙。

初步结论：

综上所述，似可这样理解：周慕桥在庚子年（1900）创作此画后由上海画店刻版刊印，题款、署名一如原作；同时，此画亦被苏州王荣兴画店拿去（或买去）印作年画，但却删去绘者名，另加上画店名（此也是一般画店通常做法）。稍后，又有别的上海和苏州画店重版这幅年画，但去掉了画中的文人情趣，另适应市民阶层的审美口味增加内容，改换画题，重新设色，将此改造成了一幅祈祥求福题材的年画。从刊刻时间上来讲，历博本和古吴轩本应是一个系统，时间在前；上图本和美协本是另一个系统，时间在后。

二、洗尽铅华倍有神

1. 上海历史博物馆藏本。画上有题诗："洗尽铅华倍有神，碧莲花下美人身。华清浴罢承恩窥，想见当年杨太真。"落款："辛丑夏月古吴梦樵。"画的右下方有"飞影阁印"4字，当是周慕桥在飞影阁期间所绘。

2. 上海图书馆藏本。无题画诗、绘者名款和"飞影阁"店名，但却增加了画题：百事如意。历博本除人物、梳妆台和一只鹦鹉外，并无他物；而上图本画幅中央却多了一只花几，几上置有如意和柿子，以此来和画题"百事如意"相切。两本在人物服饰的设色和花纹图案上也有不同，历博本雅洁，上图本浓艳。

初步结论：

历博本当为周慕桥所绘原作，有着浓郁的文人画趣味；而上图本显然在此基础上做了"加工"，删去了淡雅抒怀的题画诗，增加了喜庆祈祥的玉如意和果柿，天衣无缝地将此画改造成了一幅吉祥年画。

三、问儿何所好

1. 上海历史博物馆藏本。画上有题画诗和落款："问儿何所好？一啼复一笑。未免三年怀，味尝鸡头饱。辛丑初夏古吴梦樵氏写。"

2. 上海图书馆藏本。无题画诗和绘者名款，却增加了画题：福寿齐眉；为

和画题吻合,将历博本的瓶花改成了寿桃,并增绘了两只蝙蝠。另,两本的儿童和瓶花位置均有不同,历博本疏朗,上图本饱满。两本的人物衣服设色和图案也有不同,历博本淡雅,上图本浓烈。

初步结论:

从画工的成熟技法和画作布局的天衣无缝来看,这两幅画应该都出自周慕桥之手。我们可以想象的是:先是周氏作了画,被画店主看中,并要求按民间年画的惯例略做修改。为谋稻粱计,周氏妥协对画做了增删修改,于是就出现了后人今天能够看到的同样内容的两幅不同的画。周氏原画属于传统仕女画一类,设色淡雅,布局疏朗,并题诗抒怀;而移作年画后,文雅的题诗一般都被删去,改换

玉堂富贵,上海图书馆藏本 / 左
琵琶亦是寻常物,上海历史博物馆藏本 / 右

吉祥的画题，再据此增添绘制和画题切合的花鸟鱼虫。画幅布局则几不留白，以饱满为好；用色浓烈醒目，喜用洋红、靛蓝，以突出热烈气氛。

　　以上是我们依据现能找到的文献对作为小校场年画绘者的周慕桥所做的初步个案分析，其他一些对小校场年画同样做出贡献的画家，我们现在还无法做出相类似的分析。他们有的我们虽然还知道姓名，但详细生平事迹就无从知晓了，如张志瀛（他是吴友如、周慕桥的师傅，晚清上海的知名画家，绘过《八仙图》等年画）、田子琳（《点石斋画报》和《飞影阁画报》的主要绘者，画过《新刻苏州虎邱山景致灯船图》等年画）、何吟梅（周慕桥在飞影阁期间的重要搭档，绘有《蚕花茂盛，五谷丰登》《白蛇传》《孙行者大闹蟠桃会》等大量年画）等；还有的画家，我们甚至不知道他们的真正姓名，更遑论生平略历了，如醉鞠（他也是周慕桥在飞影阁的同事，是《刘皇叔东吴招亲》《宋公明一打祝家庄》《包龙图探阴山》等很多年画的作者）；另外有些画家，虽然他们可能不是上海人，也不曾长期居住在上海，但他们同样为小校场年画贡献过不少优秀作品，如嵩山道人、梅州隐士等等，遗憾的是，我们至今对他们都缺乏最起码的了解。至于更多为上海小校场年画做出过贡献的无名画家，我们只能在这里向他们表示敬意！正是这些画家的亲身参与，将自己的文化底蕴和丹青技艺引入到市民喜闻乐见的年画中去，由此使上海小校场年画具有了鲜明的时代特色和海派风格，并将之提升到了一个较高的文化艺术层次，造就了中国传统年画的最后一段繁荣！

从"纪念通商"到"庆贺总统"
——小校场年画中的"移花接木"现象

清末民初的上海年画商们既紧追时代潮流，又以最大限度赚取商业利润为主旨，尽可能地减少商业成本。如有一幅《中外通商共庆大放花灯图》的年画，系上海小校场沈文雅年画铺为庆祝1893年上海开埠通商50周年而刻版刊印。该画人物众多，场景繁复，画面构图巧妙合理，层次分明，生动地展现了上海商界欢庆游行的场面。画面上，走在队伍最前面的是寓沪西人的消防队，当时，在盛大的庆典中消防队往往应邀进行水龙演练以增加喜庆气氛。其后一人手擎"令"字大旗，威风凛凛；随后有锦牌、锣鼓开道，花轿、花灯、舞龙、舞狮等节目夹杂在队伍之中，而全套行头的戏班则紧跟在队伍后面。马路上到处张灯结彩，道路两旁站满了围观的市民，一派喜气洋洋的热闹气氛。就是这样一幅有着鲜明时代和地域特色的作品，在十余年后又被年画商们翻出来，巧妙地移用来表现当时震惊中外的辛亥革命。1911年10月10日，武昌起义爆发，打响了推翻清王朝封建统治的第一枪。随后，南方各省相继宣告独立，响应革命。12月28日（农历十一月初九），独立的17个省份各派代表在南京举行会议，准备组建中华民国临时政府。第二天，大会投票选举中华民国临时大总统，孙中山先生凭借其崇高的威望以16票（各省1票）当选。消息一经传出，全国人民欢欣鼓舞，上海工商各界也为之举行盛大的庆祝活动。小校场的年画商们也闻风而动，敏锐地捕捉这一时机，做了一笔"移花接木"的生意。他们将画面上"中外通商共庆大放花灯图"11个字剜掉，在同一位置巧妙地嵌上"上海通商庆贺总统万岁"10字，并将游行队伍中的"令"字旗移换成"汉"字旗（上海历史博物馆藏有此画的木版，上面剜刻的痕迹非常清晰），这样，一幅反映辛亥革命的时事年画就诞生了。这充分表现了当时年画商紧跟时代的敏锐意识，也反映了他们聪明狡黠，善做生意的经商本领。这幅年画蒙蔽了很多人，在当时广受欢迎，并被后人视为珍贵文物。这样的现象并非孤例。如上海的吴淞铁路是中国大地上最早出现的营运铁路，1872年由英商怡和洋行为代理人修筑兴建，年画商铺为迎合市民对这一新兴事物的兴趣，皆围绕这一题材竞相印图发行。如"上洋吴文艺斋"就发行过一幅题为《上海新造铁路火轮车开往吴淞》的年画，画面上各类车辆和各式人物的形象非常生动，充满动态，镌刻也十分精美，故受到广泛欢迎，在当时十分流行。而另一家"孙文雅"店铺也不甘示弱，另外刊印了一幅题为《上海铁路火轮车公司开往吴淞》的年画，画题仅略有改动，画面内容也大致相同，只是火车行驶方向正好相反，这幅画发行也很广，粗心的人可能根本就意识不到这是两幅画。若干年后，有一家叫"彩云阁"的店铺得到了"孙文雅"刊刻的这块版，虽然由于当年刷印过多，版的磨损很厉害，但"彩云阁"还是照样重版印刷，因此，我们得以看到这幅局部已严重漫漶的年画。故事到这里并没有结束，"彩云阁"得到的这块版若干年后又被苏州的年画铺廉价买去，并对此做了一番改头换面的"手术"，挖去"上海"二字，在相同位置嵌进"苏州"二字，张冠李戴，想以此表示为桃花坞木版年画，谋取利益。于是，世界上又出现了一幅《苏州铁路火轮车公司开往吴淞》的年画，整个画面设色极为浓烈，版框也变成双边，并满绕花草纹饰（以此掩盖木版的磨损和漫漶）。已有年画界的老前辈撰文揭露当年桃花坞的一些画铺弄虚作假、唯利是图的市侩

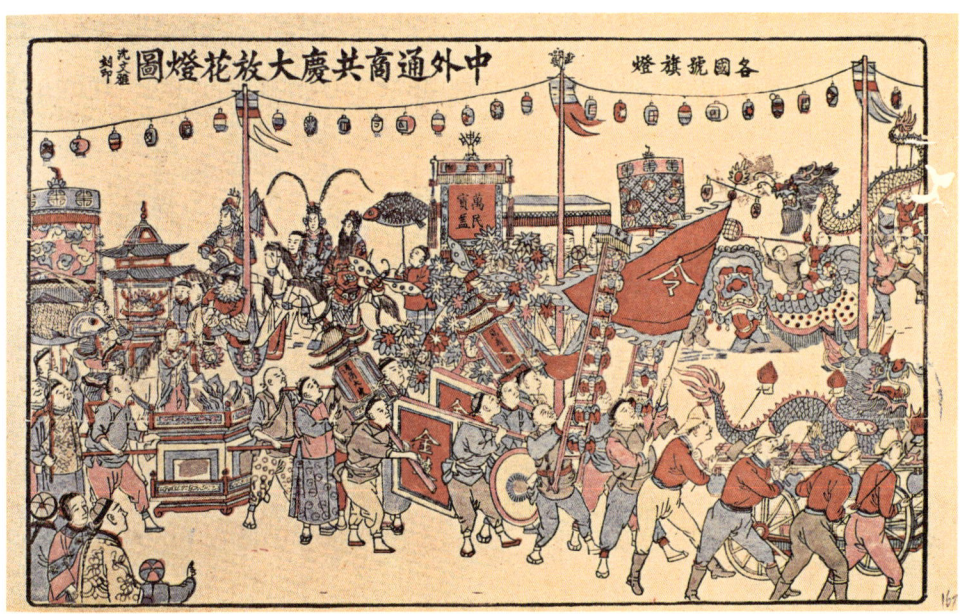

中外通商共庆大放花灯图 / 上
上海通商庆贺总统万岁 / 下

作风①。其实，清同治年间太平军兴起后，苏州桃花坞年画已一蹶不振，仅剩的"王荣兴"、"朱荣记"等几家画铺都基本不再从事年画的创作，只是靠翻刻上海小校场年画和刊印商业广告及迷信用品等聊以苟延残喘。因此，"姑苏王荣兴"等几家桃花坞画铺在光绪年间（1875—1908）发行的年画，很多都是上海小校场年画的翻印品，只是有的作品小校场的祖本已无存世，"王荣兴"等翻印的画，正好能让我们得以依稀窥见当年小校场的风采。

---

① 凌虚口述、金凯帆整理：《苏州桃花坞木刻年画中的改头换面、弄虚作假事例》，见2010年3月22日《新吴论坛》网。

上海小校场年画的地域性和艺术风格

清末，内忧外患接踵而来，形成了我国近代史上最为错综复杂的社会局面。一方面，帝国主义列强不断进犯，严重损害了我国主权；另一方面，各国租界相继建立，近代西方文明得以大量引进，社会结构发生巨大变化，经济、文化得到畸形发展。这种社会激变的情景，在美术领域里可能以年画的反映较为及时和出彩。近代上海的海派文化，糅合了中国传统文化的精华与长江口岸一方殖民地的摩登异彩，两者相遇撞击，有如天雷勾着了地火，使天地间蕴藉了丰富的养分。因缘巧合、时势际会的上海年画恰在这时脱颖而出，焕发出奇异的神采，清末民初时期也因此在传统木版年画的发展史上成为最后一个繁荣阶段。

近代上海在开埠后的城市化发展过程中，迅速超越各地成为全国首富。这种经济繁荣，一方面造就了大量新的官绅富商，同时也产生了人数众多的新兴市民阶层。他们在物质丰饶之余，随之产生对文化艺术产品的必然需求，从而催生出有着强烈地域色彩和时代特色的"海派文化"，文化、戏剧、电影、美术等领域莫不如此。上海小校场年画正是在这一特定历史情境中崛起，并自然产生了诸多和其他各地传统年画不同的地方，如在题材内容和绘画风格等等方面，回应社会情境的变迁和书画买家的好尚，倾向于更好偕俗的一面；关注世俗生活的特点，渐呈主导地位。

上海小校场的年画，除了部分传统题材的作品以外，其他较有特色的主要有两类：一类是时装仕女画，这也是吴友如、周慕桥他们最擅长的，是石印绘画特色之一。时装仕女画的走俏，这可能与上海商业经济的繁荣发达、肖像画的需求比较旺盛有关，当时也的确涌现了一大批以擅长人物画而驰名画坛的高手，如费丹旭、改琦、任伯年、钱慧安等等。而以表现新闻时事、社会风情见长的《点石斋画报》《飞影阁画报》等，人物形象的描绘更是考验一个画家水准的关键，吴友如、周慕桥、田子琳等都是这方面的行家，出手既快又准，令人赞叹。作为植根于上海的一个画种，小校场年画当然有可能受到影响。海派画家视卖画维生为理所当然，不再像过去文人画家那样自视清高。他们在上海生活，参加各种公众活动，当时上海的画会活跃，很多画家都同属几个画会，经常在一起交流观摩，相互影响是情理中事。这些仕女画以日常生活场景的再现，既反映世俗生活内容，也与民间年画的气息韵味逼肖，比较适合刻版刊印，因此很快成为各家年画商们争相翻版的对象。有些热销品种，如周慕桥的很多画，当时就因竞争出现了不同的版本，有些店铺甚至按照市民阶层的口味对其做了局部"改造"，如将周慕桥的《忽忆花荫初见后》变身为《莲生贵子》，《琵琶亦是寻常物》变身为《玉堂富贵》，《问儿何所好》变身为《福寿齐眉》，《洗尽铅华倍有神》变身为《百事如意》等等。这些"改造"画中大胆率直的心情宣泄与文人画原作曲折委婉的情感流露形成了明显分野。这也是近代中国民间年画改造文人画、商业性战胜闲情雅致的一个范例，而这种现象最集中地出现在上海，也从一个方面说明了在近代城市发展中商业资本的强大。另一类是反映洋场生活，表现时代变化的作品，这类作品明显沿着两条主线发展：其一是以表现租界新事、新物、新景为内容的作品，如《寓沪西绅商点灯庆太平》《海上第一名园》《新出夷场十景》《上海新造铁路火轮车开往吴淞》等等。这些作品表现了人们对于当时物质文化生活急剧变化的敏感，展现了这一特定时期的社会风貌，年画也因此成为人们了解西风东渐

寓沪西绅商点灯庆太平 / 上
荡湖船 / 下

的一个窗口。其二是反映时事,提倡爱国的年画,如《刘军克复宣泰大获全胜图》《各国钦差会同李傅相议和图》《上海通商庆贺总统万岁》《国民汉兴三军司令》等等。这些作品分别从不同的侧面反映重大历史事件和都市新兴的奇观胜景,体现了当时市民阶层对时事的关注和评价。这些用传统的艺术形式表现社会新闻的年画,是其他美术种类中鲜见的,可谓一大创举,堪称年画史上浓墨重彩的一笔。

  年画是一种以销定产的商业画种,随着城市的发展和市民阶层队伍的扩大,他们的生活方式、欣赏习惯和审美情趣等不可避免地会左右年画的生产。在上海小校场年画中,我们能看到大量市民趣味渗入画中的作品。如在一些清末年画中,"礼拜"这一词汇得到了广泛运用,这说明当时市民在宗教信仰和社交往来中已有对"礼拜"这一概念的普遍需求。在《三百六十行》等年画中,作者对"妇人坐轿男人走"等西方礼节表现出了强烈的好奇,其题画诗曰:"妇人坐轿男人走,后面跟只好猎狗,外洋风俗更稀奇,打躬怎消牵牵手",活画出当时中外风俗的碰撞及国人的反应。另一类"市井各业"的年画,则生动地再现了修马桶、炒糖炒栗子、卖成衣、卖水、修电灯、接电话线、拉人力车等上海滩新、老行业混杂交融的风貌。在《新出夷场十景》等年画中,我们能发现不少当时市民生活的特定场景和语言,这对考察清末民初时期民俗及语言的流变是十分珍贵的形象资料。如在一幅《新刻希(稀)奇一笑图》的年画上,刻有"腌鲤鱼放生——死活勿得知"、"猢里(狸)精吃糖饼——怪甜"、"屁古(股)浪戴眼镜——屯光"、"歪嘴吹喇叭——一团邪气"等几十条歇后语,这完全是来自沪上底层老百姓的语言,非常生动。还有一幅题为《新出清朝世界十怕妻》的年画,画中人物两旁的文字夹杂着当时流行的沪方言,并十分典型地描绘了晚清社会十种惧妻行为,有别于人们对传统社会男尊女卑的固有印象,属民俗学的第一手资料,其文献价值不容置疑。此外,《打连(莲)箱(厢)》《荡湖船》等几幅年画原汁原味地保留了清末江南地区民间戏曲活动的某些细节,甚至还有大段唱词，对研究上海地方戏曲的历史渊源是十分珍贵的史料。在表现形式上，年画生产也开始出现了一些新变化，如在表现《杨家将》《孟姜女》等一些长篇历史故事时，画家将画分割成四至八个相等的小画面（有的还有前本、后本，则分割成十余个画面），故事情节分别显现于各个小画面之中，每幅画面上均有大段文字，拼合起来俨然就是精美的连环画。这种图文交融的艺术表现形式，对以后连环画的诞生不无影响。小校场年画在色彩表现上也有其特点，这主要和当时洋染料已普遍占领上海市场有关。早期桃花坞年画使用的都是中国自产的染料，呈现的颜色比较淡雅，特别适合表现文人画的意境。光绪中叶以后，外国商品大量倾销中国，占据了城乡广大市场。由于洋纸、洋染料价廉色艳，各地作坊，特别是"近水楼台"的小校场年画铺纷纷使用，因此在色彩效果上出现了浓烈色艳的特点。由于当时德国禅臣洋行代销的"普蓝"和"禅绿"特别便宜，格外盛行，故这两种颜色在小校场年画上用得也特别多。当时流行的《竹枝词》正好写到了这一点："西洋颜料最鲜妍，赤白青红各色全。光艳远超中土产，利源外溢已多年。靛青贩运有专牌，土产何如外产佳。批与染坊应用广，从中取利亦生涯。"① 另，我们现在所看到的小校场年画基本都是三裁（约30厘米×50厘米）或四裁（约20厘米×40厘米）的尺寸作品，几乎没有大宫笺（约90厘米×150厘米）尺寸的作品存世。这应该与上海地价昂贵，住宅普遍窄小，不适应大尺寸年画有关（因年画的消费群体主要是中、低经济程度的市民阶层）。这也可作为年画在城市化进程中适应环境、自我瘦身的一个例证。月份牌的形式最初也脱胎于年画。清末民初时期，商品流通空前繁荣，加上西洋石印技法的传入和绘画技法的发展，这一切直接催生了年画艺术的变革，一朵中西文化交融的奇葩——月份牌年画，在当时商业文化最为繁华的上海孕育诞生。因笔者在其他文章中对月份牌画有详细叙述，故这里不再展开。

---

① 颐安主人：《沪江商业市景词》，光绪三十二年（1906）石印本。

小校场年画的收藏与研究

年画是同广大民众生活联系最紧密的一种艺术，千百年来，它不仅是年节一种五彩缤纷的点缀，还是文化流通、道德教育、审美传播、信仰传承的载体与工具；对民众教育来说，则是一种看图识字式的大众读物；至于那类反映时事新闻题材的年画，还是一种民众喜闻乐见的媒体。这些特点，是其他画种所难以比拟的，这意味着年画除了具有美术价值以外，还具有研究历史、政治、风俗和民众生活心态及思想追求等方面的形象资料价值，是认识过去人们思维模式和文化心理、行为的一个参照系，所以历来受到研究者的重视。根据历史文献，明末清初，中国的桃花坞年画就已流传到日本、英国，并有人专门收集、研究，日本的"浮世绘"就是在桃花坞年画的影响和启发下进入新的境界的。清末民初，中国的大门被强行打开，西方各国不同身份的人士出于不同的目的来到中国，其中一部分人对中国传统文化产生强烈兴趣，专门研究中国民众的生活习俗和审美情趣，他们从中国带回去了大量民间艺术品，木版年画在其中占了很大比重。近代较早对中国年画产生浓厚兴趣的是俄国植物学家弗·列·科马罗夫，他曾于1896年和1897年两度进入中国采风，回国后他展出了近300幅各类题材的中国年画。以后收集中国年画较多并对之进行研究的外国学者有俄国的瓦·米·阿列克谢耶夫、法国的爱德华·夏尔纳、达尼埃尔·埃利亚斯贝格、日本的黑田源次等。正是由于他们及其同仁的努力，俄国、法国和日本成为目前收藏中国年画最多的三个国家，同时也陆续出版过多种研究成果，包括论文、专著和画册。从这些成果来看，国外收藏的中国年画，占较大部分的是天津杨柳青、苏州桃花坞以及山东杨家埠的出品，上海小校场的年画则收藏最少。其原因可能和当时小校场刚崛起于年画界，对外国人来说影响滞后有关。

就国内年画收藏而言，各产地的博物馆都有比较丰富的藏品，但大都以本地作品为主。小校场年画，目前也主要由上海的文博机构收藏。根据调查，这些小校场年画藏品的来源大致基于两个方面：1. 晚清民初，外国人为研究中国传统文化而收集。这方面最有代表性的是上海图书馆。上图年画藏品有四千余幅，大部分是清末民初期间的作品，距今已有百年以上的历史。它们也许是国内公共图书馆收藏这一时期数量最多的一批年画了。这些年画的搜集者主要是在上海徐家汇地区传教的法国传教士们，其中费力最多的是多雷神父。亨利·多雷（Henri Dore），1859年出生于法国，1884年受天主教教会的派遣来华，1931年病逝于上海徐家汇。多雷神父在华期间即刻意收集流传在中国各地不同风格的年画，尤其注重于收集有关道家、佛家、儒家故事中的所谓迷信图像的资料，并对此进行了深入研究。1911年至1938年，隶属于天主教会的上海土山湾印书馆用了近三十年的时间，出版了由多雷神父撰写的煌煌巨著《中国迷信研究》（*Recherches Sur les Superstitions on China*）。该书共达18册，书中大量引用他所收集的大约在1895年至1930年间印制的各类年画资料和民间画稿，其中最出彩的正是上海小校场年画。上海图书馆收藏的年画中小校场出品的数量大约有三百幅，这也是国内外目前小校场年画数量最多的一项收藏。2. 20世纪50年代初，国家进行文化普查时所收集。1949年10月1日，中华人民共和国成立，同年11月26日，中央人民政府文化部下达了《关于开展新年画工作的指示》，据说，这也是新中国文化部颁发的第一号文件，表明了政府对年画宣传工作的重视。在这一指示的背景下，各地对传统年画的调查、收集、整理、研究及对木版年画的恢复和发展等方面进行了大量工作，先后派出大批美术工作者分赴各年画产地进行调研工作。当时，华东美术家协会（即中国美术家协会上海分会的前身）曾会同各有关部门，对华东及周边区域的传统民间美术开展调查，并数次派出工作队对可能会失传的民间美术作品进行抢救性的收集，其中就包括木版年画。这些年画经整理后分别由沪上美术和博物馆系统收藏。上海美术家协会收藏的各地木版年画大约在三百幅左右，以天津杨柳青和山东杨家埠、苏州桃花坞为最多，且有不少大幅贡笺，很有特色。上海小校场的年画却非常之少，约只占百分之五。上海历史博物馆收藏的年画数量大抵和上海美协相同，其中小校场的年画占到总量的近一半，可谓目前收藏上海年画数量最丰富的机构之一。尤其难得的是，上海历史博物馆还收藏有一些小校场年画的木版，包括线版和色版，这很可能是目前硕果仅存的孤品了，具有非常珍贵的文物价值。

　　官方机构的收藏大致如此，那么私人收藏家的情况又是如何呢？笔者在上海民间文艺家协会的协作下，于2010年对小校场木版年画的遗存情况做了一次调研。结果，如上所述，官方机构的情况似乎还差强人意，而私人的收藏情况则比想象的要严峻得多，令人堪忧。我们这次走访了一些民间收藏家，在他们的收藏中，年画也是重要藏品之一，但基本都是民国期间的石印和胶印年画，很少看到有真正早期的小校场木版年画。曾经在年画史上创造了最后一段辉煌历史的上海小校场木版年画，几乎已达销声匿迹的地步。这方面，安徽合肥石谷风先生的远见卓识和慷慨大方，让我们倍感钦佩和欣慰。石先生长期从事文博艺术工作，20世纪50年代在徽州工作时就开始收藏年画，迄今藏有上海小校场木版年画约百幅（大多为清末期间在沪徽商返乡时所带回），堪与国内大机构相媲美。此外，上海天雅阁的舒先生经商之余雅好艺术，他收藏的小校场年画数量虽不多，但很有特色，内容大都和新闻时事有关，十分精彩。

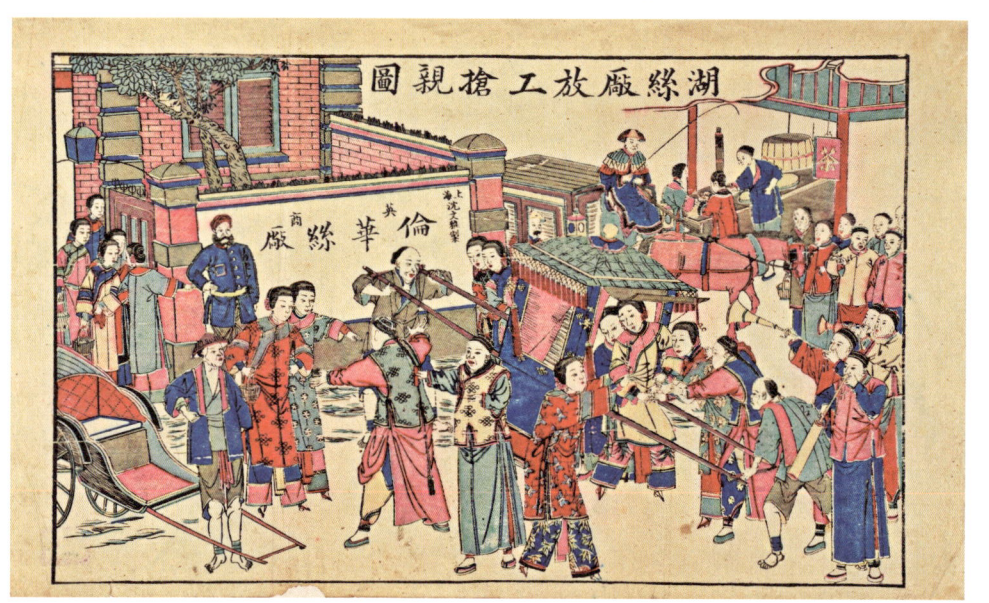

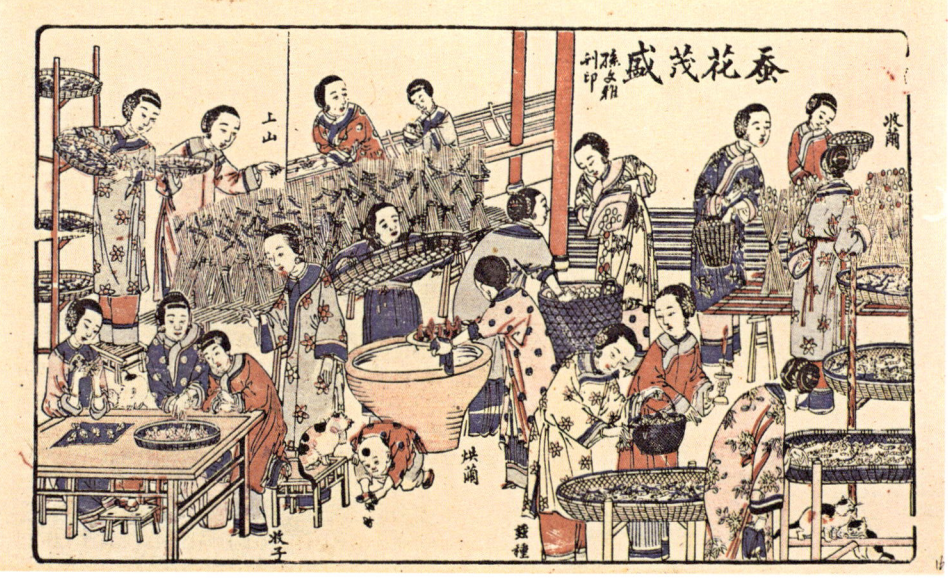

湖丝厂放工抢亲图 / 上
蚕花茂盛 / 下

据此，国内公家机构和私人所藏小校场年画可以有一个大致统计：

1. 上海图书馆：近 300 幅。

2. 上海历史博物馆：约 130 幅。

3. 上海美协：约 10 幅。

4. 私人收藏：约 200 幅。

故国内公、私机构和个人藏有上海小校场年画的数量大约为 600 余幅。

国外的收藏比较难统计，这方面我们主要依据李福清先生的研究。李先生是俄罗斯研究中国年画的专家，曾发表过很多精彩的论文。他现在研究的重点是欧美各国收藏的中国年画，为此，他跑了很多国家，掌握了很多以前人们未知的重要信息。据他给笔者的信中所言，世界各国收藏中国年画的概况如下：

1. 俄罗斯：收藏中国年画最多，约有 6000 幅，其中尤以杨柳青出品为多。也有部分上海小校场年画，如俄罗斯国家图书馆就收藏有一批上海出品的辛亥革命题材年画，如《女国民军攻打汉阳城》《湖北女国民军肖像》等。

2. 匈牙利：收藏有中国年画约 50 幅，主要是杨柳青的，也有上海的，如匈牙利远东博物馆藏有陈茂记的《张四姐闹东京》《铁公鸡铁金翅请宴》和源兴的《四海论交楼》等。布拉格民俗博物馆也收藏有一些上海小校场年画。这些年画大都是参加一战的匈牙利人 1919 年回国时带回去的。

3. 日本：收藏的中国年画以桃花坞早期作品最为著名，很多在中国已经失传。也有一些上海年画，在《中国木版年画集成·日本卷》中有著录。

4. 英国：藏有中国年画约 1000 幅，杨柳青、桃花坞为主，也有上海的，如大英博物馆收藏有文仪斋的《刘永福台北战图》、筠香斋的《东洋各户抽丁》等。

5. 德国：藏有中国年画约 1500 幅，其中有上海名画家钱慧安绘制的彩色套版年画《正乙玄坛》等。

6. 法国：藏有中国年画约 200 幅，有无上海小校场的不详。

7. 美国：藏有中国年画约 300 幅，大多为美国汉学家于 1902—1904 年在中国购买，以桃花坞为多，也有上海的。如美国汉学家 B.Laufer 在 1902—1904 年买有上海妙自然堂刻印的《沪江迎迓醇亲王》等。

8. 瑞典：也收藏有一些中国年画，如瑞典民俗博物馆藏有上海异新斋出品的《新绘三国志全部》。

据此，大略统计，国外公、私机构和个人约藏有上海小校场年画 300 余幅。

两者相加，国内外藏有上海小校场年画的总数仅 1000 幅左右。

中国年画历史悠久，产地众多，素有"四大"（天津杨柳青、苏州桃花坞、山东杨家埠、河北武强）和"四小"（四川绵竹、河南朱仙镇、山西凤翔、广东佛山）之称。民间收藏家中，论起杨柳青、杨家埠等著名产地的年画，藏品有几百甚至上千幅的也不在少数；反观上海小校场年画的收藏，虽然其生产、销售的繁盛期距今不过一百多年，但无论是机构还是个人，能拥有一定数量（比如三、五十幅）的就绝对是凤毛麟角了；国内外著名文博机构，收藏小校场年画能超过百幅的，大概也不过区区三五家而已。上面我们已经说过，在全世界范围内，包括个人和机构，上海小校场年画的全部存世量很可能也就在一千幅左右，这是中国传统木版年画各产地出品中存世量最少的。在这里，距今愈远，存世量愈少，综合价值也就愈高；距今愈近，存世量愈多，综合价值也一般较低，这样一条在文物界比较普遍的规律完全失效了。之所以出现这种反常情况，原因很多，但最主要的恐怕是和上海这座城市有关。上海是近代崛起的城市，其发展变化的速度和力度要远远超过其他一般城市，各类形式的新鲜事物如走马灯般在这个城市轮番引领风尚，"各领风骚数百年"这句诗所描绘的情况，在近代上海恐怕要改成"各领风骚数十年"乃至"三五年"才比较贴切。在这种时代氛围下，人们"弃旧喜新"的行为就变得十分普遍。以石印术为例，它发明于 18 世纪末的欧洲，仅仅几十年光景就在上海获得推广，其价廉物美的特点让传统的木刻印刷业步步败退。至 20 世纪初，石印工业已占领了大半个印刷市场，色彩鲜艳的石印月份牌画也取代了传统木刻年画，受到社会的普遍欢迎。当时在亲朋好友之间，致赠月份牌是一种十分体面的行为，即使在政府机构，乃至像张元济这样有身份的文人，也都以月份牌作为高尚礼物相赠。到了 30 年代，石印已大致被胶印所取代，而抗战胜利后的 40 年代，互赠月份牌的现象就已很少见了。一种新鲜事物的流行，在上海平均也就二三十年的时间。城市化进程的速度愈快，这种现象就愈甚。就小校场年画而言，目前能够看到的作品，绝大多数都是 1890 年至 1910 年间印制发行的，这从年画上的绘制年款和作品反映的内容可以大致推定，这也从一个方面印证了这段时间正是小校场年画发展最迅速的时段，也是中国传统木版年画史上最后的一个繁荣阶段。大约从宣统年间起，也即 20 世纪第一个十年后，随着社会局势的激烈变化和月份牌技术的进一步成熟，传统木版年画的生存空间愈来愈窄，并且迅速走向衰落。我们可以从现存作品上得到印证，在小校场年画中，很少有反映民国社会生活的作品存世，这也说明，那时的年画店庄已没有很大热情去从事传统年画的生产了，面对急剧变化的社会潮流和咄咄逼人的印刷新工艺，传统只能扯起白旗投降。此外，从收藏角度而言，年画的收集颇不容易，除了战争损毁以外，因其年节的特点，年复一年不断地被覆盖、撕揭；此外，年画地位卑微，不入画史，不登大雅之堂，故长期无人收集，更乏人整理研究，随着日月流逝，存世的数量也愈来愈少，导致若干年以后就踪影难觅，终于湮没在历史尘埃之中。

和国内各年画产地相比，上海对本地年画的研究现状更难让人满意。上海迄今没有关于小校场年画的研究专著问世，散篇的研究论文为数也不多，仅寥寥十余篇，且少有对第一手原始文献进行认真发掘的，研究也缺乏深度，缺少新意。此外，我们至今也拿不出一份关于小校场年画店庄和业人的传承谱系，其绘稿、刻版、刷印、销售、使用的具体情况更是长期缺少调查。作为小校场年画诞生地的上海，在 2010 年前的一个多世纪以来，从未举行过一次有规模的小校场木版年画的专题展览，也未出版过一册专题画集；至今到底有多少作品存世，它们又具体收藏在哪里，也缺少一份详细准确的目录。随着 21 世纪初全国木版年画普查工作的进行，这些问题逐渐明晰起来，摆在了大家面前，我们期待着能在今后的工作中逐步得到解决。

当下社会中的年画走向

在中国的国粹艺术中,年画是富有特色、颇具代表性的一种。它历史悠久,影响深远,覆盖面广阔,曾是千百年来广大民众代代相传、绵延不绝传递中国传统价值观的重要载体之一,承载了中华民族源远流长的民间文化。虽然,作为一种民间应用艺术,年画终因时代变迁而成为历史,但它一旦成为过去,反过来也成为了一种文化,鲜明地表现着某个特定时代大众的生活方式、审美心理、人生观念和社会风俗。当我们欣赏着一件件流光溢彩、精彩纷呈的年画时,我们能从中领悟到什么?是其中折射出的历史氛围、岁月留痕,还是时代风华、社会脉搏?不论怎样,那该是一种文化,一种品味,一种对往日的追寻,今世的珍惜。正是在这一层面上,年画永远不会消失灭绝,除了具有美术价值以外,它还具有研究历史、政治、风俗和民众生活心态及思想追求等方面的形象资料价值,是认识过去人们思维模式和文化心理、行为的一个参照系。

年画艺术的三次大发展

年画是中国传统的美术画种,也是和民间生活关系最密切的一种造型艺术。年画是随着年节风俗的演变而衍生形成的,在漫长的岁月里,由于它的题材符合老百姓的意愿,表现的内容迎合了广大民众的心理,故受到广大民众的深深喜

爱，具有最广泛的群众基础和社会影响。

  如果回顾一下历史，我们可以发现，中国年画艺术曾经经过三次大的发展。第一次是在明末清初。明末时期，小说、戏曲插图的勃兴对年画的发展有很大促进，寓意吉庆祥瑞和表现民间风俗的内容得到重视，年画的创作印制和购买张贴逐渐发展为表达欢乐喜庆、装饰美化环境的节日风俗活动，一些年画的典型题材，如"一团和气"、"八仙庆寿"、"万事如意"等已趋于定型。饾版拱花技艺的发明，使年画的印制更为丰富多彩。中国年画在数百年的发展流传过程中，陆续形成了若干个相对集中的中心生产地。各个中心生产地之间在技术上既有交流，同时又适应着各地的风俗习惯，在题材和形式上保持着各自的风格特色，并且对周边地区的年画生产以巨大的影响。年画的几个最重要的创作基地，如天津杨柳青、山东潍坊杨家埠和苏州桃花坞，也均在这一时期开始渐趋成熟。杨柳青位于天津近郊，这一带市肆遍布、交通便利，为杨柳青年画的流传提供了特定的地理

20世纪40年代上海马路上的月份牌摊

条件。杨柳青年画在明代万历年间即有印制，由于制作精良，清代被进贡于宫廷，成为年节宫廷的必备用品。在进宫动力驱使下，画坊聘请画家作稿，精工细琢遂成为杨柳青年画的一大特色，雅俗之间得到很好平衡。在此同时，题材面也随之开阔起来。年画已不仅是年节中所需要的反映家庭团聚、欢乐祥和、发财致富、敬天地鬼神之类的画张，而是具有了一定的历史面和深度的作品。明末姑苏刻书业的兴起，为年画发展打下了基础。苏州一带物产丰富、生活富庶、环境优越、人才荟萃。江南运河的畅通、市镇的兴起、商业的繁荣、文化的发达，为桃花坞年画的繁荣提供了十分有利的条件。清乾隆年间人称盛世，此时的苏州，商贾云集、百货充盈，桃花坞年画由此进入最繁盛时期，并以宏大的场面、雄伟的气势表现城市的繁荣景象成为其主要特色。清康、乾年间国泰民安的社会局面，为年画的大规模发展打下了坚实的基础，而通俗小说和戏曲的风行，为年画作坊提供了丰富的创作素材，年画匠人们据此创作了大量以历史故事、神话传说、戏曲人物和演义小说等为主要内容的作品，这也成为清代年画的一个重要特征。而在表现形式上，由于受到利玛窦和郎世宁等传入的西洋绘画风格的影响，西方明暗透视技法在年画创作中开始得到应用，有的作品在画面上还刻印上了"仿泰西笔意"等字样，年画也因此成为清代西风东渐的一个窗口。

第二次大发展是清末民初时期。当时，内忧外患接踵而来，国内外各种矛盾日趋激化，社会结构发生巨大变化，经济、文化得到畸形发展，形成了错综复杂的社会局面。作为这种社会激变最前沿阵地的上海，小校场年画恰在此时脱颖而出，焕发出奇异的神采，清末民初时期也因此在传统年画的发展史上成为最后一个繁荣阶段。当时上海小校场一带经营年画的店铺工场有几十家之多，俗称年画街，最负盛名的年画庄有飞影阁、吴文艺、沈文雅、赵一大、筠香阁等。这些店铺除由民间艺人生产传统年画外，还聘请上海知名画家周慕桥、何吟梅等参与年画创作，生产以反映上海租界生活和洋场风俗为题材的作品，逐渐形成风格独

特的"小校场年画"。这些年画多取材民众普遍关心的事物景观,充满生活气息,迎合了新兴市民阶层的需要,堪称年画史上浓墨重彩的一笔,上海也因此成为当时江南一带最大的年画生产基地和贸易市场。进入民国,世风嬗变,工商业得到空前发展,加之新的印刷技术和美术技法的引进和推广,大量石印年画成为主流形式,尤其以郑曼陀、杭稚英为代表的月份牌年画,以其色彩艳丽柔和,形象细腻逼真而广受欢迎,形成了一道独特的"年画风景"。月份牌年画的应运而生,在某种程度上促进了木刻年画向石印、胶版印制的发展。

  第三次大发展是20世纪70年代末到80年代中晚期。当时十年"文革"刚刚结束,百废待兴,人心思定,而社会文化娱乐活动则相对单调,年画艺术恰逢其时,得到蓬勃发展。无论是领袖人物、英雄模范,还是山水名胜、花木走兽,

小校场年画代表作之一《合家欢》/ 左
20世纪30年代由年画发展而来的上海月份牌画 / 右

无论是历史题材、神话传说，还是当代先进、普通百姓，都纷纷登上年画，琳琅满目、美不胜收，极一时之盛。当时全国出版的年画品种每年有五千种左右，印数达到 8 亿张之多，成为城乡人民不可缺少的精神食粮。但这一切俱已成为过去。沧海桑田，时至今日，年画已被无情地搁浅在信息社会的岸边，那些曾经有过的辉煌和荣光也已成了美丽的回想。

电脑时代的年画命运

自 20 世纪 90 年代起，中国的现代化、全球化、工业化和城镇化正在以前所未有的速度发展，在它们的冲击下，同时也由于长期遗留的精神桎梏作祟，我们的民间文化正在慢慢地枯萎和死去。综观世界，发展中的国家和民族，在文化上往往会自我鄙视和轻贱，会盲目抄袭强势经济国家的文化，而对自己的文化丧失自尊和自信，甚至把国际化和西方化混为一谈。在时下这个社会新闻、时装杂志、商场厚黑和理财指南充当文化主角的时代，西方文化一拥而入，快餐式、消费式的商业文化像沙尘暴一样弥漫了中国人的精神空间，民间文化仿佛已成为一个失踪已久的弃儿，以至于在很长时间里，谈论年画、剪纸等等之类也似乎成了一件不合时宜的事情。经济全球化引发的强势文化对民族文化的冲击，造成了一种相当普遍的误解，认为过去的文化就是落后的老土文化，只有现世的文化才是有价值的先进文化。令人感慨的是，这种思想在相当多的人群中，尤其是青少年中几乎成为共识。这正是作为中国民间文化重要一脉的年画逐渐消亡的社会背景和重要原因。

从本质上来说，年画是属于农耕文明的，但我们现在面对的却是一个飞机取代马车、电脑取代算盘的时代，而年画的"韵味"显然更属于马车和算盘。在全球化和现代化的处境下，农耕文明已趋于瓦解，作为农业社会生活品的年画实际上已经沦为消亡之物。它和现代人的生活日益脱节，相反文化性却逐渐显现，成为与历史记忆相连的收藏品和装饰品。作为民间文化之一的年画，根植养育它的土壤是百姓的日常生活，一旦离开了市井状态、世俗式样，它也便从民间文化转变成历史文化，脱水褪色成为需要保护的文化遗产。即便在某些乡村还有生产，它也成了让人参观、被人收藏的精细工艺品，而丧失了当年的粗犷率直、飘逸自若乃至套色不准、线条漫漶等等年画特有的那种原汁原味。其实，消亡的远不仅仅只是这些：古人司空见惯的常识，今人生疏如隔世；古人习以为常的风俗，今人不屑如泼水，我们的民间文化正在逐渐失去养育滋润它的土壤。

民间文化的这种式微乃至消亡，还体现在细节的流逝或者被遗忘上面，也就是说，我们丧失的不仅是物质本身，同时连无形的精神记忆也一起流失了。一种民俗的消亡，往往先是寄予这种民俗的功能消失了，然后才被人们放弃。这是民俗渐渐地淡出人们生活的常见方式。拿年画赖以生存的过年习俗来说，让我们仔细想一想吧，那些过去属于享受过程的乐趣如今还存在多少？以往从腊月开始准备年货的漫长过程，现在已被浓缩到了在超市中的几个小时集中采购；以往须亲力亲为的年节除尘，如今也乐得花钱雇个钟点工代劳；过去年夜饭的热闹忙碌，也化为了今天饭店酒楼的围桌一餐；以往整个长长的过年节假，现在只剩下了从农历初一到初三的这三天法定假日；过去"新衣冠，肃佩带"，先祭拜祖宗，再走访亲朋的过年习俗，今天又有多少家庭还在遵守延续？年画是以前过年时家居墙壁上必不可少的装饰物，代表了合家团聚的快乐和对美好未来的憧憬，如今城乡百姓的传统住房已渐为现代的新居所取代，随着人们审美情趣和家庭装饰观念的转变，还有多少人会在精心粉刷的墙壁上去张贴一张画纸？我们生活在一个急剧变化的时代，无数我们曾经习以为常的生活方式就这样在不知不觉中被淡化遗忘。任何一种民俗都是和生活方式相联系的，生活方式的改变注定了很多民俗的消亡，年画就这样风光不再，渐渐远离人们的视野，慢慢枯萎。我们不得不承认，现代的时尚潮流已经将生活格式化了，更多的人愿意追求经济效益、金钱关

系和物欲享受，而难有一份心平气和的心境去关注我们的民族文化，享受它的艺术熏陶，感受生活的美好。

年画已成为一种昔日文化

一个国家或一个民族，它最迷人的地方，恐怕不是外在的景观和建筑，而是弥漫于这个国家、这个民族中的文化气息和特有的生活方式。尊重传统不能仅仅只是一句空话，它要求我们保留对过去生活的敬畏。当推土机把旧城区变成空荡荡的平地，开始新的建设时，常常意味着把原来这个城区中经历了成百上千年才凝聚起来的文化氛围和精神土壤也一笔勾销，而这些城区文明的恢复远不像重

新中国年画《练好身体，加紧生产》，金肇芳绘

建一座花园或一条街道那样容易。20世纪以来,那曾经紧紧纠结于人们风俗生活的年画,已渐渐随着社会风习的变更而衰微消亡。于是,这年节必不可少的应用性的装饰物,已变为一种昔日的文化,已然失去了它的魅力舞台。民间文化生存的环境既然已经改变,那么,依附于环境的文化走向消亡就是可以预料的事情了。从这个意义上来说,中国年画的重振复兴、再现辉煌似乎已不太可能。但当事物成为过去并化为历史时,它的文化价值却会逐渐显现出来,并变得愈来愈珍贵。这当属社会发展之必然。

年画是中国民间文化的一个重要分支,有人对它摒弃不屑,也有人拿它来重温怀旧,不管怎样,它永远是中国传统文化的重要一脉。在日益走向现代化的今天,过分强调传统会了无生气,完全放弃则令人无所适从。如果我们将它理解成"一些值得保留珍视的东西"的话,也许会了解所谓传统的真正含义。

2

中编

小校场年画
个案研究

XIAOJIAOCHANG NIANHUA
GE'AN YANJIU

江南蚕丝业的繁盛画卷
——以上海小校场年画为例

中华文明源自黄河流域，中原腹地也一直是群雄逐鹿之所，不仅在政治上具有举足轻重的战略意义，其经济重心之地位亦不可撼动。然自唐以降，随着五代十国连年战乱及其后宋朝迁都南下，中国经济经历了一次自北向南的重心转移，此次南移在中国古代经济史上意义非凡，有多本专著专门论述此一过程。① 在此，我们无意做经济学上的探讨，重要的是，从此，吴越地区一改以往偏远落后的局面，一举成为朝廷最主要的赋税来源，而一个风景如画、稻香满溢、橹声飘荡的江南亦成为文学作品中一再称颂的富庶之地。这首先要归功于南方传统产业——稻业和渔业的稳步发展，正所谓"鱼米之乡"是也，但其实"鱼米"之外，蚕丝业的后来居上才是江南经济腾飞的决定性因素。自唐以后，这里的蚕丝织造工艺和成品质量就全面赶超中原地区，尤其是太湖流域的杭嘉湖地区，出产的丝绸质地轻柔、色泽明媚，远近闻名。宋朝大量绢帛织锦的消耗，多依靠四川和东南两地供给，而在东南各路中，又尤为依仗苏浙一路，据1074年的上供记载，已达九十八万匹，占全国上缴总量的四分

---

① 唐宋经济重心南移问题的提出始见于张家驹《中国社会重心的转移》一文，其后学界屡有争议。张家驹《两宋经济重心的南移》(湖北人民出版社1957年版)及郑学檬《中国古代经济重心南移和唐宋江南经济研究》(岳麓书院2003年版)都是这方面的专著。

之一多。① 到了明清时节，蚕丝业在江南地区更是全面铺开，几乎家家户户都种桑养蚕、拉丝织锦，小小一个蚕茧俨然已成为江南一地的经济命脉。这一现象在民间年画中同样有所反映，在我们看到的数百幅小校场年画中，题名为《蚕花茂盛》的就不下十幅，剔出画面完全重复的，也有六幅之多，这些画作或描绘养蚕过程，或刻画蚕花娘娘，或祈祷丰年收成，把浓浓的民俗浸润在饱含期冀的吉祥时令画中，绘成了一派江南蚕丝业盛景。

那么，所谓蚕花究竟是指什么？按词典检索，蚕花有这样几个解释：（1）指

---

① 参见周匡明主编《中国蚕业史话》，上海科学技术出版社2009年5月，第139页；章楷《蚕业史话》，中华书局1979年版，第17页。

蚁蚕。(2)方言。指蚕茧。(3)养蚕期间,蚕农为讨吉利,称一般野花为蚕花。(4)蚕忙季节上市的一种小虾。然而,辞典上的解释虽说俱有出处,也都不错,但总让人有隔靴搔痒之感。其实,广泛点说,蚕花就是蚕桑生产的代名词,而"蚕花茂盛"无非是希望"蚕丝大丰收"[①],也正是带着这样古朴的愿望,产生了许多如《蚕花茂盛》年画。下面,我们就看图说话,从这一幅幅年画细细品说江南养蚕风俗。

首先来看上洋筠香斋出品的《春蚕胜意》和吴文艺出品的《蚕花茂盛》这两幅年画。虽是不同年画商出品,但画面内容大致相同,皆是一妙龄少女骑在马上,身后锦旗飘荡,上书"马"字,只是方向恰恰相反,乍一看,很像是一组对画。那么,这位明眸善睐的少女究竟是何人?和马有什么关系?又如何能保佑"蚕花茂盛"呢?我们都知道,养蚕是一件非常辛劳而高风险的农活,整个过程充满了很多不确定因素,任何一个小小的失误,都有可能造成歉收,因此在没有科学方法抵御这些不确定因素之前,蚕农们只能依靠全能的蚕神,祈祷风调雨顺,蚕丝丰收。《春蚕胜意》和《蚕花茂盛》这两幅画就反映了江南地区的蚕神崇拜现象,细致刻画了蚕农心中敬若神明的蚕花娘娘,每到养蚕时节,蚕农都会在家中张贴这类年画,以祈平安。

在中国,被誉为蚕神的有好几位,最古老的是嫘祖,人物典出《史记》,有云:"黄帝居轩辕之丘,而娶于西陵之女,是为嫘祖。嫘祖为黄帝正妃,生二子,其后皆有天下。"但这段话中并没有提到嫘祖"教民养蚕"。把创造养蚕丝织的光环加到西陵氏头上,是从南北朝时北周奉嫘祖为先蚕加以祭祀开始的。后北宋刘恕在编撰《通鉴外纪》时,考证到《隋书》中有关北周"进奠先蚕西陵氏神礼"的记载,便在书中写道:"西陵氏之女嫘祖为帝元妃,始教民养蚕,治丝茧以供

---

① 顾希佳:《东南桑蚕文化》,中国民间文艺出版社1991年版,第114页。

衣服，而天下无皴瘝之患，后世祀为先蚕。"① 此说一出，代代相传，嫘祖就这样一直被当作先蚕氏的原型，各地还纷纷兴建蚕神庙，奉祀嫘祖，香火极盛。

但嫘祖信仰主要在北方比较盛行，江南一带，蚕神庙中奉祀的一般都是马头娘、马明菩萨，其形象多为一女人披马皮，或一女人骑马，即《春蚕胜意》《蚕花茂盛》两幅画中骑在马上的少女。至于为什么蚕和马会有联系，有人说因为蚕身柔婉而头似马，即"蚕与马同气"。但蚕与马真正开始结合，并造出人身马首的蚕马神，则始于一则流传广泛的民间故事。晋人干宝编著的《搜神记》卷十四中对其有详细记载，白话翻译如下②：

---

① 参见周匡明主编《中国蚕业史话》，上海科学技术出版社2009年5月版，6页。
② 参见上海古籍出版社1995年版《搜神记》卷十四《女化蚕》的故事。

传说太古时，有个做官的人远征在外，家里没有别人，只有一个女儿。有一匹公马，由女儿亲自饲养。女儿独身一人，寂寞无聊，思念父亲，就开玩笑对马说："你能为我接父亲回来，我就嫁给你。"那马听到这话以后，就挣断缰绳奔去，直到父亲的地方。……父亲因为畜牲这样通人性很不平常，喂养它格外丰厚，但是马却不肯吃。每看见女儿进出，它就又喜又怒，显得十分兴奋，用蹄扣地，像这样不止一次。父亲感到奇怪，暗地里问女儿怎么回事。女儿把经过一一说了，以为一定是为了这个缘故。父亲说："这事不要再讲了，怕人家知道了，丢咱家的脸，你暂且不要出入。"于是埋伏着用弩把马射死了，把马皮曝晒在庭院里。父亲再次出征，女儿与邻家的姑娘在马皮附近游玩，用脚踩着马皮说："你是畜牲，还想娶人做媳妇吗？招来屠宰剥皮，何苦呢？"话还没说完，马皮突然竖起，把女儿卷起就走。……过了几天，发现在一棵大树的枝叶间，女儿和马皮都已经化成了蚕，在树上作茧。这茧又厚又大，与平常的蚕不一样。邻家的妇女取来喂养，收到的丝多出几倍。于是就把这种树称为桑。桑是丧的意思。从此，百姓竞相种桑养蚕，今世所养的就是。

魏晋以后，此故事广泛流传，逐渐形成祭祀"马头娘"的风俗，既有设立小庙专门奉祀的，也有在蚕农家中奉祀的。祭祀定于农历十二月十二日举行，据说这天是蚕花娘娘的生日。湖州一带，用红、青、白三种颜色的糯米粉捏成米粉团（红色系掺入的南瓜浆汁；青色系掺入"年青头"一类的野生嫩草汁；白色则为纯糯米粉），做成各种形状的团子，如：骑在马上的马头娘、桑叶上的龙蚕、一绞绞的茧丝、一叠叠的元宝、鲤鱼、公鸡等等。长兴一带，则习惯在蚕花生日"请蚕花"。在这一天的晚饭前，用一只蒸罩，放两只鸡蛋、一碗猪肉、四个团子，以及酒盅筷子、一张蚕神码、一幅排锭（纸钱）；然后由当家人将这一蒸罩的祭品端到大门外，焚香烛礼拜，当场焚烧蚕神码和排锭。桐乡一带，则往往在这天做茧圆（一种米粉圆子）祀蚕神，这一带的茧圆是茧形的，有黄、白两种，

猫蝶富贵蚕花茂盛 / 上
猫蝶富贵蚕花茂盛 / 下

黄的掺入南瓜浆汁揉成，隔水蒸煮。除了蚕花娘娘生日这天，也有在清明前后，即蚁蚕孵出这一天，奉祀蚕神的，俗称"祭蚕神"；有做丝完毕、采茧以后，奉祀蚕神的，俗称"谢蚕神"。① 小满前后，苏州先蚕庙还会演剧三日祀蚕神，男妇观者，热闹异常。沈云《盛湖竹枝词》："先蚕庙里剧登场，男释耕耘女罢桑。只为今朝逢小满，万人空巷斗新妆。"②

除了祭祀蚕神，还有各种各样祈愿蚕花茂盛的风俗活动，如戴蚕花、接蚕花、扫蚕花地等等，还催生了蚕猫这一富有民俗特色的避邪物，不仅具有象征意义，也有现实意义。对于蚕农来说，最痛恨的动物莫过于老鼠，因为老鼠不仅喜欢吃蚕，还要咬蚕种纸，咬蚕茧。而老鼠的天敌就是猫，所以杭嘉湖一带的蚕农几乎家家都养猫，而且在养蚕之初打扫蚕室时，也很注意堵塞鼠洞。然而，似乎还嫌不够，一般蚕农还会上街买一两只泥塑彩绘的蚕猫放在蚕室里，或者买两张印有蚕猫的糊荙纸贴在衬幼蚕的蚕荙上，这才安心。也有的蚕猫图是印在白色宣纸上张贴在蚕室墙壁上的，小校场年画中三幅画有蚕猫、取名《蚕猫茂盛》的画应该都属此列。这几幅图虽然构图、设色略有差异，但在意象上却如出一辙：硕大的蚕猫、飞舞的蝴蝶、盛开的蚕花，满满的画面充满吉祥之感，在祈愿蚕花茂盛之余，取其耄耋（猫蝶）富贵的谐音，寄托长寿延年的祝愿。

说完这几幅寓意吉祥的《蚕花茂盛》，我们再来看一幅孙文雅店铺出品的《蚕花茂盛》，与前几幅从多个角度反映民间蚕神信仰不同，此画则让我们对彼时蚕农生活有了直观感受。这幅画截取养蚕过程中几个重要阶段——蚕种、上山、收茧、烘茧、收子，细致描绘，糅合成画，完整清晰地展现了蚕农繁忙辛劳的农作生活。设色明艳、刻画生动，稍懂养蚕知识的人不看旁边说明也能分清各个画面内容，但是对于多数对此陌生的外行人，还是有必要结合画作简单介绍一下从

---

① 参见顾希佳《东南桑蚕文化》，中国民间文艺出版社1991年版，第126—127页。
② 姜彬主编：《吴越民间信仰民俗》，上海文艺出版社1992年版，第358页。

蚕到茧的过程。

每到清明前夕，蚕农便把在阴凉处小心地存放了一冬的蚕种纸拿出来，孵化蚕子，蚕纸由人体加温，晚上或者放在被窝里。几天后蚕宝宝就会咬破黑色的外壳，慢慢钻出来，刚孵化的蚕身体是褐色或赤褐色的，极细小，且多细毛，样子有点像蚂蚁，所以叫蚁蚕。孵化后，蚁蚕被均匀地放在暖房子里的蚕匾中，即画中大大的圆形草编篮筐，并将嫩桑叶切细撒入喂养。蚕食桑量极大，几乎一刻不停地吃，每天要喂食4至5次，并且随着进食，越长越大，越长越白。但有时它的食欲会突然减退乃至完全禁食，懒懒地将腹足固定在蚕匾上，头胸部昂起，不再运动，好像睡着了一样，这就是进入了"休眠"状态。眠中的蚕，外表看似静止不动，体内却进行着蜕皮的准备，眠起后蚕会蜕去一层旧皮，进入到一个新的成长阶段。刚孵化的蚁蚕称为一龄蚕，每蜕皮一次增加一龄，一般江南饲养的皆是四眠蚕，也即要休眠四次，蜕四层皮，直到五龄蚕时才开始吐丝结茧。蚕宝宝到了五龄末期，就逐渐体现出老熟的特征：先是排出的粪便由硬变软，由墨绿色变成叶绿色；食欲减退，食桑量下降；前部消化管空虚，胸部呈透明状；继而完全停食，体躯缩短，腹部也趋向透明，蚕体头胸部昂起，口吐丝缕，左右上下摆动寻找营茧场所，这时就可以考虑给蚕上蔟了。

上蔟——画中说明为上山，就是将熟蚕收集，移放到合适的蔟具上让其吐丝营茧，是整个养蚕过程中最为关键的一步，直接关系到蚕茧质量。蔟具种类繁多，包括有纸板方格蔟、塑料折蔟、蜈蚣蔟等，虽然纸板方格蔟上结出的茧品质最为优良，但从画面看来当时蚕农还是普遍采用原始蔟具制作法。一般先用杉木、竹竿、芦帘等材料搭好山棚，再把梳理干净的稻草刈去顶端细嫩部分，中间束紧旋转成形，竖立在山棚上，供蚕上蔟用。俗称湖州把（禾寻把）。[①] 即图中x型的稻草垛，一般高50公分，上圆口径35公分，下圆口径28公分。熟蚕置放

---

① 顾希佳：《东南桑蚕文化》，中国民间文艺出版社1991年版，第25页。

在蚕蔟的上半部。熟蚕上蔟后，开始吐出的都是乱丝，黏结在蔟器上，做成一个松松的茧网，作为结茧的支架，再不断吐丝加固茧网内层，直到稍具茧型轮廓后，才变成∞字形吐丝，真正开始结茧过程。经过差不多两天两夜不眠不休地吐丝，茧型基本完成，蚕的体躯大大缩小，蜷缩在蚕茧中，一个洁白厚实的茧就结成了。

接下来，就进入收茧阶段，此时的蚕茧称为鲜茧，鲜茧收下后，要马上进行处理，不然10多天后就会化蛾，大大影响茧的产量和品质。因此一般还要经过一道烘茧过程，即图中展现的，用高火烘烤篮中的鲜茧，去除水分，杀死蚕茧中的成虫。经烘烤后的蚕茧称为干茧，这样的茧易于储存。鲜茧也可以不经烘干，直接进入水煮缫丝过程，一方面利用水的高温杀死茧中的蚕蛹，另一方面通过加热，使蚕丝中的大部分胶质蛋白溶于水中，从而起到分离纤维，顺利抽出蚕丝的目的。缫丝是一道工艺要求十分严格的工序，水质、水温及浸泡时间等因素都会影响蚕丝的品质。原始的缫丝方法，是将蚕茧浸在热盆汤中，用手抽丝，卷绕于丝筐上。其后，随着技术革新逐步出现了手摇纺车、脚踏缫丝车，乃至清代晚期采用机械化生产的缫丝厂。画中虽没有展现缫丝这一步,但一个用盆汤蒸煮蚕茧的画面显示此时蚕农还停留在手工缫丝的阶段。

然而,不管是烘干还是蒸煮,都是把蚕蛹扼杀在蚕茧中,不让其化蛾,但为了繁衍后代和可持续发展,一般蚕农会选择一部分种蚕让其化蛾交配,产下蚕子,这就是最后一步——收子。蚕蛹在茧中约十天后,就会羽化成为蛾破茧而出,出茧后,雌蛾尾部发出一种气味引诱雄蛾来交尾,交尾后雄蛾即死亡,雌蛾约花一个晚上可产下约500个卵,然后也会慢慢死去。蚕农将桑皮纸承接蚕子,即为蚕种纸,妥善保存一冬后,到来年春天又开始了一个轮回。

这张《蚕花茂盛》图展现的是最为完整、传统的养蚕过程,从做种到缫丝,蚕农无不亲力亲为,但自清朝后期,这一产业有了更多的细分,很多蚕农不再做种而直接从市场采购,桑叶也直接从叶商处购买,而更大的推进动力来自于1843年的上海开埠。从前江南生产的蚕丝主要用于内需,只有很少一部分会运输到广州出口,但自上海开埠后,因其地理位置贴近江南传统产丝区,水路运输非常便捷而廉价,蚕丝贸易中心迅速由广州转移到了上海。从1845年到1853年,上海生丝出口量迅速由5146担上升到68776担,而同期广州的出口量则从5430担下降到3662担,逆转是绝对的。[1]但与出口量日益增长相对应的,却是生丝价格的一路下跌,从1867年每担407两直降到1886年每担294两。[2]这里就要提到一个在小校场年画中出现过的人物,即《清朝活财神大开聚美厅》中描绘的"活财神"胡雪岩。胡雪岩乃晚清著名商人,初时以钱庄起家,后协助左宗棠开办企业,将经营范围扩至丝、茶出口及外国机器、军火进口等,至同治十一年(1872),其下阜康钱庄支店达20多处,布及大江南北,资金2000万余两,田地万亩。《清朝活财神大开聚美厅》描写的是事业正如日中天的胡雪岩,

---

[1] 李明珠著:《近代中国蚕丝业及外销》,上海社会科学院出版社1996年版,第82页。
[2] 李明珠著:《近代中国蚕丝业及外销》,上海社会科学院出版社1996年版,第92页。

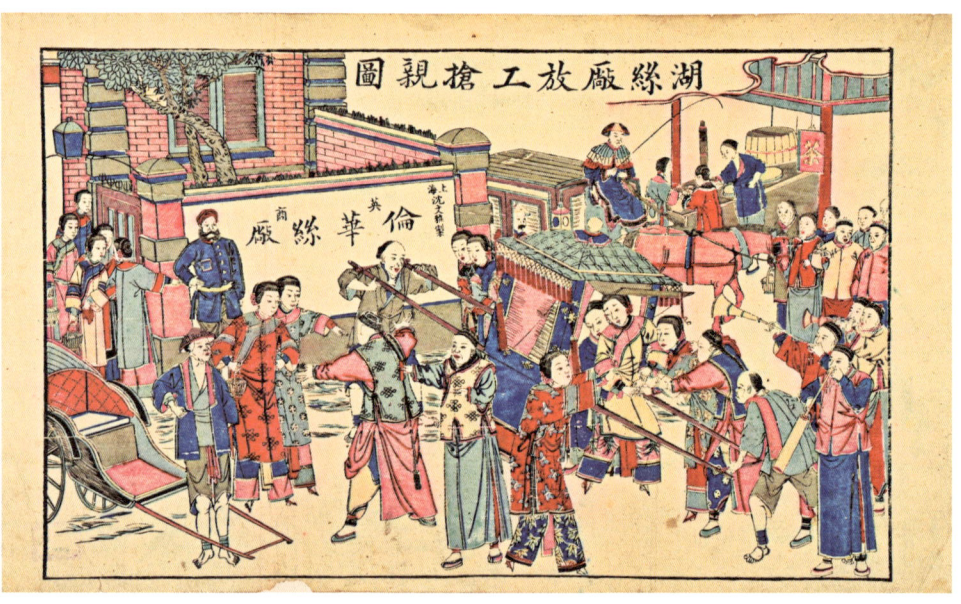

清朝活财神大开聚美厅 / 上
湖丝厂放工抢亲图 / 下

威仪地端坐厅堂，旁有江南各地，乃至东西洋美女为其吹拉弹唱助兴。然而，就是这位"活财神"，最后竟也落得家财散尽、抑郁而终的惨剧，而导火索正是生丝贸易。光绪八年（1882），胡雪岩在上海开办蚕丝厂，耗银2000万两，生丝价格日跌，据他观察，主要原因是华商各自为战，被洋人控制了价格权。于是百年企业史上，第一场中外大商战开始了。先是胡雪岩高价收购当年出产新丝，无一漏脱，外商想买一斤一两而莫得，无奈之下向胡说愿加利一千万两如数转买此丝，胡非要一千二百万两不可。正当双方都达到忍耐极限，胜负立判之时，中法战争爆发，市面突变。危急之时，国内丝商未能团结一致，新丝仍为外商所收，胡无法，反而重求外商收购旧丝，外商趁机杀价。胡考虑旧丝如再存放定会变质无用，不得已只能如数卖给外商，亏损银两达八百万。屋漏偏逢连夜雨，先前胡雪岩曾代上海道邵小邨向外商借过一笔款子，这时刚好到期，外商怎肯放过担保人胡雪岩，逼胡代为偿还。各地钱庄资金周转不灵，胡雪岩营丝亏本风声迅速传开，迎来了各国各地大规模的挤兑风潮。十一月，各地商号倒闭，家产变卖。接着，慈禧太后下令革职查抄，严追治罪。悲愤中，胡雪岩于光绪十一年（1885）去世。

这场中外商战终以胡雪岩的全盘落败而落幕，连胡雪岩这样家财万贯、背靠大山的"红顶商人"都斗不过洋商，洋人对华商的全面压制由此可见一斑。然而，虽然洋商对中国的盘剥让人切齿生恨，但是由于洋商进驻而带来的生产技术的革新却是值得肯定的，缫丝厂的开办就是对传统蚕丝产业的一次巨大改革。已知的上海第一家缫丝厂，是1862年由怡和洋行创办的，但很快就宣告倒闭。其后，旗昌丝厂、怡和丝厂、公和永丝厂相继开办，虽然面临技术工人缺乏和生丝销路问题等诸多困难，但都度过了艰难的创业期。到1901年，上海共有23—28家缫丝厂，7800—7900部缫丝车，平均每厂278—340部。[①] 小校场年画中

---

① 李明珠著：《近代中国蚕丝业及外销》，上海社会科学院出版社1996年版，第183页。

有一幅《湖丝厂放工抢亲图》，虽然此画重点在于刻画一种戏谑的滑稽场面，而非展现丝厂本身，却依然可以从中追寻到当年丝厂的一些特色。首先不管缫丝厂从何地采购鲜茧，都要标榜自己所产生丝为"湖丝"（浙江湖州府出产的蚕丝），皆因自明代起湖州蚕丝就以其上佳质地声名在外，其中又以产于乡村市镇七里（辑里）村的蚕丝质量最佳，被称为"辑里丝"，在市场上很受欢迎，比一般丝价为贵，天长日久，"湖丝"就成了上等蚕丝的代名词。其次，从画中湖丝厂厂房墙上可见"英商伦华丝厂"几个大字，但其实这个丝厂是由华商叶澄衷于1893年投资开办的。虽然最早的几家缫丝厂确由外商投资开设，但在世纪递嬗时外商投资的重要性迅速减退，那时大多数外国丝厂转到了中国人的控制之下。1911年，上海丝厂中仅有5家为欧洲人所有，西方所有权往往是名义上的，因为中国的所有者和投资者会使用西方名称和商标做挡箭牌，这样做的目的，部分是为了受到通商口岸企业的治外法权保护，部分是为了取得使用为外国市场所熟悉的西方商标的优势。当买办或官员开始接管一家丝厂的所有权时，他们往往设法隐瞒事实，使它仍保持着为西方人所拥有的外观。① 再次，从这张图中还可以看出，当时在丝厂工作的几乎都是女工，这和《蚕花茂盛》系列图中蚕农无一例外都是女性如出一辙，所谓"男耕女织"，养蚕丝织历来被看作女子之事，连蚕神也是女性，近代丝厂以女工为主也就不足为奇了。

当然，缫丝厂的特色远不止以上几点，对蚕丝工业的冲击更是影响深远，而蚕丝业在中国近代工业发展中的地位也是一言难尽。小校场年画中表现的，只是江南蚕丝业的若干侧面，但仅只这些侧面，已经可以看出这是一个关乎经济、文化、民俗等多个方面的议题，而虽然仅凭这些《蚕花茂盛》年画不可能廓清彼时江南蚕丝业全貌，却也是绝佳的图片资料，对于依靠文字、数据、表格谱写而成的近代蚕丝史，是一种不可多得的补充。

---

① 李明珠著：《近代中国蚕丝业及外销》，上海社会科学院出版社1996年版，第188页。

图像刻绘的民俗
——小校场年画《打连厢》和《荡湖船》赏析

常说中国历史源远流长,中国文化博大精深,然而满目所及多是帝王将相的历史,文人骚客的墨迹,真正平头百姓的喜怒哀乐却鲜有所闻,而年画恰恰是对这一宏大叙述体系的有力补充。虽然在正统绘画艺术史中不见经传,因其图案雷同、设色艳丽、大量复制而为一般学者所轻视,但其实,有一部分更接近风俗画的年画,以写实手法刻画了当时普通百姓生活的一个断面,因而具有珍贵的史料性。在小校场年画中,这一优点表现得尤为明显,其地域特殊性和时代特殊性决定了它比其他传统年画基地更与时俱进,更贴近生活。年画不仅是一种民俗,更是一种载体,原汁原味地保留了当时社会风貌,在那个影像记录匮乏的年代,有时甚至起到了纪实的作用。为高雅文化所不屑关注的民间艺术,恰恰为当时社会留下了珍贵的图像资料,《打连厢》和《荡湖船》就是其中之例。这两种民间舞蹈无不有其悠久历史,并在其漫长发展过程中呈现各种不同形式,乃地方曲艺精粹之代表,然而如今之人对其却知之甚少,加之舞蹈艺术流传的特殊性(必须言传身教、难以借助纸笔记载、无法留下动态影像),一些细节随着年代流逝就此改变或消逝,幸而在年画中还能看到一点当年原貌,虽然亦是经过艺术加工和夸张。不过,在细说这两幅年画之前,鉴于今人对这两种民间舞蹈的陌生感,有必

要先简单介绍一下。

首先来说说何谓打连厢。谈及"连厢",一般人都会引述清代文士毛西河在《西河词话》中的一段话,其略云:"金作清乐,仿辽时大乐之制。有所谓'连厢词'者,带唱带演,以司唱一人、琵琶一人、筝一人、笛一人,列坐唱词。而复以男名'末泥'、女名'旦儿'者,随唱词作举止。如'参了菩萨',则末泥袛揖。'只将花笑捻',则旦儿捻花类。北人至今谓之'连厢',曰'打连厢'、'唱连厢',又曰'连厢搬演'。大抵连四厢舞人而演其曲,故云。"[1] 其后,清梁廷

---

[1] 毛奇龄《西河词话》卷二第7页,《西河诗词话》,开明书店。

现代连厢表演的几种形式之三——打莲花(张伟民摄)(《中国民族民间舞蹈集成》,中国 ISBN 中心 1994 年版)/上
现代连厢表演的几种形式之二——打莲湘(黄大鑫摄)(《中国民族民间舞蹈集成》,中国 ISBN 中心 1994 年版)/下

桐在《曲话》中也沿用了这一说法:"古人歌舞者各自为一,两不照应,至唐人柘枝词、莲花镟歌,则舞者所执,与歌人所歌之词,稍有照应矣,犹恙无故实也。至宋赵令畤作商调鼓子词谱西厢记传奇,始有事实矣,然尚无演白也。至董解元作西厢搊弹词,曲中夹白,搊弹念唱,统属一人,然而尚未以人扮演也。金人仿辽之制而作清乐,中有连厢词,则扮演有人矣。然犹司舞者不唱,司唱者不舞也。"[1] 这些都是清人描写金时连厢表演的情况,落笔之时年代相隔已久,是否准确还待定论,但就所写文字看来,和我们现在普遍认知的打连厢颇为不同。首先,当时"连厢词"是一种高雅的清乐,且表演时歌舞分司——歌者不舞、舞者不歌;而现在的"连厢舞"则是一种广泛流传于乡村,在节庆时节上演的歌舞节目,表演时载歌载舞,场面热闹欢腾。最重要的是,这两段文字都没有提到连厢表演的标志性道具——连厢棍,一根长约三尺、比拇指略粗的竹竿,两端镂

---

[1] 梁廷枏:《曲话》,有正书局中华民国五年(1917)版,卷四第12页。

清末上海勃拉高洋行发行的荡湖船题材明信片

成三个圆孔,每一孔中各串数个铜钱,也即《打连厢》一画中前排四人手持之竹棍。这是连厢表演最具特色之处,表演时舞者手持花棍,忽上忽下,时左时右地挥动,敲击肩、背、肘、膝、手、足等,不断打击出有节奏的响声。然而,不论是毛西河还是梁廷枏,叙述中都没有提及这点,他们说的打连厢更像是一种曲牌名,戏味浓郁,至于以后如何演变成了一种群众舞蹈,无可考证,有可能这一艺术辗转流传到民间,各地从中吸取养分结合自己的风俗加以改编,并借用"打连厢"这一名称,最终形成了各具特色的连厢舞。

而除了打连厢之外,这一舞种还有其他众多叫法,比如霸王鞭、打莲湘、金钱棍、打花棍等等,其中霸王鞭和打莲湘是用得最多的。霸王鞭的渊源据说可以追溯到西楚霸王项羽,当年项羽与刘邦相约"先入咸阳者王之",后项羽一路所向披靡,每攻下一城池,便站在马上,挥舞马鞭,高歌竞舞,舞至酣时,命士卒折木为鞭再舞,共同欢庆胜利。其恢宏之状,激昂之情,吸引和感染了当地百姓,百姓纷纷效仿。于是这种欢庆胜利的即兴舞蹈形式,就由军营传播到民间,

现代连厢表演的几种形式之一——莲花棒(汪美中摄)(《中国民族民间舞蹈集成》,中国 ISBN 中心 1994 年版)

逐渐演变为一种传统舞蹈节目。当然这只是传说,却也寄托了普通百姓的美好愿望。清代《百戏竹枝词》中有对霸王鞭表演的详细描写,其词云:"窄样春衫称细腰,蔚蓝首帕髻云飘;霸王鞭舞金钱落,恼乱徐州叠金桥。"原词还有题注曰:"徐沛伎妇,以竹鞭缀金钱,击之节歌,其曲名《叠断桥》,甚动听。行每复蓝帕,作首妆。"① 将此描绘场景与《打连厢》一画互相比照,倒是颇为贴切,可见打连厢与霸王鞭其实质一般无二,只是同一舞种的不同称谓而已。

而把"打连厢"叫作"打莲湘"则在江浙一带最为普遍,翻开《中华舞蹈志·江苏卷》和《中国浙江民族民间舞蹈词典》,都只见"打莲湘"而无"打连厢",为何会有这一演变?究其原因也无可考证,倒有几点因素可以参考。首先江南乃多雨多水之所,又是莲花盛开之地,民间舞蹈流传时以同音词代替的例子屡见不鲜,莲湘二字不仅字形更加优美,且符合烟雨江南的意蕴,时日一久便约定俗成承袭下来。其次,则很有可能是吸取了莲花落的元素,所谓"莲花落"即是盲人乞丐行讨而唱的戏文,莲花本是吉祥花,莲花"落",意味着衰败,所以是落难人唱的小调。它本是北方乞丐乞讨时演唱的一种曲艺,仅用竹板按唱,有时一人,有时二人,二人唱时乞妇常手持青竹竿用以串村驱犬,表演时也可舞竿配合,同时也有扭腰踩步等简单动作。明代嘉靖年间在山东出现了"金钱莲花落",艺人手持串有金钱的花棍,唱时应节而舞,已与后来的莲湘基本相同。② 虽然此"莲花"与彼"莲湘"在表演细节上不尽相同,却有异曲同工之妙,都是借缀于竹竿之上的铜钱发出声响助打节拍,从这点而言,说"打莲湘"之"莲"字演变对"莲花落"有所借鉴顺理成章。

介绍完打连厢的历史渊源和各种不同称谓,再回到这幅年画中来看。首先,此画虽然描绘的明显为江浙一带风物,用的却是"打连厢"这一名称,而非江浙

---

① 李振声:《百戏竹枝词》霸王鞭,《中华竹枝词》卷一第74页,北京古籍出版社1997年版。
② 《中华舞蹈志·江苏卷》第193—194页,学林出版社2007年版。

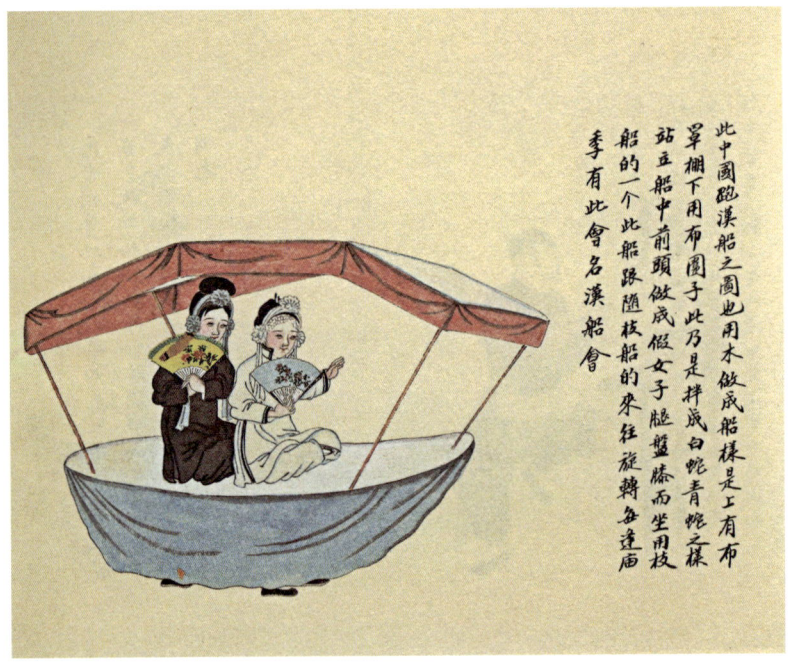

打连(莲)箱(厢)／上
北派跑旱船(《北京民间风俗百图》，北京图书馆出版社2003年版)／下

地区流行的"打莲湘",说明很有可能当时还没有形成从"连厢"到"莲湘"的转变,沿用的还是较为传统的名称。而从其画面表现的舞蹈方式来看,也与我们现在熟知的莲湘表演有很大区别。如今,"打连厢"一般都于节庆时分在开阔场地上列队表演,人数众多,场面宏大,气氛热烈。广场上可组成十字、井字等队形,随着男女交错对击,一起一落,节奏鲜明,动作活泼。而连厢棍的制作也更加用心,除了在竹竿上穿铜钱外,还在竹竿两端安上彩色鞭穗,有用麻制的,也有用红绸、丝线制作的,舞动时不仅可以听到铜钱撞击的"哗哗"声,更可欣赏彩穗飞舞的热闹场景。但从《打连厢》一画看来,从前的连厢表演似乎并非如此,与今相比更为安静而优雅,首先表演场地并不开阔,只是一个茶馆或饭馆的包间,人数也不多,仅有两对男女互相敲击连厢棍翩翩起舞,另有两人打着铜钱串助唱,舞者动作轻柔飘逸,扇子与连厢棍互相交错,煞是好看。北面木椅上还坐有夫妇两人,一边品茶,一边观看,神情安逸,其前景和从前富贵人家听堂会差不多。这一画面,倒是很接近毛西河在《西和词话》中描绘的情景,如此看来,直到绘作年画之时,打连厢还是一个小型范围的清乐表演,载歌载舞,清雅幽静,对比现在热闹喜庆的连厢表演,颇有一些时光流逝中不可逆转的更改,耐人寻味。

说完打连厢,再表荡湖船。现在人们普遍熟知的"荡湖船"是一种民间舞蹈,又名"采莲船",北方称"跑旱船",流传地区极广,尤其在水网密布的江浙一带,更是盛行。关于它的起源,民间传说是为了纪念大禹治水之功。当时洪水泛滥,禹教人疏泥造船,战胜洪水后,船筏搁浅在陆地上,孩子们推来推去玩耍,后来人们将此作为一种表演形式,遂形成舞蹈。[①] 也有传说,是受了采莲劳作的启发,后人用竹篾和纸扎成采莲船的模样,用绳子把纸船负在双肩上,模仿采莲时的情景,把水上的劳动情景搬到岸上来表演,逐渐演变成"荡湖船"

---

① 《中国民族民间舞蹈集成·上海卷》第195页,中国ISBN中心1994年版。

舞。① 不论起源如何，至少荡湖船早在唐代已经流行，到了明代，荡湖船的道具——船体已被装饰得胜似南京秦淮河上的画舫，十分艳丽堂皇。而至清一代，其舞种更为成熟，表演时的舞步、演唱的歌曲，乃至所用的船体和穿戴的服饰也已经定型，还形成了各种流派，每当元宵时节，便会泛舟河上，击船起乐，或者在庙会的舞台上，进行旱船表演。

荡湖船的表演形式，虽依据各地风俗不同稍有差异，但大体相似，都是一条船，两个表演者，一扮渔姑称旦（亦称阿姐），身驾一条竹编制的小船；一扮渔翁叫丑（亦称百挑），手握一根木桨。"荡"与"逗"是该舞的主要表演特点。所谓"荡"，即是表演者的一举一动，始终呈现船的晃动，如"行船步"、"迎浪步"、"荡步"等，衬托出粼粼波光驾彩舟，口唱山歌庆丰收的喜悦情景；而"逗"则是通过渔翁一颠一簸的挑逗来体现，他与渔姑两人一问一答、一唱一和，戏谑诙谐、幽默精彩。除此类两人表演外，也有三人一组的，即在船娘和艄公之外，再加一个艄婆帮腔，还有再增加两个挑花旦者，发展成五人表演的。有时，一个场上甚至会有几条船、几十个人同时进行表演，场面蔚为壮观。

表演时用的花船，长六尺，宽二尺七寸，高四尺五寸，桨长四尺，银色。初时以扎纸糊，后将纸糊改用绸布糊制。船帮为白色，船中央用彩绸扎成小亭子。船帮边上和亭子边上再配以彩饰。演员站在亭子内表演。旱船表演时，也有把船体做成鲢鱼形状的，更具观赏性。

这是最普遍的荡湖船表演，而年画《荡湖船》表现的却是其中特殊的一种——苏州荡湖船，这也是苏剧的一种，由花鼓滩簧改作和仿作，多属一旦一丑的对子戏，除《荡湖船》外，还有《卖橄榄》《马浪荡》等。演出中有时也穿插一人独唱的小曲、二人对口讲唱的滑稽段子和一人单唱的段子（艺人称之为"赋"），以能及时编唱时事新闻而风行一时。《荡湖船》是其中比较出名的一段，

---

① 《中华舞蹈志·江苏卷》第173页，学林出版社2007年版。

此中国打连湘之图也其人乃戏班优扮成女子手拿竹板彩扇用竹竿一枝挖小扎按铜钱数个名为霸王鞭在手中飞舞式竹板上独立口唱歌词名曰打连湘

讲述常熟游手好闲的纨绔子弟李君甫因赌败家，在外生计无着，从苏州乘船回家，沿途与船娘龙德官唱曲调笑，对话滑稽诙谐，妙趣横生。例如李君甫与龙德官见面时的一段对话："河里荡来荡去的阿是摆渡船？""岸上纵来纵去的阿是偷鸡贼？""呸，哪有这么漂亮的摆渡船？""那你是什么船？""这里是荡湖船。"一路上，李君甫负责逗笑，龙德官则穿插演唱，并被点唱各种小曲，包括《五更调》《四季调》等等。船至常熟，李君甫登岸，龙德官则驾船返回苏州。此剧乾隆时已流行，光绪年间昆剧名旦周凤林，以及后来的京剧名丑萧长华先生亦常饰演李君甫一角，均用苏白演唱。

荡湖船表演时阿姐龙德官的主要道具是船，用细竹竿扎成，长约九尺，分前舱（约三尺六寸）、中舱（约二尺四寸）、后舱（约二尺四寸），两头稍窄（前约尺余，后近二尺）。中舱扎有高约三尺的舱棚，棚有顶，阿姐立在其中，并将系于船帮的两条绷带套于双肩，再用双手扶帮操作。船体周围扎有绸布，并用绸

北派打连厢（《北京民间风俗百图》，北京图书馆出版社2003年版）

带、排须、流苏，彩球等装饰。百挑李君甫的道具为长约四尺半的木桨，其中桨柄、桨板长度各约一半。服饰则无严格规定，阿姐一般穿彩色大襟上装、宽脚裤，腰扎绸带头扎小辫。表演动作首先要把船荡起来，操船的阿姐在表演时脚步要稳，腕力要匀，身腰要活。做到"旱船遥似泛"，忽高忽低，如载波上。百挑动作幅度较大，要灵活热情，与阿姐紧密配合。基本动作有"荡船"、"戏水"、"上滩"、"划桨"、"摇船"等。①

除表演外，苏州荡湖船的唱词是其一大特色，多为即兴填词，语言通俗流畅，间以俚语。《荡湖船》一画中有一段写于其上的文字，原汁原味再现了当时的说表声腔，现全文摘录如下：

清朝世界厌子多／常熟城里出仔李君甫／爷娘传不我／家档蛮蛮大／三爿典当七爿铺／拨拉我／吃着嫖赌弄得一搭糊涂／想若我里表姐夫／身郎脱套短衫裤／走进典当铺／叫声朝奉估介估／铜钱当仔三百多／随手来拿航船坐／但听一阵狂风到姑苏／打听我里表姐夫／有个说拉马医科／有个说拉虱（笃）桃花坞／其日仔三塘来走过／看见一爿要货铺／里向坐起我里表姐夫／手里拉虱挫舍泥涂涂／我说表姐夫／阿有舍生意荐荐我／我里表姐夫说／自家要啥做／拉里做做个种夜夜互／皮老虎／我说阿有铜钱借点我／拿出一千通足老提大／随手就拿生意做／卖仔五颜六色另头布／打好一个小包裹／大街大巷勿敢走／私街小街喊卖布／看见一位娘娘立门户／喊我卖布客人里向坐／我说娘娘要卖啥个布／娘娘说／我里阿大做身短衫裤／阿要几化布／我说晤虱（你笃）宝宝几化长／几化大／娘娘道杂能长／杂能大／我说布约勿销多／一丈三尺有得做／娘娘搭我咬耳朵／阿肯赊不我／我说道／对我脚馒头郎坐／装筒烟我呼／对我眉眼做／勿要说个点另头布／就是被头褥子布／脚带布／撩撬布／一搭骨子在自我／冈冈有趣有事务／格忙头里来仔里虱（笃）城皇老／后头还有炕三姑／手里拿仔两面三／要杀脱我个戎骷颅／跌

---

① 《中华舞蹈志·江苏卷》第175页，学林出版社2007年版。

荡湖船 / 上
现代荡湖船表演（陆大杰摄）《中国民族民间
舞蹈集成》，中国 ISBN 中心 1994 年版）/ 下

搭仔冲出门户／忘记仔个小包个／不觉来到下牵埠／叫航船只得转回府。

很明显，这是地道的苏白，一定要用吴侬软语道来，才文从字顺，悠扬动听，并通晓其意。这段苏白大抵说的是常熟纨绔子弟李君甫，散尽家财后来苏州投奔表姐夫，做起布料生意，又被烟花女诱骗，乘船仓皇出逃的故事。照内容看来，这应该只是《荡湖船》一剧的开场交代，其后就应该上演李君甫与船娘龙德官对唱的戏码，但是他们之间的念白说些什么，曲子又唱些什么，画中并没有交代。不过，从这开场白中已经可以看出，《荡湖船》作为一部取悦普通百姓的滩簧，其故事情节多少有点艳俗之气，富家子弟花天酒地，穷困潦倒后上街卖布，被烟花女子调笑追打，这正是市井小说热衷的题材，而其后李君甫在船上，与龙德官的对唱也绝不乏调情的意味，但这也正是年画商选择这一题材作画的原因。吴地水乡风光配以泛舟江南女子，本已足够情致，但画匠意犹未尽，还在旁添加一手拿望远镜定睛窥视泛舟女子的老爷，这是《荡湖船》原剧中没有的设定，从侧面烘托了船娘龙德官之美艳无双，也增加了整幅画戏谑嘲讽之感，符合普通市民的审美倾向。

其实，不论打连厢也好，荡湖船也罢，清末民初之际在上海都有流传，如今，上海金山廊下的打连厢颇为出名，经常进行表演。但从这两幅年画来看，描绘的应该都是姑苏景致，苏州桃花坞年画与上海小校场年画的承继关系毋庸赘言，因此虽然此画内容并不直接与上海相关，但其所体现的从年画到戏曲乃至整个民间民俗文化向上海转移的趋势却至关重要（这一趋势大概从太平军占领苏州造成大批难民迁入上海开始），而更重要的，则是为现在致力于研究民间戏曲歌舞的专业人士，留下了宝贵的图像资料。

小校场年画中的吴方言

小校场年画的特色之一就是创作有不少反映新型市民生活的画作,如《新出夷场十景》《新刻希奇一笑图》《新出清朝世界十怕妻》《市井各业》等等。这些画作,不同于传统年画对农村风俗的描绘,而是将着力点转向彼时上海这一转型社会中出现的种种新气象,充分适应了新涌现的市民阶层的趣味;更有意思的是,这些画作不仅在题材上独树一帜,还往往从旁配有解读画面的注释文字。这些文字,细细推敲,无不带有明显的吴方言区特征,不但读来亲切有趣,加深了对画作的理解,也为我们了解那时的方言特色积累了宝贵的素材。

所谓吴语,通常指江浙话,其范围主要包括江苏南部、上海市和浙江省大部,另外在安徽省和江西省也有小块的分布。按照语言学家赵元任先生的观点,"吴语的特点,首先在于具有一些共同的语音特征。最突出的而且最典型的,是闭塞音声母按发音方法分为三套,而不是通常的两套,即传统音韵学所说的'全清'、'次清'、'全浊',用现代语音学的术语说,就是不送气清音、送气清音和浊音"。[①] 这是音韵学上的划分。关于此问题的深入分析,可参见赵元任先生1928年出版的著作《现代吴语的研究》,在此我们不做过多阐释。只是要明确一点,吴语作为一种方言,有其鲜明特征,藉此特征,可以与其他方言画出明显的

---

① 赵元任《吴语对比的若干方面》,《赵元任语言学论文选》,清华大学出版社1992年10月版。

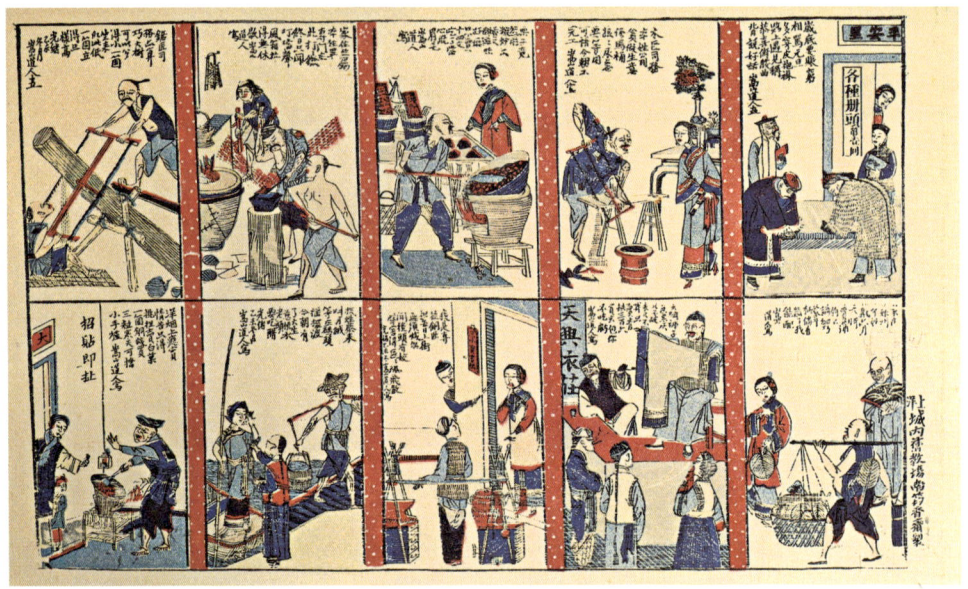

分界线。然而,在只见其字、不闻其声的年画作品中,我们很难从文字读音上去判断用了何地方言,幸好,每地方言总有一些自身特有的习惯用语,只要一看到这些词汇,立刻就会感受到浓浓的地方风味。比如请看《市井各业》一画中为每种职业配的文字说明:

岁底要账穷相骂,元旦多穿皮袍褂,路上遇见称恭喜,俯腰曲背说好话。

木匠司务本姓翁,贪做生意修马桶,娘娘尿急要等用,可怜今朝不完工。

栗子竟然用糖炒,又香又甜滋味好,一筐只卖十四文,吃了当心脱眉毛。

家住无锡本姓覃,专门在此打打铁,终日只闻叮当声,风箱拉得无休歇。

锯匠司务心算巧,大树可以分得小,一个坐来如此低,一个立得只样高。

文绸裤子遮黑灰,又不破来又不□,只卖青□三百六,买去包你不吃亏。

家在苏州本姓戴,六月天时卖蒲扇,不论细巧象牙柄,倘自坏了我能配。

我是专□铜匠担,每日上街无须喊,忽闻后头有姣声,害得区区魂飞散。

我姓蔡来叫月娥,等在码头摇摆渡,今朝有了大生意,挑水老头要吃醋。

洋烟上瘾实情告，只得挑担卖白果，一个铜钱买三粒，寒天可当小手炉。

这几段文字粗看起来和官话差别不大，即使非吴方言区的人，不用解释也读得明白。但在第一行就出现了"穷相骂"这一颇具地方特色的词汇，"相骂"表示"吵架"，在苏州话里还有"穷相骂，急相打"这一俗语，意思是人穷了容易吵架，急了就要打架，用在此处则形象地表现出年末收账时拿不出钱来的窘迫。其后，"司务"（师傅的谐音）、"今朝"（表示今天）、"脱眉毛"（吴方言区形容东西味道鲜美，有鲜得来眉毛要脱落的说法）、"只样高"（这样高的谐音）等词语，也打上了鲜明的吴语痕迹。并且，如果用吴语从头到尾将其读一遍，就会发现，这些说明不但排列异常工整，每段四句、每句七字，平仄音韵也颇为规范，凡一、二、四句皆押韵，句式有点类似于当时风行的竹枝词。竹枝词源起于四川东部和湖北西部沿江一带的民歌，唐代诗人刘禹锡将其纳入文人诗歌创作体系，并开创了《竹枝词》这一诗体，其后，宋、元、明、清直至民国，历代诗人学者都有传世《竹枝词》问世。至清代中晚期，作者群体日众，上至达官贵人，下至底层小吏，但凡懂点文墨的知识分子，皆拿起笔杆投入到《竹枝词》的创作中去，借此一抒心中块垒。由于其诗体简单，没有格律上的诸多限制，特别适合表现晚清急剧变动中的社会出现的新事物，写作题材也越来越广泛，从风土人情到社会生活的各个方面，包括重大历史事件都纷纷入诗。上海开埠以后，一般小报文人也喜欢用它来描绘洋场新事物，一时蔚为成风[①]，而把一些俗语、俚语写进《竹枝词》中也屡有先例。因此，这几段说明文字虽没有标明为竹枝词，但从格律看来应是借用了竹枝体，寥寥数语，写尽各行各业人士的各种酸甜苦辣，为本已甚为滑稽的画作更添几分趣味。与这幅年画相类似的还有同样落款为嵩山道人的《三百六十行》系列，每幅画描写一种职业，并配上诗句说明，如描绘算命先生，就写"先生家住在松江，肩背弦子走四方，怕羞使弟叫算命，我姐何日配

---

① 关于此类作品可参见顾炳权编著《上海洋场竹枝词》，上海书店出版社1996年版。

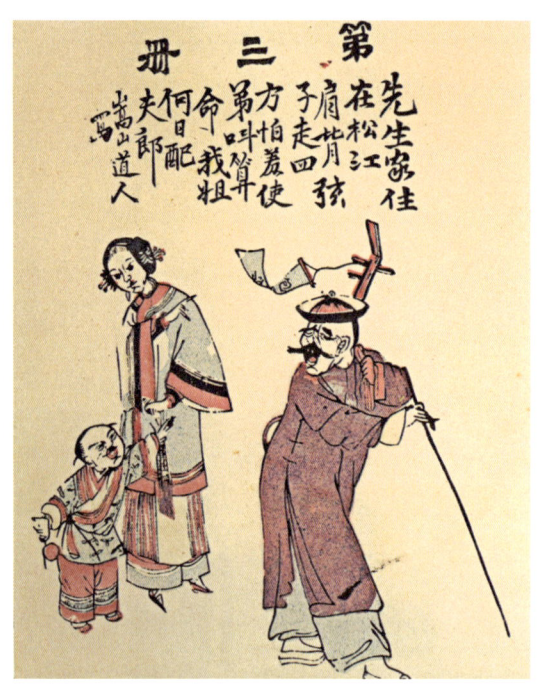

夫郎";写卖蓖箕的,则是"常州蓖箕天下晓,恒顺货真价最巧,倘若诸公遇此过,买来送送思相好";还有江湖卖艺的,则写"江湖之中算奎首,笑杀傍边王老头,好在此碗能自转,广东娘娘不肯走",严谨的诗体格式与朴质的市井语言相结合,充满了底层市民喜闻乐见的喜剧因素,给人以扑面而来的真实生活感。

有一点需要注意的是,这里我们一直用吴语来统称小校场年画中所运用的方言,但其实吴语内部语系也有许多细微差异,比如苏州话、上海话、宁波话、常州话等等,听来就不尽相同。那么,要是细究一下,这些说明文字究竟偏向于何地方言呢?如果根据年画出版地归属,自然应该是上海方言无疑,但仔细品品,却不仅和现在的上海话有所区别,还有几分苏白的味道。这就要说到上海方言形成的渊源问题了,一般以为存在有"新老"两种上海话,"老上海话"从七百多年以前南宋形成名为"上海"的人口聚落开始,到现在还存在于上海城区四周的郊区;另一个是从上海开埠以后随着上海城区快速发展而形成的城区"新上

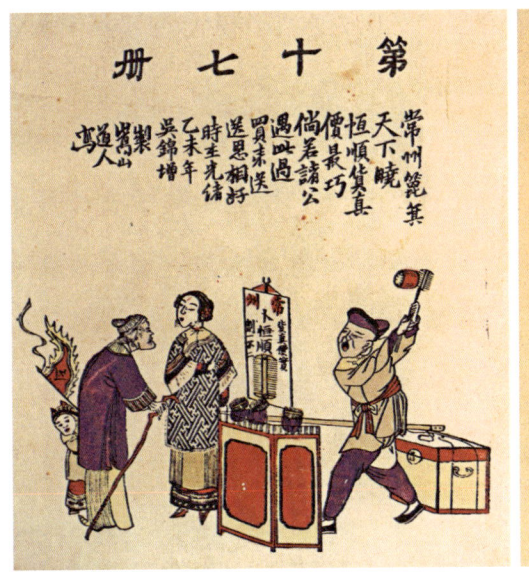 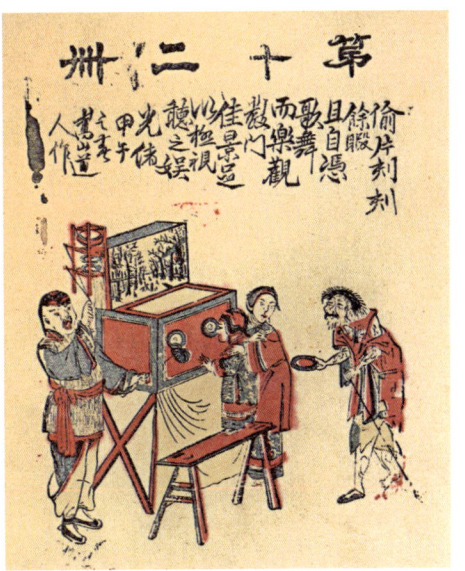

海话"。① 这一"新上海话"形成于1843年上海开埠后之繁华居住区,至20世纪20年代后期基本定型,其标志性变化就是原来韵母读[e]的"半、盘、男、穿、占"等字变读为[ø](安)韵,此后随着时代变化,又不断更新、加入新词汇,其使用范围也从中心城区向郊区四周辐射,最终取代以松江方言为基础的"老上海话"成为上海话的代表,并在20世纪中叶逐步取代苏州方言在吴语区的权威地位,成为吴方言的代表。

  我们现在可见的小校场年画大都出版于19世纪末至20世纪初,正处于"新上海话"的形成期。这一时期的语言特点,就是开埠后从四方大量涌入的外籍移民成为语言革新的主要推动力量,尤其是太平天国运动期间逃难而来的江浙人士,上述年画说明中曾频频出现"无锡""苏州""常州""松江"等上海周边城市地名,从此点中也可看出当时城市混居程度之高。各地人士五方杂处的结果之一就是加速了上海方言的演变进程,乃至最终形成了"新上海话"。一般而言,

---

① 钱乃荣:《上海方言》,文汇出版社2007年8月版,第2页。

一个地区的语言总是会随着时间流逝、社会变迁而改变，但这种改变是极其缓慢的，如同上海方言开埠前几百年的进程，而自开埠后的迅速演变则与移民城市的形成密不可分。各个地方的人都会不自觉地在上海方言中留下自己的烙印，而苏浙地区，因为本就人数众多，加之语言天然的相近，对"新上海话"的形成影响很大，因此当时通用的上海话里夹杂苏州方言是很常见的。另外，小校场年画本就是由苏州桃花坞年画艺人大量迁入、重操旧业发展而来的，这一形成轨迹与上海方言受苏浙方言影响而改变的轨迹是并行一致的，所以年画说明语言中带有苏州味那是再自然不过了。除了移民人口的影响外，另一个在当时对"新上海话"形成产生很大影响的因素就是开埠后社会生活的急剧变化、租界的划分以及各种新鲜洋事物的出现，不仅冲击了原先的社会结构，也促进了语言的更新，这一点在年画中同样有所反映。比如在《三百六十行》系列中，就描绘了一个新的工种——"西洋镜"放映师，并在旁写道"偷片刺刺，余暇且自凭歌舞而乐观，数门佳景，足以极视听之娱"。西洋镜是从旧时欧美传入我国的一种逗乐装置，一个黑黑的大匣子，匣子里装着画片，匣子上有放大镜，根据光学原理通过暗箱操作可以观看放大的画面，内容多为西洋风土人情。旧时上海的弄堂口，经常有放西洋镜人的身影，花几分钱，或用喝剩的药水瓶替钱，就可以看十个之内的图片了。这一装置传入中国要比电光影戏——电影早了几十年，到19世纪末已经催生了一批职业放映者，甚至，上海俗语中还专门有"看西洋镜"这一说法，指不花钱凑热闹图新鲜，年画商将其制版入画足见其紧跟潮流、与时俱进。除了这些新兴职业外，一些令人咋舌的西洋风俗也同样引起了年画商的注意，比如其中一幅画就描写了一位坐轿的妇女，并以戏谑的口吻写道："妇人坐轿男人走，后面跟只好猎狗，外洋风俗更稀奇，打躬怎消牵牵手。"在国人看来，女人坐轿，男人走路，已经无比奇怪，还要有猎狗相伴，还要当众牵手，更是无法想象，也只有在年画中画来让寻常百姓开开眼界，以作奇观了。

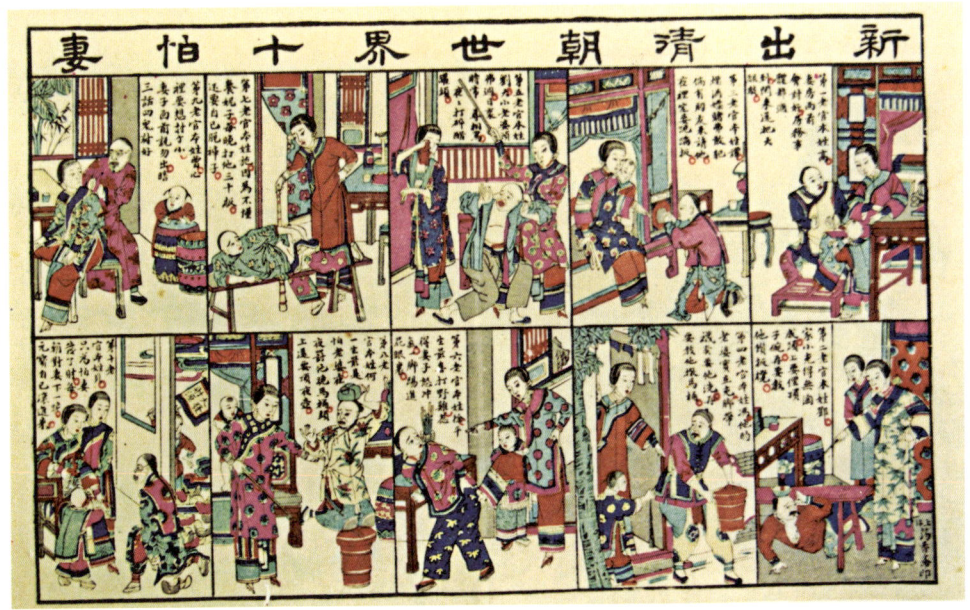

不过就整体看来,无论是《市井各业》还是《三百六十行》系列,其所用的语言与官话还是比较接近的,相较而言,另一则年画《新出清朝世界十怕妻》中所配的文字,则更有地方风味,用到的俗语也更多:

第一老官本姓高,**妻房**面前会讨好,**房务事体**都周到,闲来还把大腿敲。

第二老官本姓邓,家小凶得**无淘成**,头上**要俚顶子碗**,还要教他钻板凳。

第三老官本姓谭,烟酒嫖赌**弗敢犯**,倘有朋友来请他,夜里定要**跪踏板**。

第四老官本姓冯,他的老婆实在凶,脚带袜套要他洗,再要叫他**掇马桶**。

第五老官本姓刘,六小老婆**头弗周**,**日里**时常**寻相骂**,夜夜打碎醋罐头。

第六老官本姓徐,平生最喜打野鸡,惹得妻子怒气冲,一脚踢进屁眼里。

第七老官本姓施,因为不懂养**妮子**,每晚打他三十板,还要自己脱裤子。

第八老官本姓何,一生最是怕老婆,夜夜罚他跪马桶,头上还要顶夜壶。

第九老官本姓曹,心里想要讨个小,妻子面前说勿出,**瞎三话四**鬼讨好。

第十老官本姓贝,只为怕妻发了财,每朝对妻下一跪,元宝自己滚进来。

以上用粗斜体标注的都是具有吴地特色的词汇，有些词如妻房（妻子）、妮子（儿子）、事体（事情）、弗敢犯（不敢犯）等较常见，容易理解。有些则必须加以解释才能明白，比如"淘成"是分寸、规矩的意思，而"无淘成"就表示没有分寸；"跪踏板"又叫"距踏板"（距为跪的口语音），踏板为搁在床前供踏脚的木板，跪踏板则指一种惩罚丈夫的方式，后引申为形容男人惧内；"头弗周"应是"兜不转"的谐音，表示不能操纵自如，不能自由活动，与"兜得转"表示有门路正好相对；"瞎三话四"，表妄语也，犹京语之瞎撩，扬州语之嚼蛆也，用信口开河来诠释最为准确；至于"掇马桶"，"掇"就是两手捧着的意思，顾名思义，"掇马桶"就是手捧马桶伺候人如厕。① 这些都是极富地方特色的俗语，用在此处则不仅把妻子的泼辣、丈夫的窝囊表现得淋漓尽致，且喜剧感十足，十分契合画面。

这幅年画不但用词充满地方风味，画面内容也颇有地域特色。惧内一词在中国由来已久，历朝历代都有代表人物，可近年来要说到"怕老婆"的地方代表，则非上海男人莫属。1997年，台湾女作家龙应台曾在上海《文汇报》上发表过一篇文章《啊！上海男人》，对上海男人这一世间珍稀品种怕老婆的种种行为做了入木三分的描写。此文一出顿时引起轩然大波，"上海男人"们纷纷打电话到报社大骂作者"侮蔑"上海男人，上海男人其实仍是真正"大丈夫"。② 那些义愤填膺的上海男人如果早看到这幅画，也许就会心平气和一些，原来"怕老婆"这一现象在上海早有传统，而且还有过之而不及，诸如做家务、敲大腿、洗袜套都不算什么，竟然还要钻板凳、跪踏板、打板子、顶夜壶，简直就是酷刑。而且这可不是外省人戴着有色眼镜刻意嘲弄，而是自揭其短、自嘲自笑。在提倡妇女三从四德的旧式社会，很难想象竟有这样的特例，不过或许正因为稀少，所以才

---

① 各俗语解释参见石汝杰、宫田一郎编著《明清吴语词典》，上海辞书出版社2005年版。
② 龙应台等著：《啊！上海男人》，学林出版社1998年10月版，第16页。

值得入画。当然，这里面难免有作者夸张的成分，却也从一个侧面说明晚清以降妇女在家庭生活中地位的提高，起码"怕老婆"不用再藏着掖着，而是可以成为当众调笑的话题。更有甚者，还有当众承认的，比如曾在上海就学、曾任上海公学校长的著名学者胡适。关于胡适怕老婆的趣事不少，据说有一次，一位朋友从巴黎捎来10枚铜币，上面铸有"P.T.T"的字样。这使他顿生灵感，说这三个字母不就是"怕太太"的谐音吗？于是他将铜币分送朋友，作为"怕太太会"的证章。甚至，他还发表了一番"怕老婆"的"宏论"："一个国家，怕老婆的故事多，则容易民主；反之则否。德国文学极少怕老婆的故事，故不易民主；中国怕老婆的故事特多，故将来必能民主。""怕老婆"也要上升到理论高度，还要和民主联系起来，的确是学者行径，不过，这个口一开，倒也是让普天下怕老婆的男人终于可以长舒一口气，挺起腰杆也理直气壮一回了。

  不过《新出清朝世界十怕妻》一画中所用的俗语，比较多的还是惯用语和成语，另一幅同样反映市井百态的《新刻希奇一笑图》，则运用了俗语的另一类分支——歇后语，与戏谑的画面互为对照，同样具有深刻的喜剧效果。歇后语是中国人民在生活实践中创造的一种特殊语言形式，一般由前后两部分组成：前一部分起"引子"作用，像谜语，后一部分起"后衬"的作用，像谜底，十分自然贴切。在一定的语言环境中，通常说出前半截，"歇"去后半截，就可以领会和猜想出它的本意。作为一种民间智慧的结晶，几乎每个方言区都会有具有鲜明地方特色的歇后语，吴方言区自然也不例外，《新刻希奇一笑图》一画中就出现了二十多条歇后语，如"腌鲤鱼放生——死活勿得知""猢里（狸）精吃糖饼——怪甜"、"屁古（股）浪戴眼镜——屯光"、"歪嘴吹喇叭——一团邪气"、"告花子带眼睛——穷昏""麻婆子塔粉——十杀老本"等，不仅生动形象，而且用了不少吴语谐音字，如用"勿"代替"不"，"浪"表示"上"，把"叫花子"称作"告花子"，用"塔"表示"涂"等，洋溢着浓郁的吴地风情。虽然语言稍显粗

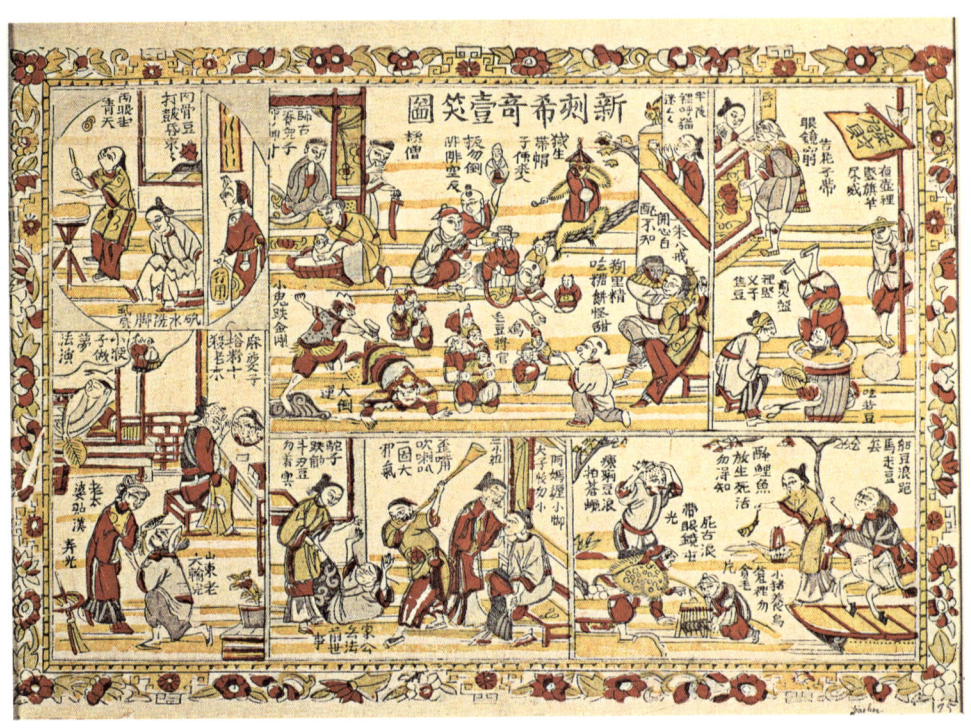

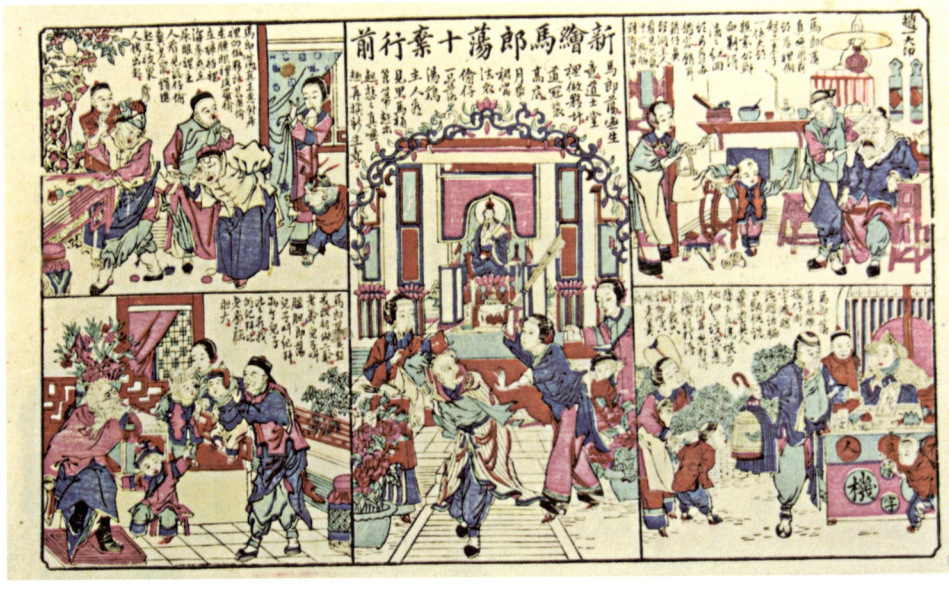

新刻希奇一笑图 / 上
新绘马郎荡十弃行前 / 下

鄙，有些话现在也不用了，但对于了解当时底层市民的生活语言却不无助益。

当时类似《清朝世界十怕妻》《新刻希奇一笑图》这样的幽默讽刺画颇为流行，一些画报、小报和日报副刊上都会刊行，其中最著名的当属《点石斋画报》和《图画日报》。《点石斋画报》刊行时间为1884—1898，《图画日报》则是1909—1910，与今见小校场年画的出版时间（19世纪末至20世纪初）正好相仿，可见此乃潮流所趋，只是因为载体不同，风格迥异。画报上的多为白描，笔触细致清淡，而年画为木刻或石印上色，线条较粗，色泽浓艳。值得一提的是，《图画日报》中还曾辟有专门的俗语画分类[①]，每幅画描写一个俗语，有时还配有较长的文字说明来解释俗语意思，这点倒与《新刻希奇一笑图》中用画作表现歇后语有异曲同工之处，同时也开创了将民间俗语与幽默漫画相结合的先河，而这一点此后在汪仲贤的《上海俗语图说》这类著作中又有了长足的发展。

上面说的都是一些描写洋场新现象的年画，另有两幅配说明的年画——《马浪荡十弃行前后》和《荡湖船》则比较特别，是根据滩簧曲目的情节改编创作的，配的文字也是类似唱词一般的苏白，看起来颇为费力。所谓滩簧，乃曲艺的一个类别，清代中叶形成于江浙一带，有前滩与后滩之分。前滩移植昆剧剧目，将昆剧曲词加以通俗化；后滩则取材于民间花鼓小戏，表演者三至十一人（须为奇数），分角色自操乐器围桌坐唱。《马浪荡》《荡湖船》都是后滩中的代表曲目，相较前滩，更为通俗，更具有喜剧色彩。这里着重说一下《马浪荡》。马浪荡，亦作"马郎荡"，方言中专指游手好闲的人。胡祖德《沪谚》卷上对"马浪荡，十弃行"的解释为："浪荡，姓马而绰号浪荡，谓其一生游荡，百无一成。又称马郎党。"[②] 滩簧中说的是这个故事，年画表现的也是这个故事，并且用连环画的形式详细描写了他前后做过的十个行当，每个行当一幅画，并配有情节说明，以

---

① 关于这部分画作可参见胡毅华编著《清代俗语图说》，上海书店出版社2005年版。
② 胡祖德编著：《沪谚》，上海古籍出版社1989年版，第72页。

《马浪荡十弃行前》当中一幅画为例,写的是马浪荡在道场的经历,文字说明为:"马浪荡无生意,道士堂里做伙计,道冠装高低,月华裙当法衣,偷仔一只落汤鸡,主人看见里,马桶扫帚赶出去,想想真无趣,再换新生意。"虽然只有寥寥数语,已经可以看出,用的是地道的苏白,有些类似当时流行的苏白小说如《海上花列传》《九尾狐》等,只是更为浅显粗俗一些,迎合了年画的受众群体。而这种用一幅幅画串起故事,每幅都配有情节说明的方式,又初具了以后连环画的影子。

综上而言,年画中配有文字多是为了画面情节需要,而运用具有地方特色的俗语,则不仅贴合百姓生活,又增加幽默感,是当时非常流行的手法。在现代人看来,这种以画面文字互为交融、表现世情百态的作品,无疑更具有真实感,也为后人探寻当时体层百姓的生活情景和生活语言保存了珍贵的一手资料。

画中风景——沪上铁路诞生记

在众多小校场年画中,《上海新造铁路火轮车开往吴淞》一画自有其熠熠生辉之处:首先是因为它的题材,生动活泼地刻画了洋场新事物——火轮车渗入普通民众生活之情景;其次则是因为围绕这一题材,先后有多个不同版本的年画问世,甚至还有《苏州铁路火轮车公司开往吴淞》这样改头换面的作品,一方面显示了普通市民对此事的莫大关注,另一方面却也为厘清其中脉络留下了诸多疑点。此点容后慢慢细说,先来说说此画中另一个同样存疑的问题,标题中的"新造铁路"指的究竟是哪条铁路?

自上海开埠以来,铁路事业的发展颇有一番波折,经历了从抗拒、对峙到接纳、兴建的漫长过程。在这一过程中,自天后宫桥到吴淞这短短三十里路上,先后诞生过"吴淞"和"淞沪"两条铁路。后人说起,往往将两者相混淆,其实这两条铁路除了线路重合,其他诸如出资人、铺设之铁轨、运行之火轮车皆不相同,且其间间隔时间长达22年,可以说是两条完全不同的铁路。吴淞铁路是中国第一条营业性铁路,由英国怡和洋行投资兴建,1874年12月路基动工,1876年12月1日全线通车,1877年10月20日由清廷赎回销毁。而淞沪铁路则是由清政府委任盛宣怀主持的铁路总公司修建而成,1897年2月动工,1898年9月1日建成通车。1904年并入沪宁铁路,改称"淞沪支线",直到1963年

2月停止客运。

　　两条差不多线路的铁路，为何先后遭遇迥然不同？建造时间以及由谁投资都是其中关键。吴淞铁路建造于19世纪70年代，虽然此时铁路已在西方世界逐渐普及，其对于改变世界、促进社会经济发展的巨大功能也得到广泛认可，但对于当时中国来说，依然是完全陌生的事物。尽管到洋务运动时期，洋务官僚们看到了铁路的优越性，但洋人妄图利用铁路进一步控制中国、扩大自身利益的野心亦是昭然若揭，出于维护主权方面的考虑，清朝各方坚决反对洋商在中国境内修筑铁路。但洋商并没有就此罢休，眼看建议、请求、利诱等手段均告失败，便玩起了瞒天过海之计。1872年，美国驻上海副领事布拉特福成立"吴淞道路公司"，向上海道员沈秉成递交征地报告，称要修筑一条从市区通往吴淞的"寻常马路"。沈秉成误信了布拉特福的话，也有人说其实他"私下是知道这个计划的"[①]，不管如何，这一报告顺利通过了。但布拉特福在筹集资金方面遇到了困难，只好将此项工程转让给英国怡和洋行。英商以很低的价格买下了上海天后宫桥至吴淞间宽15码（13.7米）的大部分地皮，于1874年底破土动工。1875年，又从英国订购了铁轨、机车和车厢等物资，由"格伦格欧"号轮船于12月运抵上海，1876年2月14日，"先锋号"机车试车成功。[②]就在一切顺利进行之际，两江总督兼南洋大臣沈葆桢看到了关于英商擅筑铁路的报告，此前毫不知情的他大光其火，严厉批评新任上海道员冯骏光"禀报迟缓"，并责令其尽快通知英商停止工程。但英人对此不仅不予理会，反而加紧赶工，造成既成事实，1876年6月30日，吴淞铁路江湾段竣工通车。但不久后发生的火车压死人事件，又再次掀起反对铁路的高潮。无奈之下，双方不约而同找到了直隶总督兼北洋大臣李鸿章斡旋此事，在他的调停下，1876年10月24日，代表中国政府的盛宣怀与代表英两国

---

① 宓汝成：《中国近代铁路资料：1863—1911》，中华书局1963年版，第36页。
② 参见傅家驹《中国第一条营业铁路——吴淞铁路修筑始末》(《吴淞开埠百年》，上海市新闻出版局1998年版）；张利华《中国第一条营业铁路——吴淞铁路》(《上海交通古今》，上海科学技术文献出版社1993年版）。

政府的梅辉立在《收赎吴淞铁路条款》上签字。《收赎条款》共 10 条，以下两条最为关键：

——铁路拟归中国买断，所有地段、铁路、火轮车辆、机器等项，由中国买断之后，即与从前洋商承办之公司无涉。

——以一年为期限，自光绪二年九月十五日起至光绪三年九月十五日止，由中国买断一切，偿银全数付清，所有地段、铁路、火轮车辆等项，均即点交中国承管，行止系听中国自主。从前洋商公司不得过问。①

这就为以后清廷将其赎回并销毁埋下了伏笔。据核算，买此铁路共需平银二十八万五千两，光绪三年九月十五日（1877 年 10 月 20 日），清政府如期付清了赎买铁路的第三笔银两，英方只得办理移交手续。从这时起，吴淞铁路正式归属于中国，却也走到了历史的尽头。虽有英美两国公使说尽好话、百余华商上

---

① 《中国近代铁路资料：1863——1911》，第 54 页。

书请愿，拆毁吴淞铁路的命令还是下达了，到年底，连路基都铲平了，钢轨、机车、车辆等一应物资由丁日昌运往台湾高雄，原本准备用于修筑台湾铁路，最后却也不了了之，变成了一堆废铜烂铁。

然而，到了19世纪末修筑淞沪铁路之时，情况就完全不同了。经历了20多年时局振荡后，国人愈益认识到铁路的诸多益处："自强之道，练兵、造器固宜次第举行，然其概括，则在于造铁路。铁路之利于漕务、赈务、商务、矿务、厘捐、行旅者，不可殚述。"① 而原本国力孱弱的沙俄、日本依靠铁路迅速崛起的事实更让一批有识之士坚定了筑路决心，如李鸿章、马建忠、王韬、薛福成、郑观应等人均曾上书请愿，力主修建铁路。但一方面碍于清廷强大的保守势力，另一方面又未能解决资金和技术难题，欲造铁路事事仰息洋人，所以迟迟未能成行。1895年中日甲午战争是一个转折点，此役战败后，清政府痛定思痛，提出救亡图存的六项"力行实政"，修建铁路被列为首项，从此开始了国人艰难的自建铁路之路。恰好此时，时任两江总督兼南洋通商大臣张之洞，以"有益商务、筹饷、海防三端"为由，先后两次向清政府总理衙门提议修筑吴淞——上海——江宁之间的铁路，并建议此路分为5段筹办，"由吴淞口起以达上海县，由上海县以达苏州，由苏州以达镇江，由镇江以达江宁；另于苏州横接一枝以达杭州。……筹一段之款，即办一段之路；成一段之路，先收一段之利"②，并提出预算及筹款办法。清政府阅后允准，并批示以官款"先修淞沪、后筑沪宁"，将此工程划归盛宣怀主持的铁路总公司办理。据此，吴淞上海间的铁路得以再建。1897年2月27日淞沪铁路开工，由盛宣怀亲自驻沪督造，并聘德人锡乐巴主持造路事宜。线路大体循原吴淞铁路走向，利用旧路基约十分之三。翌年8月5日全线竣工，9月1日正式通车营业，至1904年归并沪宁铁路后改称"淞沪支

---

① 《中国近代铁路资料：1863——1911》，第86页。
② 《中国近代铁路资料：1863——1911》，第437—438页。

线"。此后，清廷趁热打铁，又在1906年建成了从上海到杭州的沪杭铁路，并与沪宁铁路相连，至此华东一带铁路网络初具雏形，四通八达、互相勾连，而这一格局一直沿用至现今。

梳理完从"吴淞铁路"到"淞沪铁路"，再到"沪宁、沪杭铁路"的发展脉络，依旧回到年画中来，那么这幅《上海新造铁路火轮车开往吴淞》说的究竟是哪条铁路呢？综合看来，还是"淞沪铁路"的可能性比较大。"吴淞铁路"通车于1876年，通车时间也仅短短一年，而我们现在能看到的小校场年画多在1900年前后，人们不太可能去描绘二十多年的东西，而"淞沪铁路"建于1898年，时间上来说正好吻合。还有一点，这幅画左下角有一骑自行车之人，所骑之车前后轮一般大小，使用链条驱动，和现代自行车相差无几，而这种式样的自行车直到1885年才由英国人改良而成，此前的自行车一般都是前轮比后轮大很多，因此这幅年画的创作时间决不会早于1890年。另外，与此相同题材的另一幅年画《上海铁路火轮车公司开往吴淞》上，还印有火车出发到站时间和途经站点，三个站点分别是——靶子场、江湾、吴淞，对照1898年8月31日《申报》上的《中国铁路总公司淞沪告白》中的站点设置，完全一致。种种迹象表明，此幅年画描绘的只可能是"淞沪铁路"通车之景。

解决了这一疑点后，我们再来说说另一奇怪之处。围绕"火车通往吴淞"这一题材，现在能看到的年画作品有四幅之多，除上述"上洋吴文艺斋"刊行的《上海新造铁路火轮车开往吴淞》外，另有"孙文雅"、"彩云阁"刊印的题为《上海铁路火轮车公司开往吴淞》的年画，以及苏州年画商刊印的《苏州铁路火轮车公司开往吴淞》一画。尤其是这最后一幅，让人陡然生疑，不知这几幅内容相似的年画描写的究竟是上海还是苏州通车之景，又到底是谁翻刻了谁？现在让我们将四幅年画一一比对，细细说来。就画面内容来说，"孙文雅"那幅与"吴文艺斋"那幅乍一看大致相同，但仔细看去，不仅火车行驶方向正好相反，其余

1876年吴淞铁路通车之景 / 上
吴文艺斋刊印《上海新造铁路火轮车开往吴淞》/ 下

细节人物也多有出入，说明这是差不多时期两张不同的线版刊印而成。而"彩云阁"与苏州年画商出品的那两张则与"孙文雅"那幅完全相同，只是一张画面质量惨不忍睹，另一张则在四周装饰上大动手脚。据此可以推测，是"孙文雅"店铺首先刊印了这幅年画，若干年后，又被一家叫"彩云阁"的店铺得到了"孙文雅"刊刻的线版，虽然由于当年刷印过多，版的磨损很厉害，但"彩云阁"还是照样重版印刷，因此，我们得以看到这幅局部已严重漫漶的年画。然而，故事到这里并没有结束，"彩云阁"得到的这块版若干年后又被苏州的年画铺廉价买去，并对此作了一番改头换面的"手术"，挖去"上海"二字，在相同位置嵌进"苏州"二字，张冠李戴，想以此表示为桃花坞木版年画，谋取利益。于是，世界上又出现了一幅名为《苏州铁路火轮车公司开往吴淞》的年画，整个画面设色极为浓烈，版框也变成双边，并满绕花草纹饰（以此掩盖木版的磨损和漫漶）。已有年画界的老前辈撰文揭露当年桃花坞的一些画铺弄虚作假、唯利是图的市侩作风。[①] 其实，清同治年间太平军兴后，苏州桃花坞年画已一蹶不振，仅剩的"王荣兴"、"朱荣记"等几家画铺都基本不再从事年画的创作，只是靠翻刻上海小校场年画和刊印商业广告及迷信用品等聊以苟延残喘。因此，"姑苏王荣兴"等几家桃花坞画铺在光绪年间（1875—1908）发行的年画，很多都是上海小校场年画的翻印品，只是有的作品小校场的祖本已无存世，"王荣兴"等翻印的画，正好能让我们得以依稀窥见当年小校场的风采。这一点，顾公硕在《吴友如与桃花坞年画的"关系"——从新材料纠正旧报》一文中就已说得很明确："桃花坞木刻版片中，至今还保存着不少这种翻版年画。尤其是介绍当时上海风光的年画，几乎全是翻版。例如《苏州铁路火轮车公司开往吴淞图》就是一张翻刻的年画。原图是介绍清代到吴淞的火车站风景，翻印以后，却莫名其妙地硬加苏州二字。

---

① 凌虚口述、金凯帆整理：《苏州桃花坞木刻年画中的改头换面、弄虚作假事例》，见 2010 年 3 月 22 日《新吴论坛》网。

彩云阁刊印《上海铁路火轮车公司开往吴淞》/ 上
苏州年画商刊印《苏州铁路火轮车公司开往吴淞》/ 下

试问苏州何尝有直达吴淞的火车。图中还描写有印度巡捕、人力车、瓦斯灯等夷场风物,与苏州真是风马牛不相及。"① 了解了这一背景后,再看这几幅画,承继关系一目了然。

将围绕这几幅年画的几个疑点一一阐清后,无疑能使我们更好地去把握其内容和价值。在铁路进入中国初期,民众对这一新兴事物究竟持何种态度,一直是个有趣的话题,除了文字记载之外,如此生动活泼的画作无疑是再现当时场景的绝佳例证。从这幅画中熙熙攘攘的往来人群、满满当当的乘客、以及每个人脸上自然流露的欣悦表情看来,当时民众对于铁路还是持开放态度的。当年吴淞铁路建造时,也曾因强占民田、碾死路人而出现过乡民对铁路的抵触情绪,在官方说法中,民众也一直是反对修路的支持者。但从当时报纸记载看来,其实大部分人对修筑铁路是非常欢迎的,尤其是城市居民和往来商旅,铁路通车将大大方便其出行和运输商品;但更多的人并没有好恶,而是纯粹抱着猎奇的心理来看待这一新事物的。1876年2月14日,吴淞铁路上海至江湾段通行试车,尽管由于当时尚处于试车阶段,仅有一列拉石子的火车,但上海市民仍对此倾注极大热情,"每日往观者老幼男女不下数千,大有众蝶觅香,群蚁逐膻"之势。② 而到7月1日,江湾段筑成,火车正式通行后,市民们则由游览铁路发展到争先恐后坐火车观光。运行第一天,火车公司请上海华人市民免费乘车,"是日未至,华客即持照纷纷上车,并有妇女小孩等,更有妓馆中之娘姨大姐满头插编珠兰栀子,花香气四溢","乘者观者一齐笑容可掬,啧啧称叹"。③ 7月3日正式开市后,午后一点钟,男女老幼都赶来乘车,"就是住在城内几乎终年不出门外半步的人,一听到了这种好看东西,也必定携了家眷来一游。停车旁边,本来冷寂,现在

---

① 顾公硕:《吴友如与桃花坞年画的"关系"——从新材料纠正旧报》,《苏州杂志》1998年第3期。
② 《观火车铁路纪略》,《申报》1876年4月8日,第1版。
③ 《记华客初乘火车情形》,《申报》1876年7月3日,第2版。

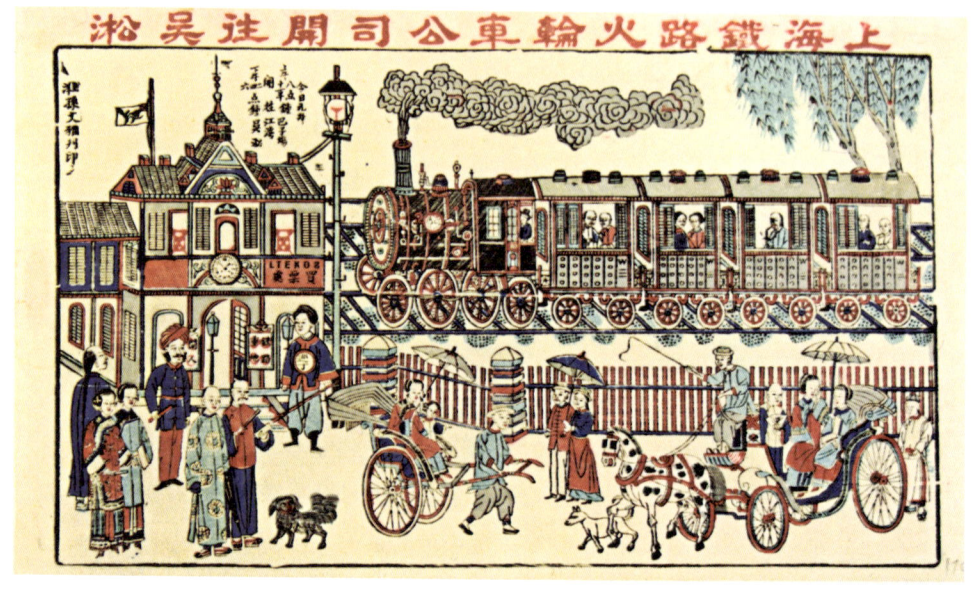

马车小车,往来不绝,竟一跃而为热闹之区了。"① 对此,还有《竹枝词》印证:"来往吴淞有火车,客多争坐语声哗。浓烟一路冲天起。汽笛频鸣在转叉。"② 7月16日,日成照相还受申报馆委托,专门请去拍火轮车之影像,"以便装潢寄发各埠"③,可见当时火车之稀奇程度。而到淞沪铁路开通时,也许因为已过去二十多年,铁路早已不是新鲜事,此类纯为观光的游客明显减少,这从另一方面来说也表明铁路正日益渗透到市民的日常生活中,成为一种普通的出行工具,《上海新造铁路火轮车开往吴淞》一画就很好地表现了这一点。

从这幅画中不仅可以看出当时民众对铁路的欢迎态度,间接地,也可以看出交通发展、铁路兴建对人们生活深层次的影响。不知有意还是无意,在这小小一幅画中竟汇集了近代上海各色交通工具,包括黄包车、马车、自行车、火车等等,而正是因为有了这些工具,尤其是火车的出现,不仅大大扩展了人们的出行

---

① 上海通社:《旧上海史料汇编》(上),北京图书馆出版社1998年版,第316页。
② 颐安主人:《沪江商业市井词》,见顾炳权《上海洋场竹枝词》,上海书店出版社1996年版,第75页。
③ 《拍照火轮车》,《申报》1876年7月15日,第3版。

范围，也改变了他们对时间、空间的感受以及长久形成的出行观念。"少不入川，老不入广"，这是中国传统时代人们对于出门远行受到空间与时间局限而形成的无奈的出行观念，但火车却改变了这一切，作为一种新式交通工具，它不仅有助于商品流通，使商人从中获利，促进经济发展，而且促使人们可以便捷地从一地转向另一地。淞沪铁路出现之前，从上海到吴淞一般要借助独轮车来回，不仅耗时漫长、路途颠簸，价格也不菲。而有了火车之后，原本漫长的路程转瞬之间就可以到达，无形之中就觉得空间距离缩小了，时间流动加快了，一种全新的时空体验冲击着敢于尝鲜的市民。不仅如此，通过铁路，人们不但切实感受到时间的缩短，并且还逐渐开始有了精确的时间概念。农耕时代，人们习惯日出而作、日落而息，顺应四季流变、斗转星移，只有大概的时间段，而没有分秒的概念。上海开埠后，西方时间随着殖民者的到来一同进入上海，在洋行、教会学校等外来机构工作的部分华人开始受到时钟时间的影响，但这还只是少部分人。火车出现后，所有乘坐火车的人都要按照时刻表来安排自己的行程，这点在年画中也有所体现，孙文雅出品的《上海铁路火轮车公司开往吴淞》中，就标有每班火车的出发时间，但标得还只是八点、十一点半、二点、四点、六点这样的整点，实际情况则远比此复杂，据《中国铁路总公司淞沪告白》[①]，以上海到吴淞第一班车为例，发车时间为六点十分，到靶子场六点十八分，江湾六点二十九分，吴淞六点四十八分，每站都精细到每一分钟，西方时间对市民日常生活的影响可见一斑。虽然这种影响不无侵略的意味，但同时也昭示出上海迈向现代化的步伐。近代上海百年殖民史无疑深藏屈辱，然而屈辱背后，各国西人的进驻不仅加速了城市现代化的进程，也成就了一段繁华海上图景，透过《上海新造铁路火轮车开往吴淞》这组年画，往昔的喧嚣隐约可见。

---

① 《中国铁路总公司淞沪告白》，《申报》1898年8月31日，第3版。

晚清上海的"车利尼马戏"热

上海小校场年画区别于其他地区年画的一大特色，就是对于晚清这个裂变时代中移风易俗的忠实反映，尤其是对那些晚近出现的新奇事物的细腻描摹，不禁让人有大开眼界之感，其代表作之一便是这幅《西国车利尼大马戏空中悬绳大战》。

马戏并非西国独创，早在西汉桓宽的《盐铁论》中，就有"马戏斗虎"的记载，然而近代融驯兽、杂技、魔术、小丑献艺于一体的马戏表演确实起源于西方。1768年，英国退伍军官阿斯特利首开圆形跑马场，专门上演马术表演，这种圆形场地方便观众从各个角度欣赏表演，此后成为标准马戏演出用地。1770年，为了吸引更多观众，阿斯特利又将杂耍、魔术、小丑吸纳进来，在丰富表演项目的同时也为现代马戏奠定了雏形。从此，这种在圆形场地上表演各色惊险节目的新式娱乐风靡欧洲各国，并迅速波及美洲大陆，成为人们热衷的演出节目，在一些远离欧洲的偏远地区，更是成为互相争睹、一饱眼福的新奇事物。

至于马戏表演究竟何时传入中国，确切年代还需进一步考证，推测当在五口通商以后，由在各大港口城市巡回演出的西方流浪艺人最先引进。1876年葛元熙撰写《沪游杂记》一书时已专列"外国马戏"一条，详述马戏表演场地及其演

出内容[1]：

西人马戏以大幕为幄，高八九丈，广蔽数亩。中辟马场，其形如球，环列客座，内奏西乐。乐作，一人扬鞭导马入，绕场三匝，环走如飞，呵之立止。复扬鞭作西语，马以两前足盘旋行，后足交互如铁练状。旋以手帕埋泥中，使马寻觅，马即衔帕出场。内又设一桌，一杯内注以酒，摇铜铃一声，马屈后足作人坐，以前足据案衔杯而饮。少间一西女牵一马，锦鞍无镫，女则窄衣短袖，跃登其上，疾驰如矢。女在马上作蹴踏跳踯诸戏，有时翘一足为商羊舞，或侧身倒挂似欲倾跌者。复使人张布立马前，马从布下驰，女起跃仍立马上，三跃三过，不爽分寸。又一西人锦衣驰马，矫健作势，与女略同。使人执巨圈特立，马自圈下驰过，人则由圈内跃登马上，自一圈至六圈，轻捷异常。其余诸戏，备诸变态，绝迹飞行，诚令人目不及瞬、口不能状也。

《沪游杂记》出版之时，车利尼马戏团还未尝来沪表演，葛元熙描写的应是其他戏班演出之景，然将此叙述对比《西国车利尼大马戏空中悬绳大战》一画，

---

[1] 葛元熙：《沪游杂记》第34页，上海古籍出版社1989年版。

诸多场景如"西国女子马上绝技"、"西国女子马上跳布"等皆可一一对应，可见当时马戏表演项目大抵如此。但是，虽然表演内容大同小异，但就其演出水准、规模、新奇度而言，车利尼马戏团依然是个中翘楚，无人能出其右，此点从时人文中即可见一斑。晚清著名学者王韬在《淞隐漫录》卷八《泰西诸戏剧类记》一文中就特别提及车利尼马戏，在对其作了详细描述之余亦盛赞其负"一技之长"；而在此书卷七《媚梨小传》一文中，更是安排了男女主人公最后一幕在观看车利尼马戏时互相射杀的情节[1]。无独有偶，另一本清末著名小说《孽海花》中，也特意安排了一个情节，让主人公在往来酬酢间"吃了几台花酒，游了一次东洋茶社，看了两次车利尼马戏"，以显其闲暇生活之多姿多彩。于此可见车利尼马戏当时之盛行程度，并且特别为一般时髦人士所热衷。而黄式权在《淞南梦影录》中写到车利尼马戏时更是盖棺定论："此种戏术，沪上已演过数次，惟车利尼班最为出色。"[2]

那么车利尼究竟是何方神圣？只是戏班名号还是确有其人？又身怀何等绝技？翻阅当时报纸广告，可以肯定的是确有其人，并且经常会在演出最后亲自上场一显身手。然对其生平都付之阙如，只说其来自"意大利"，但黄式权在《淞南梦影录》中又说车利尼为"美利坚人"，其互为矛盾之处不禁让人疑窦丛生。倒是网上有一篇介绍车利尼的英语长文，透彻清晰，解决了诸个疑点。[3] 车利尼全名朱塞佩·车利尼（Giuseppe Chiarini），1823年生于罗马，其家族乃意大利马戏世家，出过多位马上高手。车利尼从小在此氛围中浸润长大，也习得一身马上本领，青年时代，曾辗转加入过多个马戏团，足迹遍及欧洲，锻炼技艺的同时也积累了丰富的马戏团运作经验。1853年他来到美国，开始了自己的创业生涯，先是与人合作开办马戏团，直到1856年，在古巴哈瓦那，车利尼才拥有了

---

[1] 参见王韬《淞隐漫录》，人民文学出版社2006年版。
[2] 黄式权：《淞南梦影录》第115页，上海古籍出版社1989年版。
[3] Dominique Jando，Giuseppe Chiarini（http://www.circopedia.org/index.php/Giuseppe_Chiarini）。

车利尼马戏团 1889 年 5 月 22 日上海演出广告 / 上

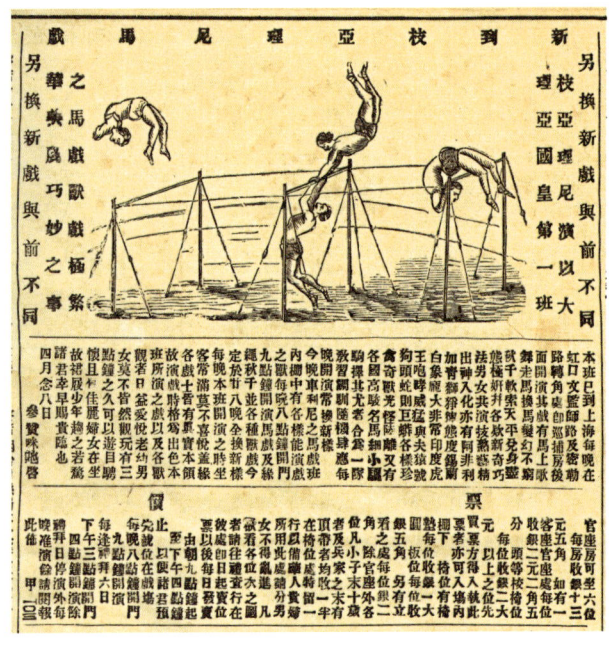

车利尼马戏团 1886 年 5 月 3 日上海演出广告 / 下

第一家完全属于自己的戏班——车利尼皇家西班牙马戏团（当时古巴属于西班牙殖民地），这个剧团后来改名为"车利尼皇家意大利马戏团"，车利尼三度造访上海时用的都是这个名号。戏团组建后，车利尼起先把大本营设在古巴，后迁至墨西哥，又因为19世纪60年代墨西哥国内动乱的局势，最后迁至美国加利福尼亚。从70年代开始，这里就成了车利尼马戏团的根据地，即使1897年车利尼过世以后，他的后代也依旧在此延续车利尼马戏团的辉煌成就，所以黄式权称其为"美利坚人"也不无道理。在美国扎下根后，车利尼马戏团就开始了它的环球之旅，从美洲一路巡演至欧洲，甚至还去澳洲一游，最后向着东方出发。

关于车利尼究竟何时，以及几次来访上海，一直存有疑问。现在能考证的最早一次为1882年6月15日—8月16日，但也有人说之前就来过，《申报》1882年6月的一则马戏报道中就写到"车利尼前曾到过上海搬演马戏，一时名噪申江，观者如堵，彼时仅有马猴等物，尚未别开生面"[1]。然而，我们翻阅此前几年的《申报》，其中并无有关车利尼来沪的报道；对照车利尼生平介绍，也是直到1882年，才提及他在中国的演出。因此，车利尼首次访沪在1882年6月应属确凿无疑，而记者说其"前曾来过"，可能是记忆有误，与其他戏班相混淆了。

1882年，车利尼马戏团初次来访中国，正是其声名如日中天之时。他们刚刚结束在香港的骄人表演，踌躇满志地向着另一颗东方之珠——上海驶来。6月7日，人还未到，《申报》即刊出了配有插图的大幅广告[2]：

启者，兹有外国车利尼名班不日由香港到上海，大约西历六月九号即华四月二十四日礼拜五便可开演，现已有该班代理人威路顺在上海虹口巡捕房后面文监师路及密勒路角上之平地盖搭蓬厂、遮覆布帐，以为演戏之地。其蓬场之广，约

---

[1] 《申报》1882年6月14日《安排戏马》。
[2] 《申报》1882年6月7日广告。

可容五千人，届期请勿吝玉以博一笑，是祈。本班为西国有名出色之班，随带来演戏者，则有精壮马匹，又有各种异兽，故诸国推为班中巨擘，无论山陬海澨通邑，大都凡经演过者无不深蒙称赏，谓为生面别开，得未曾有之趣。

其后，又一一细数班中表演节目，有"一人并骑二马，在马上单手提一妇人者"，有"一人肩膊之上竖一竹竿，竹竿之上能载一人者"，还有"印度之黑虎、西冷之象、澳大利亚之袋鼠"等等奇珍异兽，种种光怪陆离、不可思议之情状描写，令人目眩神迷。虽然后来因为装载太多动物造成船只搁浅，演出一再延期，但已吊足观众胃口。等到 6 月 15 日首场开演之时，"中西人往观者约计有三千人"，摩肩接踵，人声鼎沸，其中还有不少平日街头难得一见的女眷，"青楼妙妓、菊部雏伶，锦障银鞯，络绎不绝。雷轰电掣之余，呖呖莺声，忽尔啾从花外，亦觉耳目一新。大家眷属，亦间有肩舆而至者，真有万人空巷斗新妆之概"①。

马戏团不仅懂得做广告，还深谙国人心理，将票价分为几种出售："客位分五等：头等者每六位为一间，计洋价十三元五角，与中国戏园之包厢仿佛；如有单客欲坐包厢者，则每人洋二元二角五分。头等椅位每人二元。二等椅位之铺，有座垫者每人洋一元。再后板位则每人六角。十岁以下小孩则取半价，惟不得坐于包厢内"②，分门别类，可说满足了各个层次观众的消费需求。对此，当时《竹枝词》中也有诗印证："海外名班车利尼，象狮熊虎舞蹁跹。座中五等分层次，信是胡儿只爱钱。车利尼马戏到沪，技艺神妙，观者如堵，以五等洋元分别座次。"③

此次演出一直持续到 8 月 16 日。在 6 月 17 日至 6 月 25 日期间，《申报》对其有一系列跟踪报道，详细描述了各表演节目，其中最令人侧目的是虎戏，人虎相斗煞是刺激。当然其他节目也同样备受欢迎，沸沸扬扬持续了近两个月

---

① 黄式权《淞南梦影录》115 页，上海古籍出版社 1989 年版。
② 《申报》1882 年 6 月 14 日《安排戏马》。
③ 刘梦香：《上海竹枝词》，光绪十五年（1889）五月刊于金陵书局。

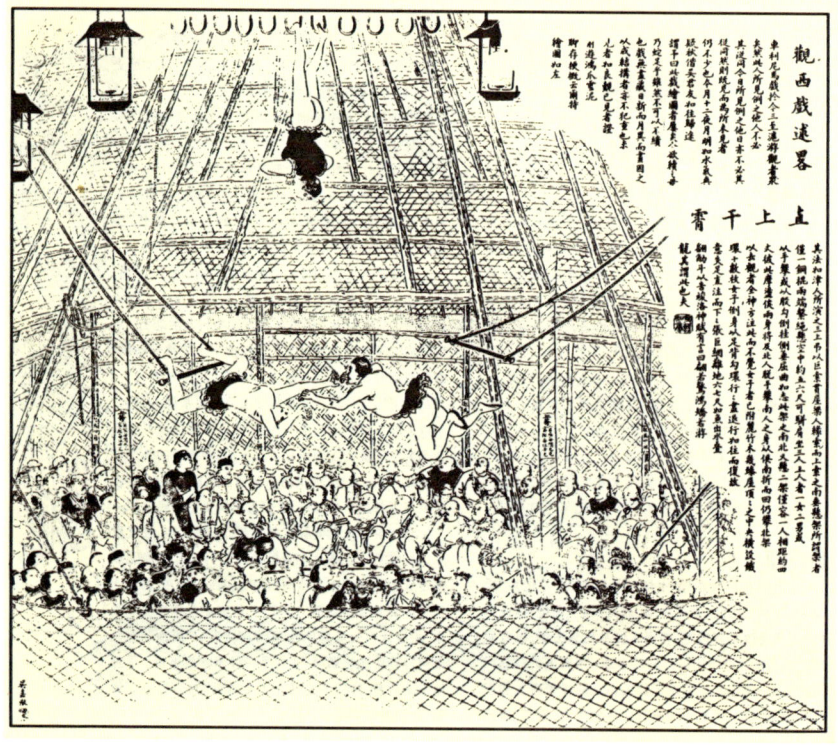

小校场年画《西国车利尼大马戏空中悬绳大战》/ 上
直上干霄（1889年6月《点石斋画报》191号）/ 下

后，演出才落下帷幕。因此次演出效果甚佳，获利颇丰，其后，车利尼马戏团在1886年5月21日至7月7日、1889年5月14日到7月12日期间，又曾两度莅临上海表演，每次也都取得惊人成功。虽然演出多在盛夏时节，酷暑闷热，时间跨度又长达近两月，且节目时有重复，依然能保持每场二三千人的盛况，实属可贵，也着实造成了一股"车利尼"热。不仅成为人们茶余饭后的谈资，更是小说家、画家的灵感之源，年画商趁热打铁销售《西国车利尼大马戏空中悬绳大战》即是一个例证。

那么，接着问题又来了。车利尼马戏团来上海既达三次之多，"文仪斋"出品的这幅《车利尼》描写的又是哪次演出呢？还是要回到画作本身去探究。这幅年画采用中国传统散点透视法，把多个表演节目同时容于一个场景中来表现，高低错落，精彩纷呈，每种节目旁还配有文字说明，如"西童奏乐翻金斗"、"西国男女马上卖艺"、"西国女子马上绝技"、"西国女子马上跳布"等等。单从这些节目来看，并不能确定是哪次访沪表演，因为这都是马戏寻常节目，几乎每场必演。不过就这幅画重点刻画的节目，也即是标题中就特意提出的"空中悬绳大战"看来，我们倾向于认为：此画描绘的是车利尼马戏团第三次访沪，即1889年那一次表演之景。究其原因，细说如下：

首先，有关"空中悬绳大战"这一节目，在车利尼马戏团前两次访沪表演之报道中，均未有详细论述，只在1886年第二次表演报道中，提过一句"二丑脚缘绳上，作种种戏法，大旨似华伶所演'三上吊'，而技则远过之"[1]。所谓"三上吊"者，乃中国杂技传统高空表演项目，把演员的头发扎起来吊在高处，在四肢悬空的情况下表演种种杂耍动作。虽然与西人之高空绳索表演相比，有很大不同，至少把头发吊起来，对演员而言其实是非常痛苦的，而且下方也没有巨网铺垫，很容易发生意外。但记者既然将"二丑"所表演之"种种戏法"与"三上

---

[1] 《申报》1886年5月23日。

吊"相提并论，说明这肯定是一高空项目，只是具体内容语焉不详。

倒是 1889 年出版的《点石斋》画报中有一幅描写车利尼马戏团表演场景的画——《直上干霄》，正中画面与年画左上角所描绘的"空中悬绳大战"非常相像，看得出应是对同一节目的描摹，旁边还有一段题记细述观戏经历，颇值玩味：

"（观西戏述略：车利尼马戏于今三至沪游，观者众矣。然此人所见，例之他人，不必其从同，今日所见，例之他日，亦不必其从同；然则既见而为所未见者仍不少也。本月十二夜，月明如水，气爽疑秋，偕吴君友如往，归途谓余曰：此戏绘图者屡矣，今欲续之，毋乃蛇足乎？虽然，不可以不缋也。戏无尽藏，日新而月异，而画因之以成结构者，亦不犯重也。未见者如良觌，已见者证前游，鸿爪雪泥，聊存梗概云尔。特绘图如左。）

其法如津人所演之三上吊，以巨索贯屋梁，人缘索而上。索之南垂悬架，所谓架者，两端系绳悬空中，约五六尺，可骈肩坐三人。三人者，一女二男，或以手攀，或以股勾，倒挂侧垂，屈曲如志。此架之南北，又悬二架，仅容一人，相距约四丈。彼此摩荡，俟两肩将及，北人脱手攀南人之身以俱南，折而回仍攀北架以去。观者全神方注此，而不觉女子者已附丽竹木，几臻屋顶。顶之中央横设铁环十数枚，女子侧身，以足背勾环行，行尽退行如往，而复故意失足，直注而下。下张巨网，离地六七尺，如鱼出水，叠翻斤斗已告竣。洛神赋有言曰：翩若惊鸿，矫如游龙。其谓此矣。"

从题记中"于今三至沪游"一句即可知道此画描绘的乃是车利尼马戏团 1889 年三度访沪演出之景，而吴友如看完整场演出，却单取"直上云霄"这一幕作画，又说"戏无尽藏，日新而月异，而画因之以成结构者，亦不犯重也"，可见这一节目不仅是当场演出的焦点之作，也是一个见所未见的新节目，称其为车利尼马戏团第三次访沪时的代表之作亦不为过。而《西国车利尼大马戏空中悬

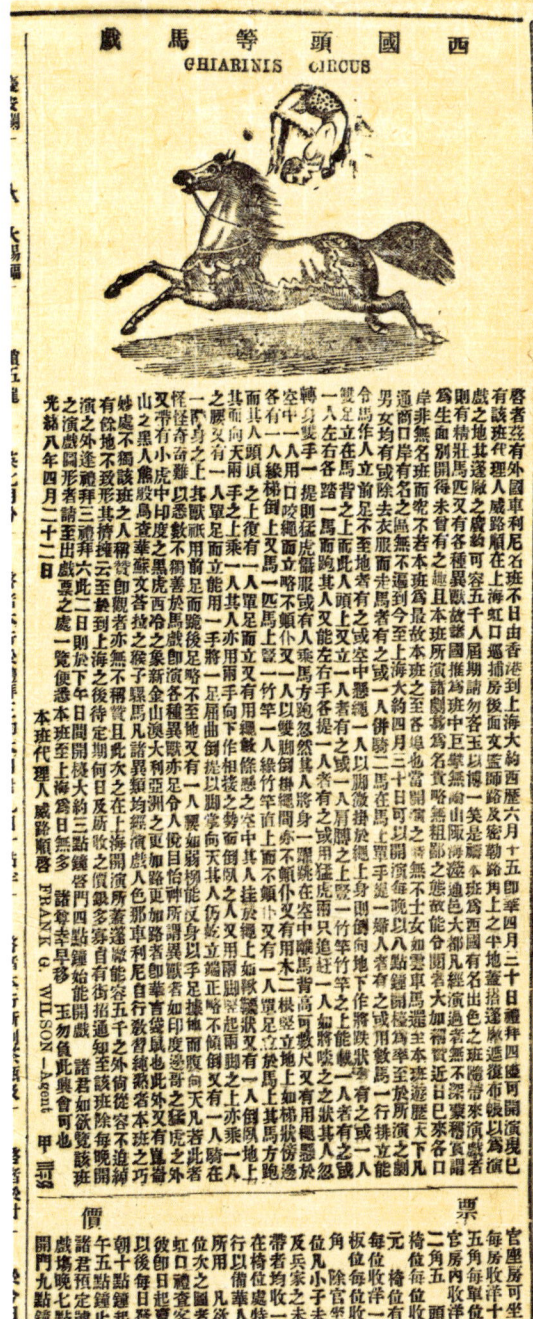

车利尼马戏团 1882 年 6 月 14 日上海演出广告

绳大战》这幅年画中即刻画了与之极为相似的"空中悬绳大战",并放在显著位置加以突出,所以我们推测这幅画也应是对车利尼此次演出的描绘。更有可能,画匠在底稿创作中就借鉴了吴友如的《直上干霄》,当时小校场年画受"点石斋画派"影响颇深,有些作品就是直接用他们的画作刻印而成的,如《法人求和》《闹元宵》等年画,落款都署吴友如,所以年画创作中对他们的作品有一些模仿与借鉴不足为奇。

而该画中的"马戏班教师",则很有可能就是班主车利尼本人,从身份上来说,这是完全吻合的。车利尼不仅是一团之长,担任组织管理工作,同时也会上台表演,当然,由于年事已高,他一般不表演那些腾挪跳跃,惊险刺激的节目。他的一手绝活就是驯马,每次演出下半场,"班主车利尼自导一马,献种种技,令之以口啮椅,且前且却,左旋右转,指挥如意,诚所谓与人一心成大功者矣"[1]。因此,将其刻画为手持教鞭的"马戏班教师"再自然不过。

当然,这些论断中还有很多推测成分,本来,一个世纪之前的作品,其上说明又极为简单,对其下任何定言都颇为不易,然而顺着一副泛黄的画作,在尘封的历史中抽丝剥茧,廓清一点当年原貌,不管是否十分属实,亦不失为一种乐趣。

---

[1] 《申报》1889 年 5 月 24 日《马戏三志》。

年画视野中的晚清四马路风光

1842年8月,《南京条约》签订,宣布五口通商,上海即是其中一口。这是列强侵占、瓜分中国的开始,也是沪滨面貌发生巨变的起点。1843年11月8日,首任驻沪英国领事巴富尔(George Balfour,1809—1894)乘坐"麦都萨"号轮船抵沪,11月17日,来沪第10天,他就开始同上海道台交涉划定外国人居留地界址问题。在这短短10天内,他已经看准了上海县城外东北部的大片沿江滩地。"英国的军舰在这里可以停泊,可以使英国人看得见而感到安全。我们的目的是在完全控制扬子江。我们藉着据有这个要塞的威力即可以向中国政府要求公允的条件,以稳定我们的商业关系。"[①] 于是,东至黄浦江,南到洋泾浜(今延安东路),北至苏州河(今北京路),西至界路(今河南路),一个完全不同于老城厢的生活区域横空出世,以其整齐划一的开阔格局和日新月异的蓬勃发展震惊着上海市民。它有个学名叫"租界",不过上海人不作兴叫得那么正式,一般俗称"洋场"或者"夷场"。在这洋场内,最让人眼花缭乱的莫过于各色层出不穷的新鲜事物,它们不仅成为人们茶余饭后的谈资,也是年画商们热衷描绘的主题,《上海四马路洋场胜景图》就是此类年画的代表之作。虽然此画题款的画铺为姑苏王荣兴,但反映的实在是洋场风光,不排除是苏州画铺从上海小校场买去

---

① 霍塞著;越裔译《出卖上海滩》,上海书店出版社2000年版,第8页。

原版后翻刻而成的可能性。另外还有一幅彩云阁出品的《上海洋场胜景图》,画面内容与画上题字均与《上海四马路洋场胜景图》一般无二,唯制作粗糙、色彩驳杂,又将原题中"四马路"三字删去,可见为其后翻印版本,虽然版本皆非甚佳,细看两图,倒也隐约可见当年四马路之胜景。

所谓四马路,即指现在的福州路,是与南京路平行的第四条通向外滩的马路,故称"四马路",其他几条分别为"大马路"南京路,"二马路"九江路、"三马路"汉口路、"五马路"广东路。初时,四马路只开辟了从黄浦江到福建路一段,1864年,随着第二跑马场的建立带动周边商业发展,工部局将其延伸筑路至泥城浜(今西藏中路),翌年正式命名为福州路。说起福州路的得名,还有一段轶闻。据说,工部局五董事之一、一个名叫马太提的英国人,当初乘船从海上来中国时,曾在福州登岸游览,对当地一美貌女子一见倾心,纳为妾室。及至董事会商议为延伸后的道路取名时,他便提议用其妾之出生地福州命名,以示回

1900年前后之福州路上集中了各种戏馆、酒楼、书场、茶室、烟寮、妓院,吃喝玩乐一应俱全

报之情，当场得到了董事会的一致通过。① 这段轶闻不知是真是假，不过倒也与福州路之旖旎风情颇为相称。旧上海的马路纵横阡陌，其中不乏盛名在外者，但要说最具海派风味的则非四马路莫属。晚清高官之子孙宝瑄曾在其日记中写道："上海闲民所麇聚之地有二：昼聚之地曰味莼园，夜聚之地曰四马路。是故味莼园之茶，四马路之酒，遥遥相对。"② 此句点睛之笔在乎"闲民"二字，四马路虽亦是洋人所筑，却不独为洋人专享，反是本地居民最流连忘返之所，是故年画商不选大马路、二马路、三马路、五马路，单选四马路作画，可见一斑。

至于四马路为何有此独特魅力？那就要从其前身细细说起。1843年，英国伦敦会传教士麦都斯买下山东路上由福州路至广东路一带田地，建造私宅作为教会基地，俗称"麦家圈"。同年，他在此创办了中国第一家机器印刷厂——墨海书馆，不仅开启了上海近代出版业的序幕，也奠定了以后福州路文化街的地位。此后，千顷堂书局、尚义书坊、扫叶山房、格致书室、点石斋石印局、广学会等纷纷在福州路周边区域出现。进入20世纪以后，福州路更一跃成为出版重地，自河南路到福建路短短200米路段上，集结了上海近百家出版机构及文化用品商店，如中华书局、商务印书馆、黎明书局、百新书局、开明书店、新民书局、大东书局、大众书局、世界书局等等。与此同时，与之相邻的望平街（山东路由福州路至南京路一段）则是沪上赫赫有名的"报馆街"，彼时上海滩最有名的三家报馆——申报馆、新闻报馆、时报馆均设立于此，每日清晨，就听得报贩吆喝声此起彼伏，一派欣欣向荣之景。出版业与报业交相辉映营造了福州路一带浓浓的书香氛围，然而，这不是四马路的全部，甚至不是年画商选择四马路入画的原因。买年画的多是平头百姓，他们在大马路巍峨的"四大公司"前望而却步，在二马路的各色洋行里自惭形秽，他们不懂三马路的海关风光、五马路的古玩雅

---

① 胡根喜《四马路》，学林出版社2001年版，第5页。
② 孙宝瑄：《望山庐日记》光绪二十七年（1901）七月五日，上海古籍出版社1983年4月版。

韵,同样也无法理解四马路文人的甜酸苦辣。然而,让我们将目光转向,一直往西,与福州路的东段不同,自福建路往西的福州路则完全是另外一番景象,声色犬马、夜夜笙歌,那是旧上海最著名的娱乐街、风月街,其中景状最为平头百姓所津津乐道,这也正是《上海四马路洋场胜景》一图所着力描绘的。

  四马路西段的崛起与其东段出版业的繁荣所带动的人口流动加大不无关系,但更多的还是要归功于第二跑马厅的建立。西人在上海曾先后建立过三个跑马厅,首当其冲的是1848年建于今南京东路河南中路一带的第一跑马场,因嫌其狭小故于1854年将地皮卖出,所得资金用于购置湖北路、北海路、西藏中路、芝罘路范围内170亩土地,建造第二跑马场,由此带动了近在咫尺的四马路西段的发展,虽然仅隔7年,1861年跑马总会即将其售出,另辟今人民广场一带作第三跑马场,但城市娱乐中心的一路西移已成定局,而四马路西段无疑是其中受益最多的。1884年刘维忠在福州路湖北路口创办"新丹桂茶园",以后梨园同仁相继在福建路以西地区创办戏馆,由此,继"书街""报街"后,四马路又成为茶楼、书场、戏馆最集中的街区,其中著名的有一品香番菜馆、青莲阁茶楼、

清末海上八美图　左起:林寓、宝花小二、花翠琴、陆兰芬、林黛玉、金小宝、张书玉、沈丽卿（摄于1900年前后）

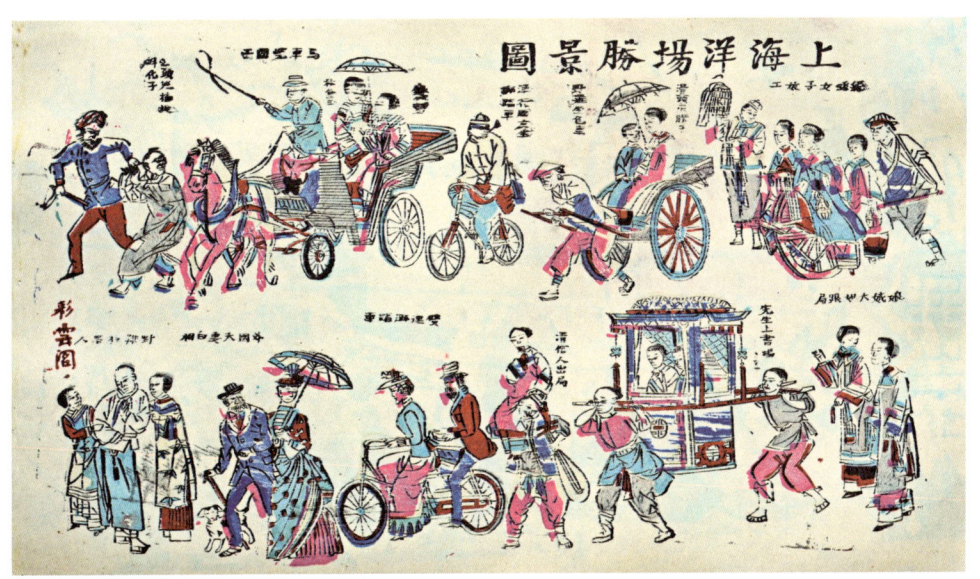

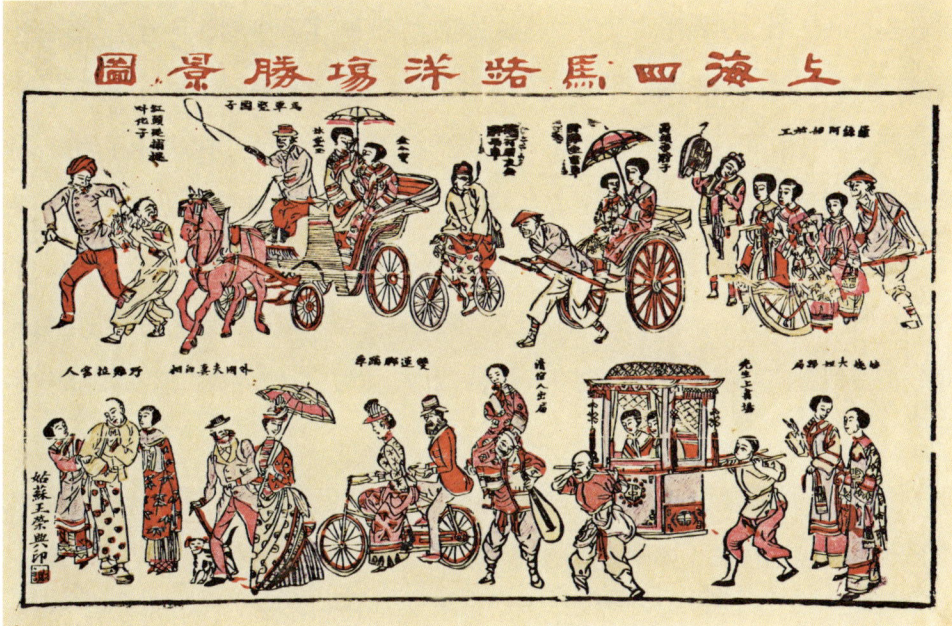

上海洋场胜景图 / 上
上海四马路洋场胜景图 / 下

杏花楼、聚丰园、文明集贤楼、大观楼、奇芳、平安等等。文人多了、茶楼多了、戏园多了，于是妓女也逐渐开始向以四马路为中心的地方活动。19世纪40年代，租界刚辟之时，上海的娼妓业中心位于五马路宝善街一带，其时每到子夜，车水马龙、莺歌燕舞，有诗叹云"宝善街头似海春，冶游个个斗精神。应称第一销金窟，辜负嘉名愧楚人"①。自19世纪末起，宝善街逐渐没落，四马路异军突起，取而代之，成为莺莺燕燕麇集之所。据1909年出版的《上海指南》所写："长三其家多在三马路、四马路、五马路……野鸡多在福州路胡家宅、南京路香粉弄一带，夜间多在四海升平楼、福安、易安、同安、永安、五龙日升楼各茶肆啜茶，或伫立于路旁，招徕游客，及更深夜静，或行人稀少地方，则动手强拉游客。"②娼妓业的兴隆使四马路一带成为旧上海著名的"红灯区"，久安里、清和里、尚仁里、日新里、同庆里，鳞次栉比，汇集了多少名妓花魁，真是"十里之间，琼楼绮户相连缀，阿阁三重，飞临四面，粉黛万家，比间而居。昼则锦绣炫衢，异秀扇霄。夜则笙歌鼎沸，华灯星灿"③。其中又尤以福州路西藏路口的会乐里最是闻名遐迩，据统计：至1948年，仅这一条弄堂里的28幢石库门房子里，就开设了151家妓院落，有在册妓女587人，占了当时政府造册登记的妓女总数的五分之一。④1912年刚建立起来的情形虽不能以如此明晰的数字来体现，但已然是门庭若市、华灯璀璨，与相邻的街坊弄堂一起构筑了四马路的绚烂浮华。

说完四马路的历史，回头来说说这幅《上海四马路洋场胜景图》。此画采取中国传统散点透视法，如画卷般将数个场景融于一画，既独立成章又互有联系，每个场景上还一一标有说明，分别为：红头巡捕捉叫花子、马车兜圈子、脚踏

---

① 葛元煦著；郑祖安标点《沪游杂记》，上海书店2006年，第204页。
② 《上海指南》，商务印书出版社宣统元年版（1909）。
③ 王韬：《淞滨琐话》，齐鲁书社2004年版，第210页。
④ 胡根喜：《四马路》，学林出版社2001年版，第50页。

清末福州路上清倌人赴局之景

车、野鸡坐包车、滑头吊膀子、缫丝女子放工、野鸡拉客人、外国夫妻白相、双连脚踏车、清倌人出局、先生上书场、娘姨大姐跟局。每个场景都是一个故事，可以慢慢展开，现择其中几则，细细说之。

　　马车兜圈子：妇女坐马车兜风，这本是极平常之事，然车上之人据其说明为林黛玉、金小宝，那可绝非泛泛之辈，而是沪上名妓中赫赫有名的"四大金刚"之二。据说当年《游戏报》主编李伯元在张园惊鸿一瞥，得见名妓林黛玉、金小宝、陆兰芬、张书玉之坐如金刚相，便在其报上戏称四人为"上海四大金刚"。没想到，这一说倒传开了，一时间，谁人不知"四大金刚"之名，各类小报亦不甘示弱，纷纷推出"四小金刚"、"新四金刚"之类的花榜，但都不过昙花一现，最深入人心的还是原先那"四大金刚"。

　　清倌人出局：倌人是对高等妓女（书寓、长三）的一种尊称，而清倌人则指年龄尚小，还未梳拢的雏妓，出局即是出堂差，是这些高等妓女特有的侑酒服务。和日本艺妓相似,这些妓女一般不直接提供性服务,而更多的是展现其才艺以助酒兴。中国文人喝酒饮茶时习惯请妓女唱曲作陪,这称作叫局,若是熟客相请,妓女照例要到客人那边坐一坐、唱首曲子,也就停留十来分钟左右。所以一个当红妓女每晚可出好几次堂差,一般每个妓院都有自备的轿子来回接送。而从此年画中表现的龟奴背清倌人出局可以看出,作画之时当在光绪末年,因为从光绪末年开始,公共租界开始对轿子纳税了,由是妓女便由龟奴背着出局。刚开始时还只是年纪小(分量也轻)的雏妓坐在龟奴肩上出堂差,龟奴在肩上铺一条白手巾,揹着雏妓走路,雏妓就抱着龟奴的头。后来不限雏妓,连十七八岁的大姑娘,廿二三岁的成熟姑娘等,近一百斤左右的身体,也坐在龟奴肩头,宝塔似的一座。① 龟奴背妓女出局不仅可省下轿子钱,还免费给妓院做广告,一时间蔚为成风,成为四马路街头一道独特风景。

先生上书场:先生又叫书寓、词史、校书,是上海最高档妓女,这一层次的妓女,沿袭中国历代曲部教坊官妓遗制,专门为客人弹唱、献艺、陪酒,卖嘴不卖身,所以上海人一般尊称其为先生。但妓女要取得书寓资格并不容易,每年约在农历七月,都要举行一次考核性会演,届时全程男女说书人都在东门聚会,每人必须唱一段开篇,说一段传奇,而且不得重复。那些没有参加考核或者未能达到上述要求的人,是无法取得书寓资格的。以后,书寓考核内容有所放宽,把参与者分为两类:一类是全能型的角色,即既会唱又会演,而另一类只会唱。② 即使如此,书寓人数一直维持在很小的规模,最鼎盛时期也不过 400 人左右。获得书寓资格后,方能去书场说书,书场是词史借以展现才华、结识新客的中介场所,一般可容百人就座,高起的台上妓女们三三两两围坐,后台则是随行的女仆。书场每次邀请三四个妓女前来演唱,并将她们的名字、演唱的日期和出场时

---

① 贺萧著;韩敏中、盛宁译:《危险的愉悦——20世纪上海的娼妓问题与现代性》,江苏人民出版社2003年版,第77页。
② 安克强著;袁燮铭、夏俊霞译:《上海妓女——19—20世纪中国的卖淫与性》,上海古籍出版社2004年版,第25页。

间写在一张长条的大红纸贴在门外，顾客可以要求妓女唱指定的一首或多首曲子，这是向她表示尊敬或与她初次接触的绝佳良机，演唱完后一般妓女会到点唱曲目的顾客位子旁稍事停留。① 书场在19世纪末一度达到鼎盛，进入20世纪后便在大世界、新世界这样的娱乐中心冲击下日渐式微，而随着书场的消失，书寓——这一旧上海高级妓女的标杆也日渐沦落，最终成为旧式文人记忆中的一声叹息。

娘姨大姐跟局：如书寓、长三这般的高级妓女一般都有自己的女佣，有些女佣人年轻、有点姿色，便称"大姐"，还有一些年纪大些、结过婚的女佣，则叫"娘姨"。她们在妓女应召出堂差的时候陪伴前往，一方面以防发生意外，同时也是监视先生的行动，特别是那些还是女儿身的小先生，这就叫"跟局"。娘姨大姐地位虽不如先生，却也是应酬交际中不可或缺的一环，所谓"先生为花、阿姐为叶"，而顾客为了能亲近先生，也不得不对她们多加打点。久而久之，一些大姐也有了自己的稔客，而娘姨有时候还会参与妓院的投资，这就叫"带挡娘姨"。一些旧上海的嫖界指南或黑幕小说，经常会描绘此类娘姨的凶恶像，虽未必属实，也可见此类女佣在妓院还是颇有权势的，走在街头，亦是先生身边的极佳陪衬。

滑头吊膀子："吊膀子"这话不是上海人发明的，但典故的确出在上海，这是侨居上海的客民做的事。据说，那时有个天津流氓看上了一位大户人家的小姐，便每天提着鸟笼到城头上对着她的窗户勾引，天长日久，这位小姐竟上了勾，于是流氓每天晚上爬窗进入小姐闺房中幽会。爬窗的时候，当然要将膀子吊上去，所以同伴戏称他每晚的幽会为"吊膀子"。传开之后，凡是勾引妇女的事，都叫"吊膀子"。② 画面上这个滑头正提着鸟笼，不住地向身旁一众女子献殷勤，

---

① 安克强著；袁燮铭、夏俊霞译：《上海妓女——19—20世纪中国的卖淫与性》，上海古籍出版社2004年版，第40页。
② 汪仲贤：《上海俗语图说》，上海书店1999年版，第75页。

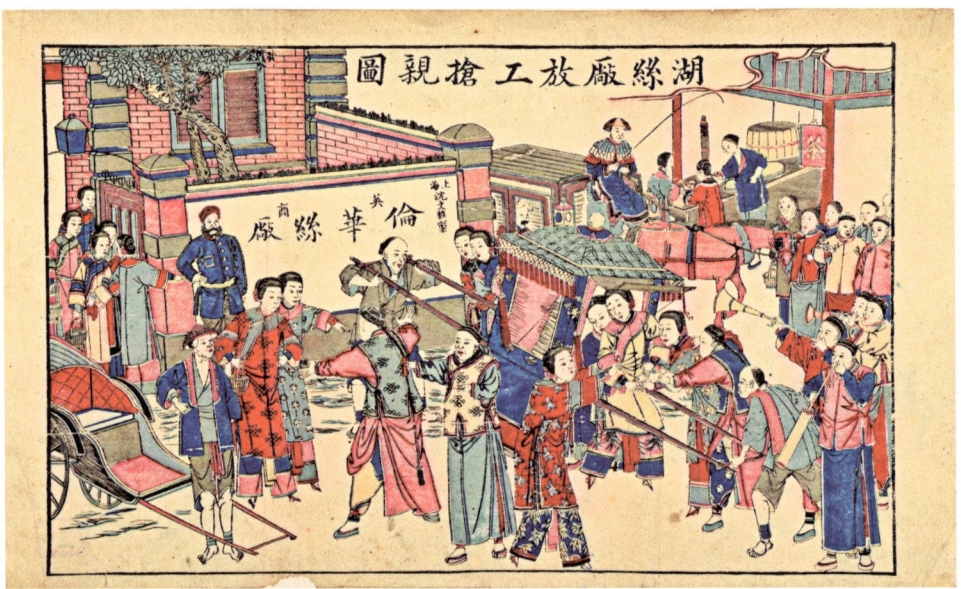

乘坐独轮车的妇女 / 上
湖丝厂放工抢亲图 / 下

而这群女子正是乘着独轮车刚从工厂下班的丝厂女工。

缫丝厂女工：丝厂女工与先生、娘姨大姐、野鸡、外国夫妻并列在一幅画上，乍一看不免让人奇怪，然而考虑到当时的上海风俗，就一点不觉奇怪了。那时别说大户人家女子是大门不出、二门不迈，但凡良家妇女轻易都不出门的，即使做工，也只是做帮佣之类不用抛头露脸的工作，一般路上见不到一个装扮得体的女子。能见到的不是妓家女子，就是外国妇女，丝厂女工是少有的例外，这是难得的靠正经职业在外挣钱的妇女。当然这首先要归功于上海丝业的发达，"丝业以前都是设在苏州和杭州附近的，为了太平军之乱才搬到上海，后来竟立住了脚，成为上海的大实业之一"①。丝厂兴隆起来了，当然需要大量工人，而这些工作又非寻常男劳力可以胜任的，它需要精细的指尖技术，于是第一批职业女工就在这些纺织厂里发展起来。而当工厂放工，女工们成群结队回家之时，对于那些在路上从来看不见正经女子的男人们而言，无疑是一个极大刺激，有时竟会引来围观，偶尔的言语调戏已属平常，甚至还会有公然抢亲之举，另有一幅年画《湖丝厂女工放工抢亲图》表现的就是这一情景。丝厂女工工作艰辛、收入微薄，作为中国妇女参加工作、融入公共生活的先驱，理应大书一笔，然而在年画商笔下，最终也不过是滑头眼中一道美丽街景，付诸纸上，以搏大众一笑。

总的看来，这幅《上海四马路洋场胜景》着重刻画了两点，一是四马路上形形色色人等，其中又以女子为重，而女子之中，着墨最多的又是风月中人，这既符合部分事实，也不乏媚俗的成分。除此之外，另有一点浓墨重彩表现的，就是各色人等使用的各种交通工具，包括有轿子、马车、独轮车、黄包车、脚踏车、双连脚踏车，几乎囊括了汽车出现以前上海街头所有可见的交通工具，而且依据各人身份不同其乘坐的交通工具亦有所不同，丝毫不乱。比如尊贵的"书寓先

---

① 霍塞著、越裔译：《出卖上海滩》，上海书店出版社2000年版，第8页。

生"坐的就是大户人家出门用的轿子,而金小宝、林黛玉此类名妓则乘坐更为时尚的西洋马车兜圈子,至于不上流的野鸡坐的就是平民的黄包车,而收入微薄的工厂女工则要几人合租一辆独轮车,至于双连脚踏车此类新式玩意儿那是让外国人玩的,虽是些小细节,也可见作画者观察入微,寥寥几笔,四马路上的世俗风情扑面而来。鉴于轿子、马车、黄包车、脚踏车此类交通工具在文学影视作品中多有出现,不再赘述,在此略略介绍一下独轮车这一具有上海特色的代步工具。独轮车,又名羊角车、江北小车(因车夫多为江北人),于咸丰、同治年间出现,始行于南市,因其结构轻巧、价格低廉、雇佣方便,迅速遍及全市,纱厂、丝厂女工往往几人合雇一辆,晨送入厂、晚接归家,年画中表现的就是这一情景。20世纪以后,随着黄包车的兴起,独轮车逐渐衰落,市区里基本难觅,只在郊区崎岖小路上还偶有穿行,虽是短暂出现,却也与其他交通工具一起,构筑了上海街头风情画卷,定格在《上海四马路洋场胜景图》中。

  如今,时过境迁,四马路早已非当年景致,其风月味一扫而尽,只留下浓浓书卷香,一路走去,大小书店比邻而居,令人目不暇接,而曾经闻名遐迩的会乐里改造成来福士广场后,又为福州路注入了几许时尚气息,谁曾想见当年这里竟是绮罗密布、脂粉飘香的销魂之所?也只有在往日的图片、文字,乃至年画中留存一点印痕了。

搬上年画的海上第一名园
——上海张氏味莼园散记

周立波的海派清口在 2009 年风靡上海，一年连演一百余场，场场爆满；2010 年他继续保持强势，并向长三角地区挺进。周立波的长处在于能迅速消化当下新闻热点并巧妙地将之融化到自己的表演当中，这其实是晚清民初上海租界一些新剧和独角戏演出传统的延续。在周立波的舞台上，从伪娘、凤姐、上海倒楼事件、许宗衡腐败案，一直到卢武铉自杀、奥巴马访华、全球金融风暴等等，一个个热点人物，一桩桩新闻事件，都在他的伶牙俐齿中化为诙谐笑谈。如他挖苦许宗衡，说："许市长最喜欢讲：我是人民的儿子。这让人民很害怕，因为儿子都会向老子讨钱。只有当官员说：我是人民的老子。人民才会放心，因为老子从来不向儿子要钱。"这样说时事，当然大快人心。从社会学上来说，新闻是最大的政治，也是大众最热衷的娱乐。周立波的表演，就是市民视角里的政治，他所说所表演的，都是当下老百姓所关注所热议的，故能赢得观众会心的大笑，出现"满城争说周立波"的文化奇观。然而不可讳言，如果过若干年后再来观看周立波的表演碟片，恐怕就少有人再会这样捧腹大笑了，甚至可能会有人对演出中提到的人物和事件茫然不知，浑然不解。这就是时效在起作用。时过境迁，脱离了当下语境，没有了心灵默契，很多当年司空见惯的词汇，后人已很难引起联想，产生共鸣，台上的周立波再怎么卖力表演，也只能像是一具没有了灵魂的木偶。但是从另一个角度来讲，它们又比较真切、鲜活地保留了当时的大众语境和社会心态，具有很高的历史价值。摆在我们面前的这幅《海上第一名园》，就是这样一幅很有意义的小校场年画。张园当年在上海是最大的公共活动场所，几乎所有的社会公众活动都能包容其中；张园还被称为近代上海的时尚之源，很多时髦的玩意都是先在此亮相，然后逐渐推广。但就是这样一个当年几乎无人不知、无人不晓的晚清胜地，进入民国以后就逐渐被改造成里弄、学校，近年更湮没在社区之中，已很少有人知道它的辉煌历史了，以至近日媒体发出"寻找张园，让近代上海的时尚之源再现光彩"的呼吁[1]。当年小校场的年画商们之所以热衷于在年画上展现张园的风光，明显有其商业利益上的考虑，如果没有这座私人园林的赫赫大名，商人们是绝不会为它作免费广告的。令人伤感的是，历史竟如此健忘，仅仅一百多年的岁月，曾经的声名显赫者，就变得无人知晓，当我们蓦然回首时，那些生动的情景细节已经处在身后很远的地方，模糊不清了。这里，且让我们先来回顾一下张园的历史。

上海的著名园林，若论历史之悠久，当然首推豫园；而到了近代，影响最大的则要数徐园、愚园和张园这三大名园，其中又尤以张园名声最著。海上老报人陈无我著有一本《老上海三十年见闻录》[2]，其中"园林风月"一章中写道："三十年前，上海有名园三，其最久者为徐园，其次为愚园，其次为张园。张园最后得名，而游踪反较两园为盛。"陈无我此话确属事实。晚清民初的上海，张园称得上是市民最大的公共活动场所，赏花看戏，照相观影，纳凉吃茶，宴客游乐，演讲集会，展览义卖……几乎所有的社会公众活动，张园都敞开大门包容其

---

[1] 见2009年4月23日《新民晚报》报道。
[2] 上海大东书局1928年4月版。

中,而在当时的众多报章杂志和文人墨客的散文游记中,"张园"二字也是出现频率奇高的词。清末名人孙宝瑄写有一部《忘山庐日记》,涉及中国近代史上众多的人、事、物,他在其中就写道:张园之茶和四马路之酒,是外地人到上海后一定要吃的,因为当时上海夜晚时分最有名的地方是四马路,而白天最热闹的场所则非张园莫属,"凡天下四方人过上海者,莫不游宴其间。故其地非但为上海阖邑人之聚点,实为我国全国人之聚点也"①。

一、张园之来龙去脉

张园地处静安寺路(今南京西路)之南、同孚路(今石门一路)之西,旧址在今泰兴路南端。这里原先为一片农田,上海开埠后,许多外商来沪经商,1872年至1878年,一位名叫格农的英商和记洋行经理先后向曹、徐等姓农户租得土地二十余亩,辟为花园住宅。格农原本是做园圃生意的,凡上海外商庭

---

① 参见其光绪二十七年七月五日和光绪二十八年十月十日之日记,载《忘山庐日记》,上海古籍出版社1983年4月版。

SU-HOW GAROEN IN SHANGHAI.

院，大多由其规划，故在经营自己住宅时当然更加费心，除了建造洋房外，还开挖池塘，种植荷花，并铺上大片草坪，垒起玲珑假山，将整个宅院布置得树木葱茏，曲折错落，十分别致。后来这块园地几经转手，于1882年由寓沪富商张叔和购得。张氏取晋代张翰不恋官位、退隐山林的著名典故，将园林命名为"味莼园"，简称张园。张叔和本是无锡人，于19世纪70年代来沪，经营海运、漕米等事务，后担任轮船招商局帮办，和唐廷枢、徐润、郑观应一起，是招商局四个主要负责人之一。张叔和颇善经营，也酷爱园林，接手格农别墅后，他又在园西先后向夏、李、吴、顾等姓农户购得农田近40亩，将其和原建筑融为一体，使整个园区面积达到60余亩，一跃而列当时私家园林之首。张叔和按照西洋园林的风格，开沟挖渠，植树种花，设茶室戏台，陈各种游艺，并在园内构筑"海天胜处"等楼房。1892年，张叔和又出巨资请当时上海著名的建筑设计师，有恒洋行的英国工程师景斯美、庵景生两人设计，历时整整一年，建造了一幢高大洋房，以英文 Arcadia Hall 名其楼，意为世外桃源，中文名则取其谐音称"安垲第"。整幢高楼洋派大气，单大厅就可容纳上千人集会宴客，为当时吸人眼球的宏伟建筑，张园也因此成为上海最大也最有特色的私家园林和公共场所。

上海新式的公共娱乐业导源于开埠后侨居上海的外国人，从19世纪50年代起，他们在租界内陆续建造了一些娱乐场所，如跑马场、戏院、总会、公园等，并引进了一些新颖的娱乐活动模式。这种供市民公开消费娱乐的游乐方式令国人耳目一新，对原有的陈旧观念是一种很大的冲击，后来徐园、愚园等新颖私家园林的兴起，可谓是对西洋文明的一种借鉴和模仿，是民俗风气随着时代发展的一种转型。自张园兴起，这种转型日显成熟，并相应具有中国的特色。当时，张园是最吸引公众的娱乐活动场所，园内花草怡人，景色优美，并设有专业的戏台，轮番表演各种戏曲和歌舞节目；宽敞的园林中露天陈设有各种新潮的游艺设施，供游客游玩赏奇；园中还设有电影院、照相馆、商场、茶肆和中西餐馆及各种零食小吃摊，让人边吃边玩，乐而不疲。张园而且不收门票，只要你有兴趣入园，就可以从中午一直玩到深夜。这种集各式娱乐功能于一园的大众化娱乐方式，是19世纪末随着上海城市商业经济繁荣发展，市民消费热情日益高涨而出现的，是一种历史的必然，张园则有幸成为主力军承担起了这个功能。这个领军位置，一直要到1915年和1917年更专业的大型游乐场新世界和大世界建成才换位更替。张园大约在1918年后渐趋消衰，据1932年出版的《上海风土杂记》记载："张、愚二园，今已湮没不存。"

二、展示时尚的场所

在清末民初的私家园林中，张园不但以场地最广而驰誉沪上，而且因演说、展出频繁，娱乐样式众多而独步一时，很多时髦的玩意都是先在此亮相，然后逐渐推广，张园也因此被称为近代上海的时尚之源。如1886年，张园在众多园林中率先试燃电灯,一时火树银花,大放光明,吸引了大批游客。张园还常于春秋两季举行花会,届时姹紫嫣红,满园芬芳。园中最有名的是菊花,张叔和曾不惜巨资,从世界各地引进珍稀品种举办菊展,获得游客交口称赞,《老上海三十年见闻录》中专门有一节《味莼园菊花大会》记叙此事。晚清青楼著名的"四大金刚"之雅号,也是因张园而起。当时每逢礼拜,众多时髦倌人均往安垲第喝茶,其中陆兰芬、金小宝、林黛玉、张书玉四大名校书一度更是每日必到,李伯元主持的《游戏报》为之大肆张扬,一时"四大金刚"的雅号名播海上。1917年,上海美专在张园举办美术展览,因其中有若干裸体模特素描而引起一场不小的风波,刘海粟"艺术叛徒"的称号也因此而伴随了他一生。这些轶事逸闻都来源于张园,给张园增添了不少情趣,而张园内常设的一些营业游艺设施更给这座海上名园绘上了极具丰富的色彩。本文谨试叙一二。

1. **电影**。说起电影,世人只知徐园,殊不知张园也是开风气之先的拓荒者。徐园放电影是1896年,此举被誉为是电影引入中国之始。那么张园到底是何时开始放映电影的呢?由于园主未登广告,今天已难以确晓。现在知道的是起码在1897年初夏,电影已开始在张园露面,细心的孙宝瑄在这年6月4日的日记中作了记载:"夜,诣味莼园,览电光影戏。观者蚁聚,俄,群灯熄,白布间映车马人物变动如生,极奇。能作水滕烟起。使人忘其为幻影。"[①]孙宝瑄的这一记载,可以说是目前所知中国人对电影这一新鲜事物的最早观感。这以后,电影放映始终是张园招徕游客的一张王牌。清末有人游张园,曾仿金圣叹批《西厢记》,罗列快事,演为十则,其中一则即为:"夜间看电影,正苦目光短视,而眼镜忘未携带,忽友人以千里镜相借,得以纵观,岂不快哉!"[②]这正说明了当年在张园

---

① 孙宝瑄:《忘山庐日记》,上海古籍出版社1983年版。
② 陈无我:《老上海三十年见闻录》,上海书店出版社1997年版。

看电影已成为一件寻常事。

2. 照相。如罗列清末最时髦的洋玩意,照相肯定可以名列前茅。在这方面,张园也是最早尝试吃螃蟹的先行者。当时上海虽然已有好几家照相馆,但都是室内摄影,布景皆为人工绘制,显得呆板不够自然,缺乏生气。1888年秋,一家名叫光霁轩的照相馆在张园内开张,它充分挖掘园林的优势,打出了"照相连景"的招牌:"照相之法,由来久矣,第未得胜地补景,殊难清雅。今本轩特聘名手,假寓味莼园,诸公光顾者,或登亭台,或倚假山,或小饮花间,或临流垂钓,随意选胜可也。"① 这则广告,确实可以说摸准了相当一部分人的心理。1891年金秋时分,张园内又开设了一家名叫柳风阁的照相馆(张园景色优美,连照相馆的店名也都这么风雅),它也打出了"园景照相"的招牌,并推出了不少吸引人的新品种:"本馆精求新法照相,分外酷肖,实为近时独擅之秘。磁片亦可映印,并备有古装女身服色,更觉风雅。着色鲜艳,历久不退。现假张氏味莼园设馆开印,园中各景,任便设照。"② 这以后,在张园内设店营业的照相馆还有多家,连赫赫有名的宝记也曾在园内开过分店,与园主拆账分成。张园地处市中心,园景又吸引人,故游客众多,川流不息,照相馆的生意也因此获益匪浅。据记载,很多名人都在张园留过影,如孙中山、黄兴、张元济、夏曾佑、伍光建、郑孝胥等。

3. 游艺。各种时尚的演出游艺活动也是张园的一大特色,诸如弹子房、抛球场、剧院、书场、茶楼、饭馆等等,这里一应俱全。1903年,张园举办自行车大赛,赛程一英里,设有大奖,吸引了大批游客,很多人因此才认识这种当时

---

① 1888年10月26日《申报》。
② 1891年10月11日《申报》。

尚属时髦的交通工具；1909年12月和1910年4月，著名拳师霍元甲在此设擂，先后与多人过招，并拟与美国拳师奥皮音比试，后因奥失约而取消。每年演放的各式焰火也是张园最受欢迎的项目，即时，张园必人山人海，观者无不目眩心醉，媒体也好评如潮。当时引自国外的一些时髦游艺设施，如过山车等，也大都在张园内陈设过。这些新颖的游艺节目很引人瞩目，但华人多喜欢看热闹，真正敢一试身手的并不多。孙宝瑄1903年夏游张园，留下了他尝试坐"轮舟"的感想："西人于园中筑高台临池，上下以车，轮行铁路，用机关运动，人出小银圆二枚，则许乘车登台，即坐小舟自台上推下，投入池中，舟颠荡若甚危险，其实无妨也。西人喜之，乘者颇众；华人胆怯，多不敢尝试。是月，余与芝生二人乘坐一次，始大悟此戏可以练胆。"[①] 当年为推广这项游艺节目，外国人还特地印制了明信片，广为宣传。

---

① 孙宝瑄：《忘山庐日记》，上海古籍出版社1983年版。

三、公众活动的舞台

张园作为晚清民初上海面积最大的对外开放园林，不但因率先展示了众多新颖玩意而成为当时的时尚之源，而且还一度成为上海各界集会、演讲、展览最重要的公共场所，每逢遇到诸如疆土危机、女界集会、学生风潮、要人到访等重大事件发生，张园总有活动，所谓风起于青萍之末。安垲第屋广厅宽，是民众集会的理想场所，而章太炎、吴稚晖、蔡元培、汪康年、马君武等社会各界名人，是经常登台演说的热心人物。据记载，1916年7月17日，孙中山先生也在张园发表过关于地方自治的演说；另据当时文献，1900年7月26日，严复、容闳、唐才常等维新派人士集会，以挽救时局为名，召开"中国国会"，通过了不承认以慈禧太后为首的清朝政府等决议。发生在上海的这第一次具有反对清政府性质的集会，也是在张园举行的（另一说是在愚园）。由于交通方便，又地处租界，清末民初举行这类社会公众活动，张园一般都是大家的首选之地。

晚清上海，张园还举行过一次影响颇大的慈善义卖活动，时在1907年春。当时，中国江淮等地因水灾造成严重饥荒，急需救济。消息经媒体报道后，各界纷纷举行活动，募集善款，救济难民，春柳社李叔同诸人在日本首演话剧《茶花女》这一名垂史册的举动，就是因此事而起。这年5月，由上海的一个外国宗教组织"圣保罗会"（Societ of St. Vincent de Paul）牵头发起，寓沪欧美各国官商夫人出面联络中国绅商夫人，决定举办一次万国赛珍斗宝大会，会期三天，陈设各种展览并有新颖游艺活动，还举行捐赠之物义卖，全部收入充作善款救济难民。经当时的南洋大臣端方批准，这次慈善义卖活动于5月23日到25日在张园举行。据新闻画社当时发行的一份《万国赛珍斗宝大会陈列全图》记载，这次活动内容丰富，规模很大，"园中空地遍盖棚厂，周悬五色电灯，陈列万国精美玩器、顾绣、绸缎以及各种新奇美术出售，并由各国官商及

贵绅夫人、清客串戏、弹琴、唱歌,演放各国新到电光影戏、焰火、日本柔术、戏法,兼设博物院埃及古物,洵为数千年来遍地球所创见,亦通商六十载未有之盛举"。当时正在中国公学读书的胡适也参观了这次盛会,并写了一首《游万国赛珍会感赋》,诗前有序,略云:"丁未四月,上海中外士商悯江北灾民之流离无归也,因创为万国赛珍会以助赈,得资甚多……聊志感喟,词之不文,非所计也。"全诗五百四十字,是这一时期胡适诗作中最长的一首诗。开头部分吟咏万国赛珍会的缘起:"灾黎千百万,区区复何补?救人全始终,热诚勿丧沮。乃有慈善家,创议惊庸俗。聚集希世珍,万国相角逐。"诗中段杂以氛围风光的描绘:"行行重行行,夕阳已西下。华灯十万盏,熠耀不知夜。尔时方三五,明月皎如银。微风拂鬓鬖,人影乱轻尘。"最后一段则显示了胡适的社会观和朴素人道主义的情怀:"智者助以力,富者助以财。人心苟如是,天灾何有哉!"①

---

① 1908 年 8 月 17 日《竞业旬报》24 期。

一个外国人在张园内摆的照相摊

关于这次慈善义卖活动，还有一件题外事颇值得一谈。圣保罗会在活动举办期间印制了类似邮票式样的签条出售，同时刻制了两枚戳记，均为"万国振济赛珍会"七字（其中一枚四周另有英文字样）。有学者认为，这两枚戳记是中国邮政最早的纪念邮戳，但也有人不予认可。问题的关键是要看当时张园中是否设有邮局。据《清代邮戳志》一书记载，这两枚"纪念戳是作为门票销讫之用"，但究竟是由谁"销讫"的，书中却并未说明，而当时的报道也无一字提及，此事因而在邮学界成为悬案。最近笔者在仔细查看了1907年出版的《万国赛珍斗宝大会陈列全图》后却有意外发现，在此图下方和"内外德律风"（电话）并用一屋的就是邮局，上面清清楚楚地写着"邮政局寄处"五个大字，显然，此屋正是这次慈善义卖活动的"邮政通讯处"。由于此图是严格按照会场布置绘制的，故这个困扰大家时日很久的悬案应该可以宣布结案了：1907年5月使用的"万国振济赛珍会"戳就是我国邮政最早的纪念邮戳，张园也因此而得以共享这一荣誉。

小校场描绘张园的这幅年画还是比较写实的，像张园门前衣着光鲜的各式女子坐着马车、人力车人来车往，慕名游园的场景，在当年上海堪称一道亮丽的风景，曾被媒体纷纷报道，还有实景原照存世，好事者可以比照。年画上还有一个细节不容忽视，那就是髦儿戏在张园的演出。清末，上海等大城市出现了清一色由女孩演出的戏曲班社，演唱京剧和昆剧，俗称"髦儿戏"，演员称坤角，一时大为流行。"髦儿戏"之名据说就寓有时髦之意。"髦儿戏"始于同治年间，至光绪十年前后消沉，十余年后又复盛行，一时争奇斗胜，名班就有七八家之多。当时海上名园俱延邀名班进园演出，张园内吴新宝主演的《天门扫雪》，桂芳主演的《三娘教子》等俱一时名角名戏，博得众多掌声。张园内的"海天胜处"楼是当时演出"髦儿戏"最负盛名的一处场所，小校场筠香斋刻印的年画《海上第一名园》，虽然描绘的是张园门前人来车往的热闹景象，但透过园栅栏，却能清晰地看到园内高挂着"毛（髦）儿戏"演出的水牌。民间画师的这一无意之笔，正传神地展示了当年髦儿戏在张园的上演盛况。此外，在这幅年画上看不到著名的"安垲第"建筑，据此，我们可以大致推测：《海上第一名园》约创作于1885—1893年之间，这正是上海小校场年画发展最繁荣的阶段。

《更上一层楼》与上海早期茶楼风俗

自 1843 年上海开埠,西人进驻开辟租界,尤其是 1851 年小刀会起义爆发,华洋分居局面被打破后,沪上民众的生活方式悄然发生转变。随着城市化发展不断推进,现代都市娱乐在上海初具雏形,无论是王韬的《瀛壖杂志》还是葛元煦的《沪游杂记》还是黄式权的《淞南梦影录》中,都曾对此有丰富记载。小校场年画中亦有不少对清末上海娱乐生活细致描绘的画作,不失为绝佳的图像文献资料。比如《更上一层楼》展现的就是茶楼这一晚清上海最主要的公共娱乐场所的图景,从中不仅可以一窥"更上一层楼"这座名楼的彼时风貌,更可略述早期茶楼风俗及其在沪上市民生活中的重要影响。

有人曾总结晚清上海盛行的娱乐活动主要有七事,"戏园也,酒楼也,茶馆也,烟阁也,书场也,马车也,堂子也"[①],可谓一语中的。而这其中大部分其实都逃不开"喝茶"一事,茶馆自不必言,诸如戏园、酒楼、书场、烟阁等也无不包含"喝茶"元素,只是另有其他侧重点,可见饮茶文化在城市娱乐活动中的重要性。而对于上海茶楼的起源,有几种通行说法,一种是如《清稗类钞·饮食类·茶肆品茶》中所述"上海之茶馆,始于同治初三毛阁桥丽水台。其屋前临洋

---

① 《重修沪游杂记》序,上海申报馆 1887 年版。

泾浜，杰阁三层，楼宇轩敞。南京路有一洞天，与之相若。"① 举丽水台、一洞天为发端。但也有说，茶楼在上海早已存在，如《沪游胜记》就认为，上海最早的茶楼不在租界，而在旧日的上海县城东门。有凌云阁一座，"阁临黄浦，回顾无际"②。但不管哪种说法，都说明上海茶楼由来已久，而到1900年前后，更是遍布华洋两界。

华界的茶楼主要集中在城隍庙豫园附近。豫园始建于明嘉靖三十八年（1559），园主为明工部尚书潘恩之子潘允端，建成后有"奇秀甲于江南"、"东南名园冠"之誉。明朝末年随着潘家衰败，豫园也被分割变卖，草木荒芜，楼阁倾圮。直到清乾隆二十五年（1760），才开始了新一轮修建，并被托管给上海老城隍道士，从私家园林变为具有公共游览功用的寺庙园林。自1850年起，本已因年久失修而略显废弛的豫园又屡遭兵燹洗劫，上海小刀会起义、太平军东征，

---

① 徐珂：《清稗类钞》第四十七册，商务印书馆1917年11月版。
② 黄楙材：《沪游胜记》，光绪年间出版。

短短二十年间整个园林面目全非。至清同治年间，豫园已变为众多同业公所割据的局面，充斥其中的是商铺、茶馆、酒楼、戏园林立的市井之相。时人在文中也感叹"惜园内竟设茗馆及各色店铺，竟成集市。凡山人墨客及江湖杂技，皆托足其中，迥非昔时布置，未免喧嗔嘈杂耳。"[1]

而在茶楼竞相开设的豫园中，湖心亭茶楼无疑最受瞩目。豫园主人潘允端最初建园时就在湖心设岛，岛上建亭，名"凫佚亭"，可惜清朝初年亭子即已随园子的败落而坍塌。清乾隆四十九年（1784），由经营青蓝布的商人祝蕴辉、张辅臣等二十多人集资，重建湖心亭一座，竣工后用作布商公所。咸丰五年（1855），亭子又被人买下开起茶楼，起先取名"也是轩"，到了清代末年，一位名叫刘慎康的商人接盘茶楼，并将"也是轩"易名为"宛在轩"，因得地利之便，兼之经营得法，生意颇为红火，不过"宛在轩"这名称过于斯文，一般茶客依旧俗称其为湖心亭茶楼。

除湖心亭"宛在轩"外，其时老城隍庙内大大小小茶楼不下十余家，其中"四美轩"、"春风得意楼"、"乐圃阆"、"凝晖阁"以及"红舫"等均颇有名气，错落分散在邑庙内各个角落，这些茶园大多兼具茶楼和戏院的功能，上午卖茶，下午演戏，主要演出昆曲、京剧、评弹等。虽然邑庙内茶肆林立，仍以湖心亭茶楼为最佳。"高阁迎风，疏窗映水，尘俗中未尝无清凉境界也。"[2]湖心亭也是园内景色中无可争议的中心，与荷花池、九曲桥一起成为豫园乃至老城厢的地标，四方游客慕名而来，桥上一年四季游人如织。

而在租界中，茶楼则主要集中在南京路（英大马路）、福州路（四马路）、宝善街（五马路）、汉口路（三马路）等街衢。南京路是当时沪上最繁华的街道，消费水准亦比别处高出几分，饶是如此，开于其上的茶楼也是顾客盈门、高朋满

---

[1] 葛元煦：《沪游杂记》，上海古籍出版社1989年版，第4页。
[2] 葛元煦：《沪游杂记》，上海古籍出版社1989年版，第31页。

座，因其环境幽雅、器具清洁，出名的则有"一洞天""江海朝宗""五云日升楼"等。宝善街在租界刚辟之时，为上海的娼妓业中心，同时也是茶楼密布处，每到子夜，车水马龙、莺歌燕舞。不过至1900年，就逐渐没落，被后起的四马路取而代之。四马路自1854年第二跑马场的兴建带动了周边人流后，便取代宝善街成为秦楼楚馆麇集之所和茶楼聚集之处，知名的茶楼就有"四海升平楼""青莲阁""万花楼"等，是外来游客和本地闲民流连忘返之所。

"更上一层楼"便是四马路茶楼的典型代表，楼约建于1888年，其址原有"阆苑第一楼"，为一幢峻宇雕墙的三层茶楼，生意兴隆，不幸于1886年2月一场大火中化为焦土，然未过多久，瓦砾之间又现出一幢七宝楼台、三层杰阁的建筑，即为"更上一层楼"。当时四马路上茶楼林立，比如"华众会""万华楼""沁芳园"等，皆是装潢华丽、器具精洁，与其相比，"更上一层楼"不仅毫不逊色，甚至更胜一筹，世人赞其"层楼耸翠、飞阁刘丹"[①]。其建筑最具特色之处就在于

---

① 《游记略》，《申报》1888年7月6日，第一版。

更上一层楼 / 左
五层茶楼 / 右

为三层高楼，当时上海店铺多为一两层的低矮建筑，三层楼颇为稀见，且"三层楼之屋开店铺颇不甚宜，最宜于开茶馆烟寮……除卖茶烟之外，惟有酒馆尚属相宜"①，是以三层高楼多集中于市声鼎沸的四马路，以建筑华美而著称，同时也兼有招徕莺莺燕燕的恶名。年画《更上一层楼》精准描绘了该茶楼的建筑特点，三层高楼富丽堂皇，每层皆高朋满座、推杯换盏，门口还有川流不息的人群迎来送往，不仅突现了茶楼商客云集的情景，也间接体现了四马路之喧嚣繁华。此楼后来又曾改建，名曰"五层楼"，亦是高阁轩窗，饰丽华贵。

茶楼是当时沪上市民最常去的公共娱乐场所。据时人不完全统计，1908年，仅英租界即有知名茶肆66家②，加之法界和华界以及其他不知名的小茶馆，全境至少有三四百家。不仅数量众多，茶楼的娱乐项目也异常丰富，清末民初的茶楼有两大特点：一是与娱乐观赏结合，设游艺场、说书场，甚至演戏、打灯谜、开展览会，或选好地段，带阳台的楼房，便于观景；二是提供聚会应酬场所。一般市民住房狭小，借茶馆品茗会客，所费不多，喝茶、聊天、听书、赏景可以兼顾。有的茶馆兼售点心，并可代办酒菜。发展到后来，各行业公所常在茶馆聚会，议行情、谈买卖，定点定时办起了茶会。有的索性把交易所或行业公所设于茶馆。③

由此可见茶楼在市民生活中的重要地位，不仅可以喝茶吃饭，还能聚会娱乐，有些还提供烟榻供人吞云吐雾，同时也是妓女招揽顾客的场所（在政府的各项措施下后两者有所收敛）。这里还要特别说明一下当时茶楼起到的两个功能，一是的看戏功能。在现代剧场如"新舞台"在上海出现之前，很多茶楼都承担了戏剧演出场所——即"戏园"的功用。上海的戏剧演出，有记载的始于元代，当时已有"勾栏"搭设于松江府前，系木棚结构，"有女官奴，习讴唱，每闻勾栏

---

① 《世变信论》，《申报》1890年5月1日，第一版。
② 《老上海卅年见闻录》，大东书局1928年4月版，第9—11页。
③ 麦梁《沪城茶馆风俗谈》，蔡丰明编《上海近现代社会风俗论集》，中国三峡出版社1998年11月版，第221页。

南京路上的易安茶楼 / 上
广西路上的凤桂茶园 / 下

鼓鸣，则入"。明清时期，戏曲表演一般在大户人家的私宅进行演出，清中叶以后，各地来沪经商、移民人数大增，上海出现数十家会馆、公所，都建有戏楼、戏台，但也仅供会员观看。1851年，南市三雅园开幕，这是上海第一家营业性戏园，由城内富户居室改建而成，"戏台建在大厅中，池子布陈红木椅桌"①，专演昆曲小戏，不售戏票，只收茶资。自此以后，这类名为茶园，实为戏园的演出场所就如雨后春笋般在华租两界遍地开设起来，品茗观剧亦成为最受市民欢迎的休闲方式，较知名的茶园有"一桂轩"、"满庭芳"、"丹桂"等。

上海茶园大多模仿京式茶园建造，戏台靠一壁搭建在高出的方形台基上，底下设若干排小方桌，每桌配交椅，观众边品茶边观戏。一般上午卖茶，下午、晚上开戏，不设戏票，有客入座，茶房以座上茶碗数目收戏资。茶园门口挂满水牌，介绍近日上演剧目。

有些茶楼不以京昆剧目揽客，而以表演评弹著称，就被称为"书场"，较有名的有玉茗楼、文明汇泉楼等。这些书场一般上午卖茶，下午和晚上说书，同时也供给茶水。说书分为大书和小书，大书指评话，通常一人开讲，内容多为金戈铁马的演义故事；小书指弹词，通常两人合作，上手持三弦，下手抱琵琶，内容多为儿女情长的传奇小说。其时，每家书常各有所长，所请的说书人也俱为苏州书界名家。此外，清末上海还有一种女书场，是高级妓女（又叫书寓、词史、校书）借以展现才华、结识新客的中介场所，在19世纪末一度达到鼎盛，每日高朋满座、人声鼎沸。

茶楼的另一个重要功能便是议事。晚清上海与传统乡村社会不同，居住期间的人们大多不再从事自给自足的农事活动，而是极具流动性的商业贸易活动。商贸发达促进各业兴盛，同时也寻求可以洽谈商业的公共场所，茶楼就是极好的选

---

① 屠诗聘：《百年来上海梨园的沿革》，载《上海市大观》，中国图书编译馆、中国图书杂志公司1948年4月版，第44页。

汉口路湖北路口的春桂茶园 / 上
茶室 / 下

择。当时诸如布业、豆业、钱业、糖业等都组成各种行会,行业内部会晤客户、交流信息的需求非常旺盛。虽然一般行会有自己的会所,但大多面积狭小,是以借茶馆聚会议事便成常态,甚至有些行业直接把交易所或行业公所设在茶馆内。这些在茶楼内进行的商业活动被称为"茶会",商人茶会一般在早晨举行,有时下午也有,操业者每天必到,刺探行情,洽谈生意,讨价还价。

除此之外,其他一些谈判也会在茶楼进行,比如"吃讲茶"风俗,又称"讲斤头""门人头",是旧时上海帮会或白相人凭借茶馆喝茶谈判或双方说理请人评判、调解的一种方式。① 通常调解经济纠纷或男女关系问题,有时还牵扯违法之事,一些茶楼老板怕闹出事,会贴出明令禁止"吃讲茶"的告示,然而收效甚微,此种私人调解举措在环境复杂、法律不彰的晚清上海蔚为成风。另外,"包打听"们(便衣警察、私人侦探)也会在茶楼里组织茶会,探听消息,寻找线索。

---

① 麦梁《沪城茶馆风俗谈》,蔡丰明编《上海近现代社会风俗论集》,中国三峡出版社 1998 年 11 月版,第 232 页。

综上所述，在商业社会已高速发展，而市民公共空间还较为贫瘠的晚清上海，茶楼填补了这一切实需求，也形成了一套特定风俗，是观察晚清社会的一个绝佳窗口。也正是在这一时期，茶楼在市民生活中的重要性达到顶峰，其后则随着其他各类公共场所陆续涌现，分担了诸多功能后才慢慢淡化。《更上一层楼》描绘的即是这一茶楼全盛期的典型代表，在影像记录匮乏的年代，成为保存和展现清末海上都市生活的重要图像文献资料。

时事年画中的"歪曲"与"真实"

小校场年画的一大特色就是涌现了诸多描绘热点新闻的时事年画，从 1880 年至 1920 年，清末历次重大事件几乎都有所涉及。比如与"中法战争"相关的《刘军克复宣泰大获全胜图》《岑帅监督夜复北宁得胜全图》《长门捷报》；与"中日战争"相关的《各国钦差会同李傅相议和图》《刘永福镇守台南会同生番大胜》；与"八国联军侵华战争"相关的《李钦差督阵宋宫保大破外兵》《董军门设计大破西兵图》；与"辛亥革命"相关的《各省民军都督攻打北京大战卢沟桥》《北京失守宣统逃走》《鄂省军官与国民军伟人肖像》等。用传统年画艺术表现重大历史事件，折射当时市民阶层对时事的关注和评价，在其他美术种类中颇为鲜见，可谓木版年画中的独特风景，其风格和作用可与《点石斋画报》中的石印新闻画如《力攻北宁》《基隆惩寇》《牙山大胜》《台军大捷》相类比。

但只要稍具历史常识之人，仅看标题就能发现这些紧贴热点的时事年画其实充斥着大量史实错误。比如营造了中国在历次战争中旗开得胜、频传捷报的假象，全然不顾签下多个不平等条约的现实。杜撰了擒获日本驻台湾总督桦山资纪的事迹来塑造民族英雄刘永福，但其实刘永福的黑旗军在弹尽粮绝的守城战中因缺乏支援，最后溃败而遁。虚构了各省民军攻打北京、宣统出逃的情节，而罔顾南北议和、签订清廷优待条件的事实。正如彼得·伯克在《图像证史》一书中写到的"写实艺术作品并不像它表面上那样写实,而且往往缺乏现实,他不仅没有反映社会事实,反而对它进行了歪曲"。①

但同时伯克也指出,"歪曲现实的过程本身也成为许多历史学家研究的现象,如心态、意识形态和特质等提供了证据。物质的或表面的形象为自我或他者的精神或隐喻的形象提供了极好的证据。"② 这一点用来看待时事年画真是再恰当不过了。年画作为一种普通百姓喜闻乐见的民间艺术,最能反映民间舆情,可以从中看出当时民众的"趣味"和"偏好"。而这一块,在以往的历史研究中甚为薄弱,鉴于史料所限,研究者们着眼的多是帝王将相在历史变革中的所思所为,至于普通百姓则乏人问津。虽然普通民众对于这些历史重大事件的参与度并不高,但鉴于华夏大地为之发生了翻天覆地的变化,生活于其间的民众受到的影响不言而喻,他们对历史进程的作用尚待更多材料发掘去分析研究,但至少他们对待历史事件的态度是值得玩味的,而民间民俗文化则为我们找寻普通百姓的真实话语提供了丰富的材料。这或许才是我们今天看待这些时事年画的最佳观察角度。

一、时事年画"歪曲"史实举例

1. 粉饰战败之实

纵观这些时事年画,最严重的歪曲事件即来自于对中法战争、中日战争、八国联军侵华战争等战事的不实报道。这几次交战,除中法战争勉强可称平手外,其余无不是中国惨败,还签订了《马关条约》和《辛丑条约》这等丧权辱国的不平等条约,然而在年画中呈现的,却完全是另外一番景象。中法战争是"法人叩头休兵"(见图《法人求和》),中日战争是日本在欧洲各国调停下"特来电音恳请傅相至东瀛议和"(见图《东洋钦差迎迓李傅相前图》),同时,清军还取得了《岑帅监督夜复北宁得胜》《长门捷报》《李钦差督阵宋宫保大破外兵》《董军门设

---

①② [英]彼得·伯克著,杨豫译:《图像证史》,北京大学出版社 2008 年版,第 32 页。

计大破西兵》等战役的胜利,俨然一副百战百胜的胜利者姿态。

但若仔细将画作与史实比对,其错漏百出之处不胜枚举,即以描绘清军抗击八国联军、宣扬我军威武的两幅画《李钦差督阵宋宫保大破外兵》和《董军门设计大破西兵》为例,两者构图用色颇为相似,应是同一时期同一年画铺出产的作品。画中主人公主要有以下几位:李钦差即李秉衡,时任长江水师大臣,联军进攻大沽后,力请募兵入卫京师,并在慈禧太后召见时极力主战,慈禧大喜,命其统帅张春发、陈泽霖、万本华、夏辛酉四军出战;宋宫保即宋庆,时任武卫左军统领,清廷与联军开战后,奉命在天津防御;董军门即董福祥,时任武卫后军统领,义和团进京后,慈禧为加强宫廷保安,召其入京,驻守永安门,后又奉命领军围攻东交民巷使馆区。三人俱是此次战役中方领军人物,画面表现了他们指挥有方,运用埋伏战、地雷战大破敌阵、奋勇杀敌的故事。但真实战况又如何呢?据《庚子国变记》记载,自1900年6月21日(农历五月二十五日)清廷宣战以来,"(六月)十八日,马玉昆败于紫竹林,死者三千人,天津陷落,裕禄走北

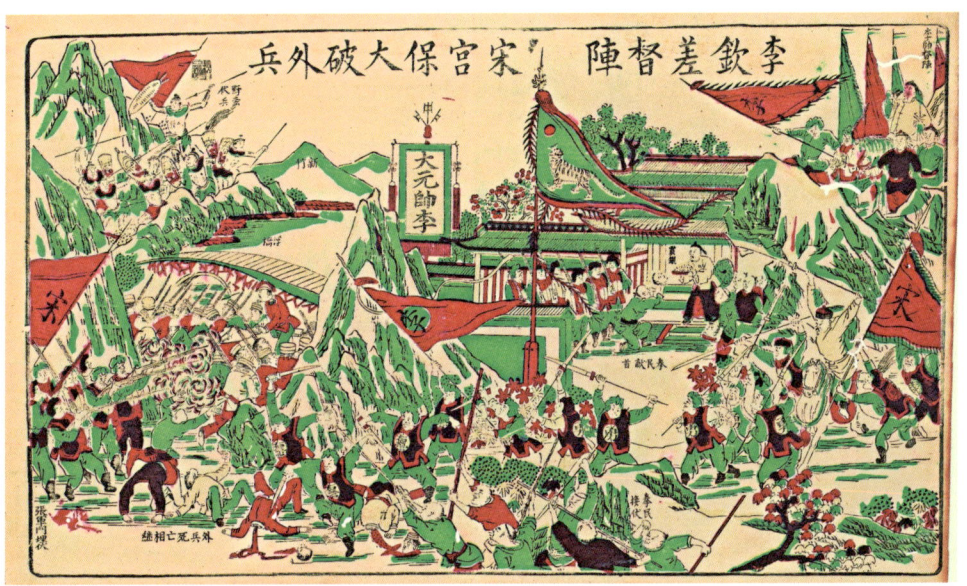

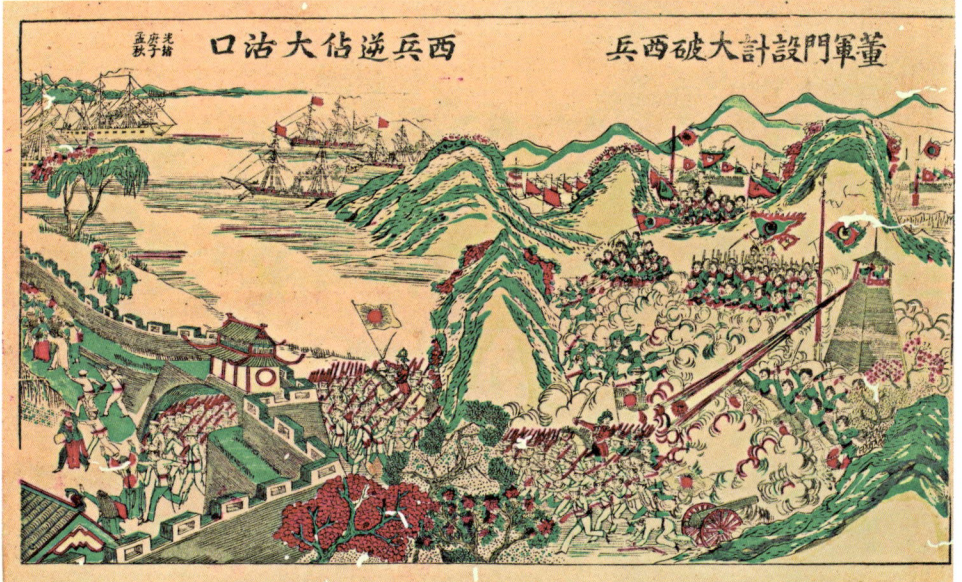

《李钦差督阵宋宫保大破外兵》/ 上
《董军门设计大破西兵》/ 下

仓，从者皆失。……（七月）初十日，北仓失，裕禄走杨村。十一日，杨村又陷，裕禄自戕死，宋庆退蔡村。敌方得天津。……十三日，李秉衡出师，请义和拳三千人以从。……十四日，蔡村失，宋庆走通州之于家圩。……十七日，李秉衡败于武清之马头，通州失，秉衡死之。"① 大大小小数十场战役，无不以失败告终，八国联军一路高歌猛进，从大沽直打到皇城外，逼得慈禧不得不仓皇"西狩"，如此战绩，竟还能在年画中吹嘘战功，不禁佩服画作者和画商们的想象力。另外，董福祥部队作为宫廷护卫军，在此战中的主要任务是攻打北京东交民巷使馆区，以及最后在广渠门抗击联军，并作为随扈大臣护送慈禧与光绪西逃，并未参与在天津的防御战，《董军门设计大破西兵》一画从标题到内容纯属杜撰。

同样，描写 1895 年李鸿章赴日签订《马关条约》一事的《东洋钦差迎迓李傅相前图》也采用了此种"粉饰"笔法，此时战局已定，胜负已分，题解中却说"中日失和已有一年，各埠生意清淡，故泰西诸国从中劝和，特来电音恳请傅相至东瀛议和，倭主派外务大臣伊藤引舆迎迓"，巧妙回避了战败求和的事实，强调了李鸿章是应日本盛情相邀，为各埠生意兴隆着想才去东瀛议和，且日方态度极为恭敬，由大臣亲自指挥人马抬着轿子前来迎接。画面中，刚登上岸的李鸿章神情从容、气度不凡，伊藤博文脱帽躬身、谦卑有礼，两旁还有毕恭毕敬的侍从站立着演奏吕宋国音乐，场面极为盛大。但实情却是，当时的李鸿章带着屈辱苦涩的心情踏上了赴日之旅，甲午战争的失败不仅对清廷打击巨大，更对其个人挫折深重，标志其苦心经营多年的洋务运动全面失败，而且他自知此去必将背上卖国的骂名，心中满怀忧愤。此凄风苦雨之状与画面隆盛祥和的氛围相差何止千里？

此次谈判期间，还发生了一件意外，就在第二次会谈结束后返回行馆的路

---

① 李希圣：《庚子国变记》，载中国史学会主编《义和团》（三），上海人民、上海书店出版社 2000 年版，第 19—22 页。

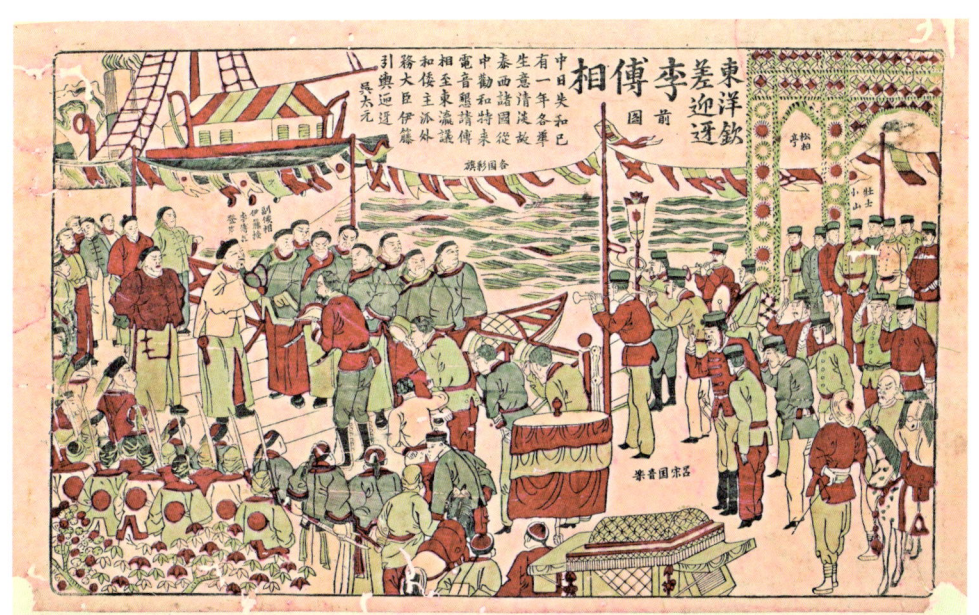

《东洋钦差迎迓李傅相前图》／上
《各国钦差会同李傅相议和图》／下

上，李鸿章被一位名叫小山丰太郎的日本人用枪打中面部，当场昏厥，血流不止，所幸性命无虞。伤口缝合后，李鸿章还特别命令侍从不要洗他换下来的血衣，他要永久保存，他说："此血可以报国也。"① 也就因为李鸿章挨了这一枪，最终日方在谈判赔款时做了一亿两白银的让步。李鸿章遇刺一事，时事年画中也有所体现，只是将其变成了一幕公堂审讯，小山跪在堂前听候发落，李鸿章端坐正中疗伤，伊藤博文在一旁审讯，其他各国钦差陪坐两边，《各国钦差会同李傅相议和图》画的根本算不上议和图，而更接近包龙图断案的"借尸还魂"，时事年画大多如此借新闻热点"新瓶装旧酒"，与史实出入甚多。

2. 缔造刘永福"神话"

除粉饰战败之实外，这些时事年画的另一大突出特点就是对黑旗军首领刘永福战绩的无限夸大。不论在历史评说，还是教学课本中，刘永福一直被誉为民族英雄。其人别名义，号渊亭，1837 年生于广东钦州县，早年曾参加天地会起义，太平天国运动失败后，率部众转移至中越边境，在六安正式创建了黑旗军，以庙旗七星黑旗为军旗，骁勇善战，建立了以保胜地区为中心的黑旗军活动地区。② 其后在两次援越抗法战争和保台抗日战争中建立军功，并最终为清政府收编，擢为"提督"，赏花翎。年画中与其相关的作品也不少，比如《刘军克复宣泰大获全胜图》《刘军大胜法军》《刘军门镇守台湾黑旗兵四海闻名》《刘大将军擒获倭督桦山审问》《台湾刘帅平东图》等。

的确，与近代战役中那些被洋人的坚船利炮吓得闻风丧胆、丢盔弃甲的清军将领相比，刘永福的黑旗军不但能正面抗争外敌，还能取得一些局部战役胜利，对民众的士气鼓舞很大。但他最值得称道的胜利是 1873 年"诱斩安邺，覆其全

---

① 祝勇：《1894，悲情李鸿章》，江苏文艺出版社 2013 年版，第 148 页。
② 杨万秀、吴志辉：《刘永福评传》，河南教育出版社 1985 年版，第 38 页。

军"的罗池大捷，以及1883年"大破法军，阵斩法将李威利"的纸桥大捷。至于年画中所描绘的宣泰战役和北宁战役，均遭遇败绩，甚至刘永福并没有深度参与北宁之战，此战的中方主力为清军将领黄桂兰和赵沃。而因在此前的山西围困战中，黄桂兰曾对陷入绝境的黑旗军袖手旁观，使刘永福心有戚戚焉，因此一开始并不愿意支援北宁之战，在唐景崧力劝之下，才勉强赴行，及至，清军已溃败。而当"法军紧逼北宁，黄桂兰、赵沃败奔太原"时，"刘永福坐视不救"①。

  这两次战役虽未取得胜利，但刘永福及其黑旗军在战斗中的英勇表现，依然给法人以深刻印象，《北华捷报》1884年2月20日曾刊登一篇前线记者亲历报道，详述发生在1883年12月14日的宣泰争夺战。当天，黑旗军给予由土耳其人、阿尔及利亚人和外籍军团组成的法国军队以沉重的打击，在战斗的头半个小时内就损失了200名士兵和22名军官。法国人对黑旗军的勇气充满了敬佩，并下令禁止任何军官和士兵写信描述这次战役。②然而，战斗虽然英勇，不能改变战败的事实。但当时兼具新闻与宣传双重作用的木版年画却颠倒黑白，明明城郭失守，在画中却变成了《刘军克复宣泰大获全胜图》，还配了首打油诗"刘军号炮齐声响，四路伏击来出阵，法国兵将无去路，片甲无存命归阴"赞颂刘军之英武，讽刺法军之狼狈，甚至还杜撰出了"气球探营、飞蠡损命"此类匪夷所思的战术。

  及至《刘军大胜法军》一图，其编造能力又更上一层楼。此画描绘的应是1884年3月期间发生的北宁战役，此战结局是清军全线溃败，被法军以摧枯拉朽之势打得毫无招架之力，统帅广西巡抚徐延旭"方寸乱，调度失宜，有旨革职留任"，将领黄桂兰"惧罪，仰药死"③，但画中却变成了"法军覆没，其大帅美律及其官兵俱投降"。且前文已述，北宁战役的中方主力军并非刘永福及其黑旗

---

①③ 罗惇曧：《中法兵事本末》，载《中法战争》（一），上海人民、上海书店出版社2000年版，第7页。
② *The North-China Herald*, Feb 20th, 1884；也可参看鲁道夫·瓦格纳《进入全球想象图景：上海的点石斋画报》，载《中国学术》2001年第四期，商务印书馆出版社2001年版。

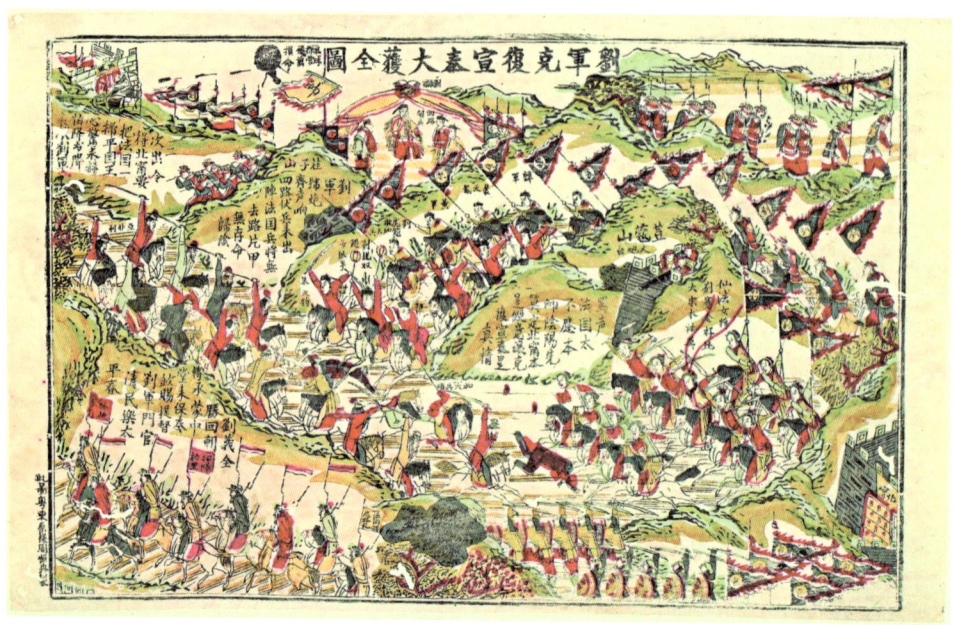

《刘军克复宣泰大获全胜图》／上
《刘军大胜法军》／下

军,但在画中依然是当仁不让的主角。"气球探营、飞鹞损命"的战术得以保留,还祭出了百姓最爱看的"空城计"策略。与其说是一幅时事新闻画,更像一幅讲述类似《三国》《水浒》中豪杰故事的传统戏出年画。

而到描绘刘永福镇守台湾的事迹时,其浪漫化想象已臻化境,比如《刘大将军擒获倭督桦山审问》。桦山资纪,甲午战争时曾任日本海军军令部长,《马关条约》签订后,1895 年 5 月出任日本第一任"台湾总督",并以首任总督的名义带领军队对台湾各界的抵抗运动进行镇压。上台伊始,其锋芒便直指抵抗军首领刘永福,曾派员向刘军大营递过《劝降书》,妄图诱使刘永福弃台内渡。这样一位位高权重的幕后领导人物,岂可能被五花大绑捆至刘永福跟前审问?然而,《刘大将军擒获倭督桦山审问》就做了这样不切实际的想象,画中,刘永福一脸威仪坐于军帐中,桦山氏双膝跪地,双手捆绑于后,接受审问,其上之文字说明还补充曰,日人愿以五百美金赎人,但刘永福义正辞严回答,和约若不取缔,就将倭督斩首示众!

《刘大将军擒获倭督桦山审问》

而《台湾刘帅平东图》则不仅想象刘军战胜日军,将其拒于台湾门外,甚至想象"倭奴败后,刘帅即命令水兵千名,扮作客商浑于东洋口内,一时四起,倭奴见之,如羊见虎之惊惧也",直接起兵打到了日本长崎!然而,想象固然美好,画作看起来酣畅淋漓、大快人心,但事实毕竟是残酷的,事实就是因双方兵力差距,加之清政府未免节外生枝,切断了内陆对台湾的一切物资和军械补给,刘永福在台南的保卫战节节败退,最后"兵穷食尽",深感回天无力,便听从众部将建议,于十月十九日晚带领十多名部将潜至安平港口,搭乘英国商船"嗲利士号",返回厦门。①

3. 误读辛亥革命

作为千年帝制的终结者,1911 年爆发的辛亥革命,其重要性自不待言。时事年画中也有不少与其相关的画作,或刻画风云人物,或描摹交战场面,再现了普通民众眼中的辛亥革命,也在其中透露了民众对"革命"二字的误读。

---

① 杨万秀、吴志辉:《刘永福评传》,河南教育出版社 1985 年版,第 165 页。

　　辛亥革命事件产生的最大影响无疑是改朝换代，此点在年画中最先得到迅速反应，突出表现在传统历画上。历画是与农业生产、农村生活习俗密切相关的一个年画品种。它以农历的岁时月令、二十四节气为基核，辅以图画、诗文，构成一幅幅图画式的"历书"，提供了农事生产时播种、耕耘和收获所需的气候变化资料，也是世俗生活各项活动的时间依据。由于农历二十四节气每年均有变动，而非固定的日期，所以"历画"必须一年一换，需求量大，是年画作坊的重要产品。[1] 正因为历画一般都是一年一张，并且提前一两个月就事先刻好，因而每当改朝换代之时，常会流传多个版本，对照看来饶有趣味。1912年就是其中代表，在这个特殊年份中，就有《末代皇帝月历图》《中华民国月份牌》《民国军大伟人新月份牌》三张迥然相异的历画。

　　《末代皇帝月历图》当作于1912年2月12日清帝退位之前，刻绘了清廷尚

---

[1] 王树村：《中国年画史》，北京工艺美术出版社2002年版，第107页。

未覆亡时的场面，小溥仪坐在摄政王载沣怀中，两旁既有大理寺、翰林院、宗人府、光禄寺等旧衙门，也有邮传部、民政部、陆军部、农工商部等新设机关。具有讽刺意味的是，在这政权风雨飘摇、王朝即将倾覆之际，画面中却依然刻有"天下太平"四个字。

而《中华民国月份牌》和《民国军大伟人新月份牌》则当作于中华民国成立之后，属新式月份牌，当时上海印刷的这种新式月份牌年画，很受一般市民欢迎。《中华民国月份牌》将临时大总统孙文、副总统黎元洪置于画面正上方，未

《中华民国月份牌》/ 左
《民国军大伟人月份牌》/ 右

代皇帝溥仪则如被四面夹击一般位于正中，溥仪左右两侧则是两位女英雄曹道新和徐武英。在画的下方，则描绘了国民党将领黄兴、徐绍桢及俄、英、德国将军等。与《末代皇帝月历图》对比看来，画中人物有了一番翻天覆地的大变化，除保留溥仪之外，其他主要人物几乎都有所更迭。革命重要将领都列于画上，而把西人将领一起纳入画中，则可能源于另一种认知偏差，即西方各国认同并支持中国革命。当时还有不少知名人士为此种舆论造势，比如在德国的蔡元培就试图发电报给上海报馆，大意谓"外国均赞同吾党，绝不干涉，望竭力鼓吹，使各地响应"。而在《民立报》工作的章士钊则奔走于住所与电报局，剪贴整理各大报纸关于革命的报道，"择议论之袒己者"，每日一电或数电发回报馆，制造西方列强"支持"革命的态度。① 不过，即使没有此种造势，从官方公告也可看出西方列强对此次辛亥革命基本保持"中立"态度，但完全是从自己利益出发，放弃了清政府这个已经千疮百孔、有名无实的政权，而就在几十年前，当它还一息尚存时，西人也曾帮助清政府镇压了太平天国起义。但普通百姓可品不出其中微妙变化，将所有支持力量一股脑儿揽了进来。

《民国军大伟人新月份牌》上半部分几乎与《中华民国月份牌》如出一辙，孙中山、黎元洪置于最上方，但下半部分则有所区别，出现了袁世凯、汤化龙、盛宣怀等一批民国初年风云一时的人物，分别代表了辛亥革命前后，政坛涌现的几股新势力，但把袁世凯、萨镇冰、荫昌、张彪等清廷旧臣与孙中山、黄兴等革命党人并置，则可见共和之初，普通民众对于所谓共和新政、民族独立等政治口号的内涵其实是相当模糊的。在他们眼里，辛亥革命无非是撤了皇帝，剪了辫子，但新的政权究竟应该是怎样一派面貌，革命党人与传统官员又有何本质不同，其实并不清楚。

更荒谬的是，《民国军大伟人新月份牌》在画幅正中刻画了宣统出逃北京避

---

① 瞿骏著：《辛亥前后上海城市公共空间研究》，上海辞书出版社2009年版，第24—25页。

难这一虚构场面。根据当时南北议和所签订的清帝退位优待条件,溥仪退位后不仅可以继续保持"大清皇帝"的尊号,并可以居住在紫禁城内役使太监宫女,每年还享有400万两生活费由中华民国拨付。逃难一说纯属子虚乌有,但年画中却不乏这一虚构情节,除《民国军大伟人新月份牌》外,还有《北京失守宣统逃走》一画专门描绘此一场景,与此相似的还有《各省民军都督攻打北京大战芦沟桥》一画,众所周知,以武昌为起点、以南京为据点的革命党人迫于北洋军的威慑从没有打到过北京,所以才有了此后南北议和拱手让出革命成果,将袁世凯送上总统宝座埋下民初祸根的乱局。但在创作者的想象中,革命军从南一路向北,打到皇帝老巢,逼其出宫逃难,其荒诞无稽可见一斑。

二、原因分析及另一种"真实"

一个令人疑惑的点是,既然事实都如此清晰,为何画作却如此荒诞?而且值得注意的是,这并不是仅存在于时事年画中的孤立现象。甲午战争爆发后,引

《各省民军都督攻打北京大战芦沟桥》

发举国上下密切关注，报纸每日都有相关报道，另有多种时事小说、战记相继出版，如《中国大战演义》《中东和战本末纪略》《巾帼英雄传》，主线基本符合史实，但细节亦多有出入之处。而刘永福抗日保台期间，又出版了多本以刘永福平倭战为主线的小说，如《刘大将军平倭百战百胜图说》《刘大将军台战实纪》《刘大将军平倭战记》等①，情节更为离奇，俱不可信，倒是与年画内容互为应和，可见时事年画的"歪曲之风"不过是遵循了当时潮流而已。

"大多数图像的制作，像文本的制作一样，并不是为了以后被历史学家当作证据来使用。正如我们所看到的，大多数图像的制作是为了让它们发挥各种不同功能，包括宗教的、美学的、政治的以及其他方面的各种功能。"②从此点而言，时事年画"歪曲"史实有其时代必然性，创作初衷本就不以尊重和客观反映现实为第一要义，而是自有其特定时期的特定功能，即以图画形式报道战况，引导舆论，团结民心，在报业已然兴起，但新闻摄影还未普及的年代，填补了图像报道的空白。它的不真实大概可归于以下几个原因。

首先，消息闭塞自然是重要原因之一。当时社会的信息发达程度与现今不可同日而语，除了交口传播的小道消息，望平街上每日派发的报纸，几乎是市民最大的、唯一的、也是相对可靠的信息来源。但以刘永福参与的几次战役为例，无论是中越边境还是孤岛台湾，都离内陆万水千山，许多战报要辗转多个城市送抵，普遍要晚于战事近一个月，比如1884年12月14日发生的宣泰战役，直至次年1月6日，《申报》上才有详细报道③，且都是从香港或西人报纸上转录而来。而这中间一个月的时间差，足以炮制谣言，以讹传讹。君不见，这些荒诞无稽的时事年画上大多印着"香港信云"、"广东来电云"、"厦门各商号来信云"等字眼，或直接就是"广东新报馆"、"粤东日报馆"出品，看来言之凿凿，普通百

---

① 许军：《刘永福系列时事小说的版本演变》，《明清小说研究》2016年第1期。
② ［英］彼得·伯克著，杨豫译：《图像证史》，北京大学出版社2008年版，第266页。
③ 《申报》，1884年1月6日，第一版。

姓很可能信以为真。

而即使报上白纸黑字登载的新闻，也未必保真。即以虚构宣统出逃北京避难这一事件而论，武昌起义爆发后，每日清晨，伴着一捆捆墨迹新干、留有余热的报纸出炉，望平街上便开始喧嚣骚动起来。紧随战事推进，几家主要报纸销量都节节攀升，而其中卖得最好的是《民立报》，虽然售价比同类报纸要高，还是经常脱销。之所以销量好，是因为这份报纸最具有革命倾向，迎合了当时上海街头弥漫着的革命氛围，但也正因如此，容易偏袒革命党人，造成报道失实。该报对于一些有利于革命一方的消息常常不遗余力地报道，而对于一些负面消息比如汉阳失守就避而不谈，甚至还刊登过一些纯属编造的假消息，比如11月初《民立报》上就出现了"北京为大汉克复，清帝藏匿美使馆，载沣不知逃往何处的消息"①。要那些没有受到过多少教育的普通民众在这些真假难辨的消息面前保持清醒的判断力，唯实不易。

甚至，连皇亲国戚也有可能因为被手下大臣蒙蔽，相信不实传言。比如庚子国变期间，明明大沽失守，提督罗荣光退走，仰药死，"而裕禄方报大捷，张战状，自为功，语绝诬，时地尽无据。太后及载漪大喜，犒赐将卒白金再十万焉。"②至李秉衡兵败通州，清军退无可退，"（七月）十六日，太后议西幸，阴戒荣禄、董福祥以兵从。计已定，或谬言秉衡军大胜，所击杀至数万人，乃止。"③可见，在那个谣言四起的动乱时期，做一个明察秋毫、洞悉一切消息真假的明白人，何其困难。

其次，年画这种"歪曲"也是为了尊重传统年画创作习惯。年画最初随着人们庆贺新年的活动出现④，作为新年装饰画贴在居室门、窗、墙壁上，具有驱

---

① 《民立报》，1911年11月7日，第二页"专电"
② 李希圣：《庚子国变记》，载中国史学会主编《义和团》（三），上海人民、上海书店出版社2000年版，第18页。
③ 李希圣：《庚子国变记》，载中国史学会主编《义和团》（三），上海人民、上海书店出版社2000年版，第21页。
④ 薄松年：《中国年画史》，辽宁美术出版社1986年版，第1页。

凶辟邪、祈福纳祥的作用。后来虽扩大至八大品类，包括喜画、福寿屏、祖师纸马、扇面画、西湖景及丈画、灯屏画、博戏玩具、岁时杂画等[①]，依然不脱喜庆吉祥、欢乐祥和的风味。即是说，不管画面内容是什么，是否在新年期间悬挂，主题情绪总是乐观积极向上的。时事年画虽紧跟时政热点，但主旨依然要符合传统习俗，那就是"报喜不报忧"。同时，在画作布局上，也延续了传统年画的风格。两军对垒的画面构图，和戏出年画中描绘蜀魏大战的作品并无巨大差异，只是军队旌旗、人物服饰、手持武器变了模样，诸如空城计、埋伏战等桥段也是信手拈来。一些叙述英雄人物事迹又有类似描绘水浒人物的痕迹，甚至还出现了把议和谈判画得如同包公审案。不过这也不能全怪创作者，毕竟他们并没有亲历战场，也没有亲临议和现场，一切皆凭想象绘画，而想象囿于习得，他们的创作经验来自于传统年画，自然会从中吸取养分，风格相似并不奇怪，同时这也符合年画主流受众——普通百姓的观看习惯。

再次，这种"歪曲"有时是为了迎合百姓的心理预期。往往是百姓爱看什么，画商就刻印什么。这也关系到画商的"生意眼"，清廷百战不殆的消息、刘永福克敌平倭的故事，百姓爱看爱买，自然要多加刻印，不然真把清军大败的画面印刷出来，有百姓愿意买么？至于画中故事准确与否，比较而言没那么重要。譬如，为什么要杜撰"宣统出逃北京避难"事件？其实也是因为这符合百姓一直以来的愿望，清王朝虽已坐拥天下200多载，却始终未能真正驱散萦绕于汉人心头"驱除鞑虏、恢复中华"的宏愿，尤其是在鸦片战争以后，连连战败和一系列丧权辱国的条约的签订使清政府的懦弱无能暴露无遗，人民迫切希望把这样一个孱弱的政府赶下台，而现在既然革命已经胜利在望，他们当然希望这是一次彻底的胜利。什么才叫彻底的胜利？在有识之士看来，也许是推翻专制政府，革新旧制度，成立一个富强民主的共和国。但民众不会想的那么复杂，他们是从戏

---

① 王树村：《中国年画史》，北京工艺美术出版社2002年版，第11页。

曲、从传说、从典故中学习历史的，从这些故事中他们知道每个朝代的灭亡必然都伴随着都城陷落，末代皇帝被杀或窜逃他方，如宣统那样和平退位的方式是在他们的认知之外的，所以他们更愿意相信那些大快人心的谣传。年画作为一种民间艺术，在制作时自然要迎合大众口味，而且从讲故事的角度来看，这样的情节设置也无疑更吸引人，何况，就当时而言，谁也不能论断这一定是假的，因此，只要传闻中有些风吹草动，能敷衍成脍炙人口的小故事，就会放入画中。

另外，出于激发爱国热情、团结民心的需要，也会有不顾事实真相的情况出现。比如，为什么要杜撰胜绩来"美化"甚至"神化"刘永福的战功？实是因为当时的国人太需要一位扬我国威、抚慰人心的民族英雄了，尤其是这样一个游离于国家体制之外的人物。刘永福二十岁参加天地会起义，因起义失败，为躲避清廷追缉，才出走越南，他最初的身份是"起义军"和"造反者"，完全站在清廷的对立面。其后虽因在抗击法军中表现出色，为清廷招安，但始终与朝廷正规军相区分，带有某种草莽兵团的原始色彩，而此后在是否保台抗日的问题上，他又一次做出了与其他清军将领不同的抉择，不是早早内渡，而是在关键时刻担任起了保卫台湾的重责，他坚持抗日的决心得到台湾同胞的大力支持和国内人士的一片激赏。也就是说，对刘永福的极力颂扬其实隐含着百姓对清廷不作为的暗自贬抑。这也与历来大众对当权者失望时的表现相一致，当正规途径无法解决困境时，总是寄希望于体制外的草莽英雄，比如水浒中的梁山好汉、公案小说中的七侠五义等，年画中对刘永福的人物塑造，其实遵循了这一惯例。无论是空城计、伏击战、擒拿贼首还是乔装混入敌军，都是传统武将故事喜用的桥段，普通百姓看起来毫无违和感，很快便自然代入，一个诞生于清朝末期却又与历代英雄人物血脉相承的民族英雄就这样被塑造出来，成为即将分崩离析的大清帝国子民心中的一点慰藉。

说了那么多年画场景和实际历史脱离的情况，并不是要一概否定年画的"真实"，苛求一种民间艺术准确反映"历史真实"本就是件愚蠢的事情，我们要做的是在明晰这种分离后寻找另外一种更为隐蔽、更为深厚的"真实"，即这些植根于传统文化、贴近市井乡民的时事风俗画中所饱含的普通民众对于历史的"真实"理解。"图像不能让我们直接进入社会的世界，却可以让我们得知同时代的人如何看待那个世界，男人如何看待女人，中产阶级如何看待农民，平民如何看待战争，等等。"[①] 虽然时事年画部分细节与史实有所出入，存在失实和夸张，但却"真实"反映了普通民众对晚清以降一系列变局的态度以及他们的爱憎和心理诉求，"真实"说出了他们愿意相信的事实和心中的热切期盼。

粉饰战败之实，说明当时民众极度渴望胜利，稍有风声传言我军占得上风便会信以为真，而一些局部的、小规模的胜利也会被大肆宣扬为大捷，至于败绩则极力掩饰和淡化，在画面中委婉地表达。同时这样做也有利于鼓舞民众士气，在舆论传播中制造一种曙光尤在的虚幻感觉。甚至有时即使战败的消息得到确认，仍会在画中幻想光明的前景。

缔造刘永福"神话"，说明民间依然涌动着浓厚的平民英雄情结，钦佩那些出自草寇、卓尔不群的强者，征战沙场无往不利，在国家军队懦弱无能时挺身而出，保家卫国。这一英雄情结深植在熟读演义故事的普通百姓心中，每当国难临头时，必会兴起一股"造神"运动，而刘永福则适时地充当了这一角色。

对辛亥革命的"误读"，则反映出当时民众政治意识模糊，这种模糊在描绘清末战争的年画中已经有所体现，除了对外敌（包括法人、倭人、西兵）有明显仇恨情绪，对中国内部各种势力诸如清军各部、黑旗军、义和团拳民则多为支持态度，而不若一些士大夫，对"黑旗军"有所忌惮，对"义和团"更是斥为"拳匪"，在百姓看来，这些皆是抗击外敌的力量。这种政治意识模糊，同样也延续到民初"辛亥革命"相关的时事年画绘画中。《民国军大伟人新月份牌》中将袁

---

① ［英］彼得·伯克著，杨豫译：《图像证史》，北京大学出版社2008年版，第269页。

世凯、萨镇冰、荫昌、张彪等清廷旧臣与孙中山、黄兴等革命党人并置，即可看出民众对于政局向来少于分析，更多直接反馈。这样各色人等齐聚一堂的画面安排，虽稍显混乱，却恰如其分地反映当时纷乱的社会大环境，各种势力此消彼长、互相牵制，正是民国初年的真实写照。而"各省军民攻打北京"、"宣统出逃北京避难"此类谣言盛行一时，更可看出民众对于"辛亥革命"运动的关注点更多在于皇权陨落、政权更替，至于"革命"究竟要实现些什么，"革命党人"究竟意味着什么，其实不甚清楚。这也从一个侧面说明辛亥革命的局限，在那个时局动乱、黎明乍现曙光的年代，当革命党人誓以鲜血之躯要为中国创造新生时，大多数普通百姓依然是随波逐流、蒙昧无知的，他们有着重夺汉人天下的迫切和喜悦，但对于"革命"的真义知之甚少。

综上所述，时事年画其实自有一种"真实"，它的"真实"不在于对历史的真实反映，而在于对平民百姓如何看待历史的真实反映，是研究民众心态史的绝佳材料。普通百姓因为读书识字者甚少，很难通过文字记述其想法，即使零星写下也难以保留，在书面文献档案中鲜有记载，但在图像文献中，尤其是如年画这般的民间民俗文化图像中，这一历史宏大叙事中沉默的大多数，终于发出了一丝微弱声音。

下编

小校场年画的转身与衍变：
海派月份牌

XIAOJIAOCHANG NIANHUA DE ZHUANSHEN YU YANBIAN
HAIPAI YUEFENPAI

从历史的发展进程来看，上海的小校场年画和月份牌，最初是两条并行线，而且起始的时间基本相同，即 1880 年前后。不同之处在于：年画是独立存在的商品，它在经历了萌芽期之后得到迅速发展，并很快在 1900 年左右趋于繁荣；而月份牌则是商品的附属物，它的萌芽期比较长，前 20 年基本没有大的发展，且主要只是彩票行和报馆的偶尔为之。但进入 20 世纪以后，随着工商业的发展繁荣和彩色石印技术的完全成熟，两者之间的发展势头出现了逆转：小校场年画传统的木版雕印技艺在彩色石印面前逐渐败下阵来，进入民国之后，更只能以苟延残喘来形容；而作为商品附属物存在的月份牌，工商业的繁荣犹如给它注入了生命仙水，彩色石印技术的成熟和方便廉价，更为月份牌的起飞插上了翅膀。在经历了彩色石印画的短暂过渡之后，大约在 1914 年前后，成熟定型的月份牌画就如一夜春风在上海滩迅速崛起，展现了犹如千树万棵梨花竞开的繁荣盛景！而此时的小校场年画则已式微，我们可以从现存作品上得到印证：在小校场年画中，很少有反映民国社会生活的作品存世。这也说明，那时的年画店庄已没有很大热情去从事传统年画的生产了，面对急剧变化的社会潮流和咄咄逼人的印刷新工业，传统只能扯起白旗投降。

要言之，小校场年画的前盛后衰和月份牌的继之而起，这种现象之所以发生在上海有其必然性。上海是近代崛起的城市，其发展变化的速度和力度要远远超过其他一般城市，各类形式的新鲜事物如走马灯般在这个城市轮番引领风尚，"各领风骚数百年"这句诗所描绘的情况，在近代上海恐怕要改成"各领风骚数十年"乃至"三五年"才比较贴切。一种新鲜事物的流行，在上海平均也就二三十年的时间。城市化进程的速度愈快，这种现象就愈甚。

月份牌的历史渊源

所谓"月份牌",最初实际上是洋商们在商业竞争中为推销商品所做的广告宣传画。正如郑逸梅先生所说:"自欧风东渐,市贾注意于广告,于是有所谓月份牌者。每逢年尾岁首,藉以投赠其主顾。中为彩色画,货品之名附列其下,俾张诸壁间,以宏其广告效力。"①

从历史渊源来说,月份牌这一新生事物于19世纪中后期在中国的亮相问世,无疑受到中外两个方面的影响。

首先,就中国方面的影响来讲,月份牌这一形式明显有着中国年画中春牛图的影踪。

中国自古以来就是以农立国的国家,在农业社会,"劝课农桑"是官府最为主要的职能之一,对于百姓而言,耕牛自然也成为最重要的生产工具,由此产生的牛崇拜,自周朝已肇其端,到宋代已有成熟的春牛祭祀仪式,民间则有贴春牛图的习俗。所谓春牛图,是中国古代用来预知当年天气、干支、五行、农作收成的一种图鉴,一般会画有一头耕牛和一个牵牛耕田的牧童,即所谓"芒神"。古代民众所受教育有限,识字不多,故早期的春牛图以图为主,以木版画的形式刷印流传,而图中牛的躯干四肢和芒神的年龄、站立位置及衣饰穿着等等,则有很

---

① 郑逸梅:《珍闻与雅玩》,北京出版社1998年10月版。

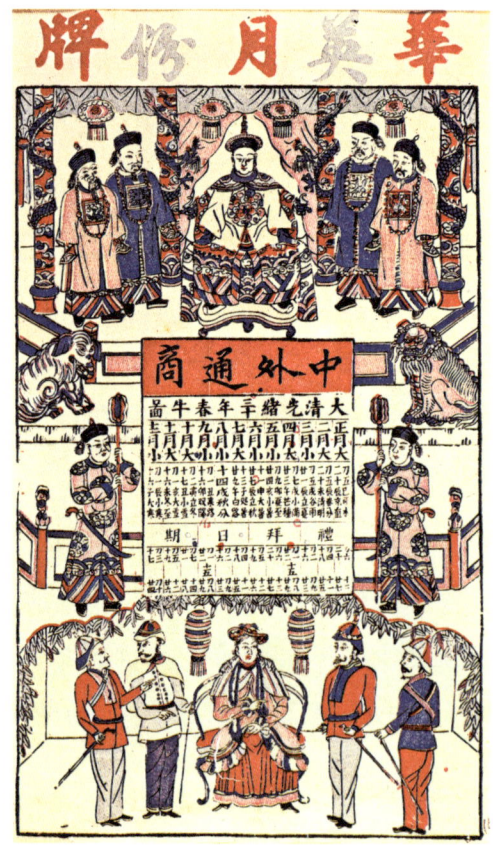

光绪三十年（1904）万仙牛图 / 上
光绪三十年（1904）《中外通商华英月份牌》/ 下

多暗示性的玄机，非常复杂。清乾隆年间，历学家洪潮和从钦天监退隐回乡，对春牛图进行改造，将一年的详细日历附于图上，并将每日的天干地支等罗列其上，还特别列出老百姓重视乐见的"每日宜忌"。这种"上图像，下通书"的形式，令春牛图简单易懂，更接地气，让民众能一目了然地了解一年中雨水多寡、天气寒热、是否适宜婚嫁出行等多种信息，并能心中有数，按图准时进行农耕，从而在民间获得支持，并迅速定型，在全国得到广泛流传。年画中的这种春牛图和后来的月份牌在文化承继方面如出一脉，光绪、宣统年间，上海小校场年画中的春牛图更是将春牛芒神图案换成了华英通商的内容，并直接赋予了"中外通商华英月份牌"的名称。

从西方这方面的影响来讲，月份牌直接就脱胎于欧美的广告画。

清末鸦片战争后，中国门户洞开，口岸城市相继通商，进出贸易空前繁荣。那些洋商们为了招徕顾客获取更大利润，展开了他们惯用的广告攻势。最初，他们只是把外国现成的西洋人物和风景画片作为推销商品的广告，随货物赠送客户。岂知中国商户对这些西洋画片反应冷淡，效果显然不佳。洋商们很快悟出道理，要在中国赚取更多的钱，就要入境随俗，吸引中国买主的注意。他们开始学习中国商号赠送顾客年历的做法，将中国传统年画中的春牛历画、神话传说、历史故事、戏曲人物、美女寿星等内容印在广告上，采用中国的人物画及工笔仕女画笔法绘制，并在画面的上方或下方印上中西月历节气。这种广告画纸很考究，印刷精致，有的还在上下两端加嵌铜条，以方便悬挂。洋人们在销售商品或逢年过节时便将这种漂亮实用的广告画随同售出的商品赠送给顾客，极受中国城乡客户的欢迎。由于效果显著，这种广告画很快便流行开来，成为中外商家常用的广告宣传形式，而中国民间则将这种能够张贴悬挂，便于查核年月的广告画统称作"月份牌"。

关于"月份牌"一词的起源，年画史研究专家王树村先生考证说最早出现于

1896年，当时上海四马路上有一家鸿福来吕宋大票行，随彩票奉送一种"沪景开彩图中西月份牌"，此后，"月份牌"这个名词就沿用了下来。[①] 这一说法影响很大，现在的相关著述大都因袭采纳。其实，这一说法并不准确，我们仅从当年刊登在《申报》上的广告来看，"月份牌"这一名词的出现就起码要比1896年早二十来年。十九世纪七十年代，当时的一些洋行、报馆、彩票庄号、轮船公司便已开始向客户赠送或出售广告画张，这种广告就被他们称作"月份牌"，并公开在报上这样广而告之。

1876年1月3日，开设在上海棋盘街上的洋商海利号在《申报》上刊出了一则出售"华英月份牌"的广告，这应该是"月份牌"一词公开见诸报端的首次

[①] 王树村：《中国年画史》，北京工艺美术出版社2002年7月版。

亮相:"启者　本店新印光绪二年华英月份牌发售,内有英、美、法轮船公司带书信来往日期,该期系照英字择出,并无错误。又印开各样颜色墨,俾阅者易得醒目。如蒙光顾,其价格外公道。此布。　十二月初七日　棋盘街海利号启"[1]这则广告一连刊登了6天,且每次都刊登在报纸的第6版,看来投放广告的海利号深谙"印象来自于简单重复"这一定律。从这则广告来看,首先要注意的是"华英月份牌"这一提法,说明这月份牌上印的是"中西月历节气",强调的是华英一体,中西通用,而非以前的春牛图,单单只是印中国传统农历。其次没有文字提到图案,说明这时的月份牌即使有图像,也一定很简单,没有必要特意描述;而且月份牌一定不是五彩印刷,而很可能只是最简单的双色印刷,所以才用"各样颜色墨"这样含糊的词语来形容。再者,这幅月份牌最大的亮点是强调"内有英、美、法轮船公司带书信来往日期"。上海自1843年开埠以后,迅速发展成为西方文化输入中国的最大窗口和传播中心,无论就侨民总数还是国籍数而言,上海在整个中国城市中都独占鳌头。19世纪70年代,通讯业还不发达,来自世界各国的侨民,主要靠轮船公司带来的信件和外界保持联系,各大轮船公司船只驶来抵沪的日期,是他们心目中最为关心的要事,当时的中外报刊,轮船航讯也是必有的重要消息,不可或缺。就此而言,这幅月份牌将一年的各大轮船公司航讯都集中刊印,可说抓住了侨民的心,同时也说明,它的主要销售对象是当时在沪的外国侨民,当然还有那些从事商业活动的买办和客户;而且,它并无其他商品宣传,本身也非赠送,而是售卖,这也说明此时的月份牌尚未具有很明显的广告宣传的功能,其本身就是一件出售的商品,和以后的月份牌还有所不同。但无论如何,在中国正式向世界开放三十余年之后,在已经跻身中国最大通商口岸城市的上海,已然出现了月份牌这一具有高度广告属性的商业画种,虽然它还非常简陋,广告特性也不明显,色彩也不鲜艳,但并不能否定它就是一款货真价

---

[1]　棋盘街海利号《华英月份牌》刊1876年1月3日《申报》。

实的月份牌。

  1876年海利号发行的月份牌，本身是作为一件商品来发售的，其广告宣传的特性确实不明显，一样新生事物的最初萌始期几乎都有着各种各样的不成熟，这是可以想象的。但仅仅几年过去，颇显成色，基本合格的月份牌就在上海滩呱呱坠地了，而且，这次发行月份牌的商家不是一家，而是一批，且基本都来自彩票行，时间大约在19世纪80年代的中期。十九世纪末，彩票销售竞争激烈，为招徕买主，各票行纷纷使出各种促销手段，奉送月份牌即是当时奇招之一，这也使彩票行成为最早印刷、发行月份牌的主要机构。笔者仅随意在1885年12月24日（光绪十一年十一月十九日）这一天的《申报》上，就查到有8家彩票行在发售彩票时奉送月份牌，它们是：大马路（今南京东路）的福利账房，四马路（今福州路）的老泳记、同发行，棋盘街（今河南中路）的吕商新兴源、中大宝来行、北大福来行、丰和行、同福利洋行等。这也从一个方面证明了，月份牌是伴随着商业的激烈竞争而诞生繁荣的。我们且来看当时两家彩票行在报端刊登的发行彩票并奉送月份牌的广告：

  丰和行四彩再送月份牌

  前发本行又售出英正月份四彩全张，系南浔九章烛号袁节珊、练口观音阁合得洋一千元，惟本行旧岁以来，连捷一二三四大彩数次，鸿运财来，可称本行信

棋盘街海利号发行《华英月份牌》广告，刊1876年1月3日《申报》／左 1885年12月24日《申报》刊登的丰和行月份牌广告／右

> 牌份月送又報畫出新並圖全彩開君國宋呂送分
> 不有市賜臨相為本君寶　三　票開特懇報行公呂
> 致遠處印記信房定分彩請以為去正宋
> 悞開顧英記分屋必送請西為諸歲無國
> 彩者正封月門先而照法憾君已弊君
> 圖請月送附格睹其相照今未將中創
> 並至票以入式為設印之不見大外設
> 畫四大杜畫亦快法成時惜全略咸發
> 報馬現假報用買之全將重豹登知財
> 乙　路市冒者天票妥圖其資　之惟票
> 酉　中　　官諸善　一　　報　本

实秉公。今售英三月票全张、半张，并分条头，足洋七角（开期华二月十六日），再送月份牌各一张，仰攀照顾之意。此布　上洋棋盘街北首吕商丰和行——刊1884年2月24日《申报》

　　三点老泳记分送吕宋国君开彩全图并新出画报又送月份牌

　　吕宋国君创设发财票，公正无弊，中外咸知，惟开彩情形见之甚少。本行去岁已将大略登之报章，而诸君未见全豹，总以为憾。今不惜重资，特请西法照相，值吕宋开彩之时，将其一切形象用照相印成全图，随票分送，而其设法之妥善，机关之灵动，实乃公而且巧，买票诸君定必先睹为快；再将本行房屋门面及天官为记信封格式，亦用原相印成，附入画报，一总随票分送，以杜假冒。现售十二月票，价照入市，赐顾者请至四马路中市远处信购回件，验明有关彩图并画报者，庶不致误。——刊1885年12月17日《申报》

这两则广告是颇有代表性的。广告中所提及的这种月份牌本身并不作为商品出售，它们都依附于彩票行为发行彩票所设，凡消费大洋七角购买彩票一条者，即可获赠月份牌一张。月份牌的图案文字虽然没有形容，但想必也和销售的彩票有关，起码附有推广彩票的相关文字，具有广告宣传的功能。这和民国时期的月份牌已经很相像了。

《三点老泳记分送吕宋国君开彩全图并新出画报又送月份牌》，刊光绪十一年十一月十二日（1885年12月17日）《申报》

几乎和彩票行发行月份牌的同时,提供版面,刊登彩票行广告的申报馆,自己也开始发行月份牌了。据笔者掌握的资料来看,申报馆最早刊印月份牌的日期当也在1884年。光绪九年十二月二十八日(1884年1月25日),《申报》在头版二条的位置醒目地刊出了一条告示,全文如下:

奉送月分牌

本馆托点石斋精制华洋月分牌,准于明正初六日随报分送,不取分文。此牌格外加工,字分红绿二色,华历红字,西历绿字,相间成文。华历二十四节气分列于每月之下,西人礼拜日亦挨准注于行间,最宜查验。印以厚实洁白之外国纸,而牌之四周加印巧样花边,殊堪悦目。诸君或悬诸画壁,或夹入书毡,无不相宜。伏祈届时赐览为幸。

申报馆主人谨启

第二天,也即农历十二月二十九日,《申报》因年假循例停刊,至农历正月初六日(1884年2月2日)复刊,月份牌即在此日随报奉送。这是现在可以查到的申报馆最早发行的月份牌。

申报馆自从1884年开始随报免费赠送月份牌后,将此作为一种有力的促销手段,年年坚持,且图案每次均有创新,如1885年:"腊鼓将阑,履端伊始,本馆例有月份牌分送阅报诸君。兹已托点石斋石印中西月份牌,用洁白洋纸印成,中间中西合历,俱用红字,光艳夺目;外圈绿色印就戏剧十二,各按地支生肖,命意新奇,藻绘精绝,皆系名人手笔,阅之令人爱不释手。"[①] 1889年:"本馆例于新年精印中西合璧月分牌,分赠阅报诸君,兹已雕刻告成,即日开印。四周花样,系延名画师绘成二十四孝故迹,传神写景,精细绝伦。用红绿二色套印而成,印以顶上洋纸,较之昔年所绘,尤觉精工。"[②] 令人惊喜的是,在上海图

---

① 申报馆《分送月份牌启》,刊1885年1月29日《申报》。
② 申报馆主人启《新印月分牌告白》,刊1889年1月25日《申报》。

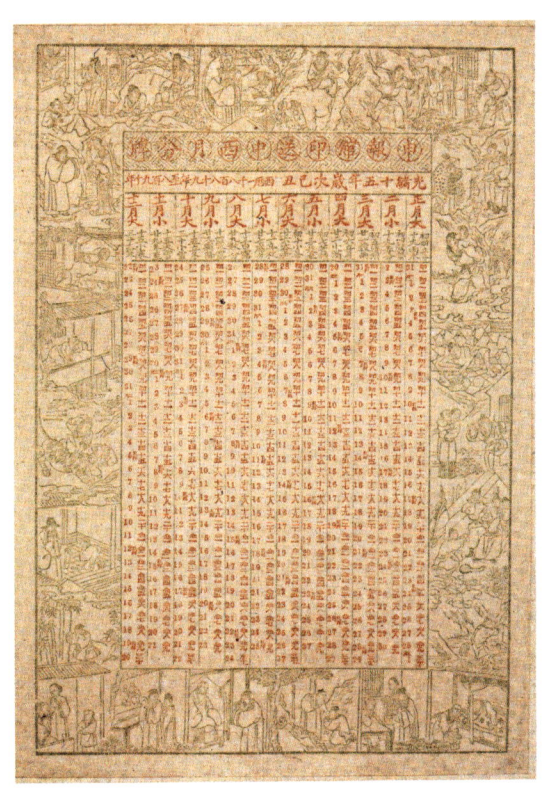

书馆的特藏书库里,正好珍藏着这张申报馆于 1889 年发行的"二十四孝图月份牌",该月份牌由著名报学家戈公振生前珍藏,它恰好能用来印实《申报》当年的广告。戈公振生前因研究所需,收藏了大量报刊资料,各种和新闻史有关的东西也都在他收罗范围之内。1935 年他病逝以后,他的侄儿、著名翻译家戈宝权接管了他的遗物,并在 1949 年后将戈公振的这些遗物全部捐赠给了上海图书馆,其中就包括这张"二十四孝图月份牌"。有了实物,再对照当年申报馆主人的广告,两者完全可以一一对应:月份牌由红绿双色套印,红色部分为月历,中西历对照,标明节气,并注明礼拜;绿色部分为二十四孝图,图案正好环绕月历一周。月历上面印有"申报馆印送中西月份牌,光绪十五年岁次己丑,西历一千八百八十九年至八百九十年"等字样。月份牌长 32.2 公分,宽 22.5 公分,精致地托裱在一张硬卡纸上,纸上有戈公振的亲笔说明:"光绪十五年之申报月份牌,旁印廿四孝图。戈公振藏。"显然,这张月份牌当年是作为申报馆的发行物而被戈公振独具慧眼地收藏起来的,现在,作为现存发行时间最早的一张月份牌,已名副其实地成为人们研究新闻史、美术史和民俗史的一件珍贵文物了。

  从这张申报馆 130 年前发行的月份牌实物来看,它已经基本具有了月份牌的几个现代要素:1. 它有明确的发行主体:申报馆。2. 它的发行目的也很明确:宣传《申报》这一新闻媒体。3. 它绘制有精美的图案,如 1885 年是十二生肖图,1889 年是二十四孝图,都和中国传统文化有关,但又强调"中西对照",刊印的是"中西月历节气",并标明礼拜,和传统的春牛图有着明显的时代差异。4. 已有色彩要求,强调"红绿双色套印",在当时已属精美,具有卖点。5. 它本身并非是售卖的商品,而是作为宣传《申报》的赠品而存在,具有鲜明的现代广告物的属性。可以说,到了这个时期,月份牌作为一种现代广告画,已经开始逐渐进入了成熟期。

年画、石印广告画与月份牌的血亲关系

19 世纪八九十年代的上海，商业尚未高度繁荣，彩色石印技术也没有完全成熟，月份牌大规模普及使用的外部条件还没有充分具备，可以说尚在蓄力阶段，等待着时机的成熟。而上海的小校场木板年画却正恰逢其时，迅速繁荣起来。

据文献记载，上海早在 18 世纪末至 19 世纪初的清嘉庆年间已开始有年画生产，当时沪南城隍庙一带因庙会聚成街市，汇集起不少制作和销售纸锭、香烛等民俗用品的店铺，同时也有一些画商在此代销外埠年画，但只是零星点缀，并不成气候。1860 年太平军东进攻陷苏州后，不少桃花坞年画业主和民间艺人为避战乱纷纷来沪，落户城南小校场，有的开店重操旧业，有的受雇于上海的年画店庄。这股新鲜血液的注入，为清末上海年画的蓬勃发展打下了雄厚的基础。当时上海年画的生产销售之所以多集中在老城区小校场周围（今黄浦区旧校场路一带），是有其历史渊源的。小校场位于上海城隍庙西边，原为操练士兵用的练武场，明正德九年（1514），由上海知县黄希英主持辟建。清康熙五十九年（1720），提标右营全军移至上海县城，于是，原来的演武场顿显窄小，不敷练兵之用，遂在城外东南方即今东江阴街以南、陆家浜路以北的地方另辟一个新的大演武场。这样，原先的演兵场就被称为旧校场或小校场，且日渐荒芜，后被市

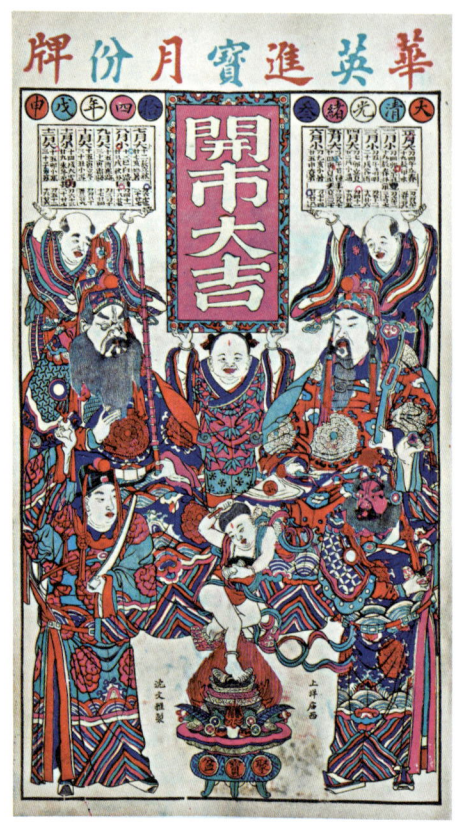

房蚕食占据,成为街市。

  小校场因临近城隍庙,以庙会而兴起市场,逐渐成为繁荣的商业区。这里有商业公所十余个,商贩们沿城隍庙一带设店经营,形成商业街区十余条,主要供应日常百货和笺扇、玉器、书画、香烛等古玩、民俗商品。至光绪初年,印制、贩卖年画的日渐增多,年节时分则销售更旺,方圆百米之内,众多年画店铺林立其间,彩幌遥对,金匾夺目。各店争相把最新刻绘的年画样张悬挂起来,笑脸相迎,热情接待;买家则漫步其间,悠闲挑选,讨价还价,一派热闹景象。如果逢年过节,则人来车往,晨聚暮散,行商小贩趸年画者源源不断,酒家、茶楼、旅舍皆座无虚席,人满为患。光绪末年有人撰《竹枝词》描写年画销售的场景:

光绪三十四年(1908)《开市大吉华英进宝月份牌》——上洋沈文雅出品

"密排争战画图张，鞍马刀枪各呈强。引得游人多注目，买归数纸慰儿郎。"[①] 当时上海小校场一带经营年画的店铺工场有几十家之多，小校场遂有"年画街"之称，小校场年画也因此成为上海年画的代名词。

小校场的年画店铺除由民间艺人生产传统题材的年画外，还聘请上海地区的文人画家如周慕桥、何吟梅、张志瀛、田子琳、沈心田等参与年画创作，生产以反映上海租界生活和洋场风俗为题材的作品，并及时反映新闻事件，逐渐形成了独特的"小校场风格"。这些年画多取材百姓普遍关心的事物景观，充满生活气息，迎合了新兴市民阶层的需要，受到广泛欢迎。当时，上海小校场不仅为一般居民和小商贩们零星售卖年画提供了方便，而且，随着大量客商的频繁出入，这里逐渐成为江南地区著名的年画批发市场。光绪中晚期（1900年前后），上海周边地区的年画商们除了纷纷来沪批发外，还经常翻版摹刻小校场的作品，上海也因此在晚清期间成为继桃花坞之后江南一带最大的年画生产基地和贸易市场。

上海是近代崛起的城市，其发展变化的速度和力度要远远超过其他一般城市，各类形式的新鲜事物如走马灯般在这个城市轮番引领风尚，"各领风骚数百年"这句诗所描绘的情况，在近代上海恐怕要改成"各领风骚数十年"乃至"三五年"才比较贴切。一种新鲜事物的流行，在上海平均也就二三十年的时间。城市化进程的速度愈快，这种现象就愈甚。就小校场木版年画而言，目前能够看到的作品，绝大多数都是1890年至1910年间印制发行的，这从年画上的绘制年款和作品反映的内容可以大致推定，这也从一个方面印证了这段时间正是小校场年画发展最迅速的时段，也是中国传统木版年画史上最后的一个繁荣阶段。大约从宣统年间起，也即20世纪第一个10年之际，随着社会局势的激烈变化和石印技术的进一步成熟，传统木版年画的生存空间愈来愈窄，并且迅速走向衰落。我们可以从现存作品上得到印证，在小校场木版年画中，很少有反映民国社

[①] 颐安主人：《沪江商业市景词》，光绪三十二年石印本。

会生活的作品存世,这也说明,那时的年画店庄已没有很大热情去从事传统年画的生产了,面对急剧变化的社会潮流和咄咄逼人的印刷新工业,传统只能扯起白旗投降。从另一方面来说,当时的工商业已经非常繁荣,它们亟需一种印制美观、色彩鲜艳,既方便大量印刷又价格便宜的广告载体来宣传商品,而传统的手工作坊式的木版年画,显然无法与时俱进,承担这个新时代的需求。这也给彩印月份牌提供了一次难得的历史机遇。

可以说,传统的小校场木版年画在清末民初已然走向末路,处于苦苦支撑的状态,而此时,月份牌画虽然已趋萌芽,小荷独立,但尚未成大气候,一直要到1914年左右才突趋繁荣,蔚然成风。也正是在这短短几年之间,一些文人画家已经在传统木版年画和胶印商品广告画的狭窄夹缝当中找到了存身的区域,它们就是在1910年前后大量现身的彩色石印广告画,这应该也就是日后月份牌画花开四野的前奏曲吧。

今天,我们在上海的很多藏家手中,仍然可以看到不少当年的彩色石印广告

大清宣统元年(1909)十二花神春牛图——上洋飞云阁出品

画。这种广告画篇幅略小于今天的 A4 纸，色彩亮丽，画笔精致，具有明显的文人情趣，其构图造型之老道，绝非普通工匠能够胜任。画上一般都题有吉祥名称，如七美图、九联灯、大吉利、梦笔生花等等，画面四周绕有花边，下方留有一处明显空白，应该是为某种商品预留的位置。笔者猜测，当时的上海，广告意识已经深入人心，这种画应该是广告商拟出一定的题材请画家预先绘制，然后向商家兜售，看中某画，将商品名称填入下方预留的位置即可。这种预先印好广告图案再向商家兜售的做法，商务印书馆直到 20 年代末还在施行，这有它们在报端刊登的广告为证："商家印制月份牌，每不易购致适宜之画稿。商务印书馆为弥补此项缺陷，特精选名家画稿多种，印就空白月份牌，以备商家采购，临时填印牌号广告，即可应用。"① 20 世纪初的这种彩色石印广告画有一个明显的标志，既画面下方一般都印有英文 Copyright（版权）字样和阿拉伯数字编号，这应该是广告商对此画"拥有版权"的声明，警告他人不得擅用。这也说明，这些广告商的主体应该是上海的各家洋行，而且，从其编号数目之大（四位数）来看，这些广告的应用也已非常广泛。这种广告画均无画家署名，但不少画作从画风来

---

① 《商务书馆印备空白月份牌》刊 1927 年 10 月 21 日《申报》。

彩色石印画：梦笔生花／左
彩色石印画：子孙万代／右

看，和当时一些知名画家的绘画风格却非常相像，如《访贤图》《秋兴图》《三仙采花图》《仙翁祝鸡》等之于钱慧安，《梦笔生花》《大发财源》《大吉如意》《子孙万代》等之于周慕桥，这些作品无论是画作内容还是画作技法，都很容易被人认为出自钱、周他们之手。还有些传统戏曲图，如《连环计》《鸿门宴》《鸳鸯桥》等，和小校场年画中的同题戏曲年画并无太大区别，只是在造型和色彩方面更趋时而已；另外有些图，如《双蝶图》《九牡丹》等，则明显具有西画风格和技巧，显示了西风东渐在这一领域的影响。

这些广告画中，有两幅作品值得略微一说：

一幅名曰《光复起象》，图案为一头行进在大街上的大象，背上端坐着两个威武光彩的军人，周围皆为指点围观的百姓。我们知道，清朝末年，倡议武装推翻清政权的陶成章、章太炎等人发起组成了"光复会"，他们大力提倡汉民族"国粹"文化，呼吁"排满"，以复兴汉族统治。在当时很多人的观念中，如果说，"革命"是要"革"旧制度的"命"，那么，"立宪改良"就是要用"洋法"

彩色石印画：光复起象／左
彩色石印画：振武台／右

来改造旧制度，而所谓"光复"则正取其中庸，是用传统观念中的合理部分去改革不合理部分，符合中国社会源远流长的大汉族政权观念，因而，"光复"一词在晚清非常具有号召力，受到很多人的欢迎和拥护。这就是《光复起象》这幅画的社会背景，由此也可知它创作存世的时间应该在20世纪初；而用"象"这一吉祥动物来取意"万象更新"，则是年画惯用的象征手法，正好说明了创作此画的画家非常熟稔年画的创作。

另一幅广告画名曰《振武台》。"振武"也是清末中国的一个关键词。近代鸦片战争等战役的惨败，让先进的中国人看到了西方列强的"船坚炮利"，认识到中国在军事技术方面的落后。他们提出"师夷长技以制夷"的口号，并通过洋务运动来学习西方先进的军事技术。"甲午战争"的溃败，更加速了中国向西方学习的步伐，而日本明治维新后迅速走上强国之路的榜样，激起了中国就近向日本学习的信心，学习日本军事思想开始成为留学生关注的重点。在此背景下，1900年前后，留日士官生教育勃然兴起，大批学生被派到日本振武学校（士官学校之预备学校），主要学习步、骑、炮、工、辎重等专业。从1901年开始，清廷下令停止武生童考试及武科乡会试，令各省设武备学堂，培养军队人才，而留日士官生则被任命为武备学堂的总办、监督或总教习。如许崇智担任过福建武备学堂总教习，蔡锷担任过江西武备学堂总办，而在云南陆军讲武堂，担任教官的几乎都是留日士官生，如李烈钧、方声涛等。留日士官生中出过很多出类拔萃的人物，如万廷献、蒋作宾、冯耿光、陈其采、蔡锷、李烈钧、阎锡山、蓝天蔚等。"振武"一词，在晚清几乎可视为"军事救国"的代名词，而武备学堂，也是无数贫寒子弟走向通途大道的起始摇篮。就此来看，这幅《振武台》的创作背景也是非常清楚的。

就笔者观赏过的这一百多幅彩色广告画来看，它们的创作时间应该大致能够揣摩得到。笔者猜测，这很可能是创作年画的这批画家在传统年画日趋没落，新兴广告商频频招揽之际的生产自救之举；而且，从画面表现内容看，正处于新旧社会更换之间，传统木版年画没落之际，其中既有传统题材的"九联灯""七美图""连环计""大吉如意"之类内容，也有表现"天足会""打靶子""振武台""光复起象"等新党民军题材的现实画面，其绘制时间大致应该就在1910年前后，而风格形制则和日后兴起的月份牌画源出一脉。笔者认为，这种新型广告画应该是传统木板年画和月份牌画之间的一座摆渡桥梁，其间有太多的痕迹可以探寻。至于周慕桥等人，他们参与了传统木版年画和日后月份牌画的创作，在两者之间过渡的新型广告画上是否也活跃着他们的身影？这是一个值得我们关注的课题。

仅仅三四年之后，大约在1914年前后，成熟定型的月份牌画就如一夜春风在上海滩迅速崛起，其势头之猛、数量之多、参与商家之广、受欢迎程度之大，都是难以想象的。其中，最早参与绘制月份牌的专业画家是周慕桥，他善于审时度势，勇于尝新，是开风气之先的一类人物。19世纪80年代中期，他以不满弱冠之年即追随吴友如，画了大量表现都市生活的石印时事画，是《点石斋画报》和《飞影阁画报》最重要的支柱。1894年1月吴友如突然病逝，周慕桥站出来收拾残局，重整山河，带领飞影阁的师兄弟们和年画铺商合作，走上了文人画家创作年画的道路，给上海的本土年画注入了一股新风，他们创作的上百幅年画，已经成为上海小校场年画中最出彩的作品。进入20世纪之后，他还是一如既往地在前行在通俗美术的道路上。他的朋友为他做传，如是描摹："欧风东渐，而画道亦一变，君每于旧法中，以参新法，西人颇善之，而某洋行竟以绘各种月份牌与君订立专约。近来习美术者，多趋于水彩画一途，沪上商业家，以印赠月份牌酬主顾者，亦日见众多，而水彩画之一二美人，遂发现于月份牌以为新样。君本兼习此画法者，乃亦以传神之笔，贾其余勇，为时下所赏识。余暇时偶一往访，见其所绘者栩栩生姿，神致迥别恒蹊，益信其天资过人，意境高远，非拘拘

于体格者，所能望其项背。"① 此文发表于1914年，文中所叙"欧风东渐，而画道亦一变，君每于旧法中，以参新法，西人颇善之，而某洋行竟以绘各种月份牌与君订立专约"云云，其实正是周慕桥1903年之后所努力的结果，至于"君本兼习此画法者，乃亦以传神之笔，贾其余勇，为时下所赏识"，正说明了年画和月份牌的血缘关系，无论是经营理念还是表现内容或者是绘画技法，上海的小校场年画和随之后起的洋场月份牌之间，都明显承上继下，关系密切。

周慕桥创作月份牌画的时间不会晚于1908年，他称得上是这一领域内开风气之先的祖师爷，紧随其后的则有徐咏青、周柏生、丁云先、郑曼陀等人，在社会鼎革巨变之际，正是这群职业画家紧随潮流，开创新风，在月份牌领域闯出了一条新路，才有1914年左右月份牌画如千树万棵梨花竞开的繁荣盛景！

---

① 练川饮秋氏：《周慕桥小传》，载1914年11月《繁华杂志》第3期。

月份牌繁荣发展的两大助力

虽然在19世纪70、80年代已经出现了月份牌的广告,并且我们今天还有幸能看到当时的月份牌实物,但不能不说,当年发行月份牌还是偶一为之的小众行为,发行的商家也基本局限在彩票行和报馆行业,为数极少。月份牌在当时没能普及繁荣起来,有其历史必然性。

首先,经济的发展是月份牌画产生和发展的主要动力,19世纪70、80年代发行月份牌的主体是彩票行和报馆,它们都不是生产企业,本身并不产生社会财富,也并不具有发行月份牌的强烈动力和长久的持续性。从社会消费的方面来讲,发行月份牌的主体机构大部分是轻工企业,它们生产的商品,社会消费度高,市民依赖大,属于社会生活不可或缺之物。有人曾做过一个统计,她选择了553幅月份牌广告为样本,进行数据统计分析,其中占比最大的是香烟类广告,共有338幅,占61.10%;其次是日用品类广告,如胶鞋、电筒、香皂、牙膏、颜料、唱片等,共有52幅,占9.40%;第三是食品类广告,如饼干、炼乳、罐头、酒类等,共有40幅,占7.20%;再者为药品广告,如鹧鸪菜、止痛片、仁丹、人造自来血等,共有38幅,占6.80%;第五是化妆品广告,如香水、雪花膏、生发油、指甲油等,共有37幅,占6.60%。仅仅这五类商品广告，在 553 幅月份牌中就占了 505 幅，占比 91.1%。① 生产这五类商品的企业，全部是轻工行业的工厂，而这些企业，在 19 世纪中后期，即使已经开业的也几乎都处于起步阶段，还未能顾及广告宣传，有相当多的企业甚至尚未建立。如以生产香烟的烟草类企业来说，在中国营销卷烟最大的两家企业，一家是成立于 1902 年的英美烟公司，一家是成立于 1905 年的南洋兄弟烟草公司，在整个中国烟草行业，这两家公司是势力最为雄厚的巨擘，而在 19 世纪后期，还没有它们的身影存在。进入 20 世纪以后，随着工商业的发展繁荣，月份牌的市场也更加庞大，一些社会需求大、生意红火的行业，大都有宣传自己商品的月份牌发行。同样，也可以反过来说，凡有大量月份牌发行的商品，其一定来自生意最兴隆的行业。在 1910 年前后，如果说，当时发行的月份牌中烟草公司的广告占据了半壁江山，可能也并不为过，其中尤以英美烟公司和南洋兄弟烟草公司发行月份牌最多，影响最大，竞争也最为激烈。20 世纪以后，轻工企业的高速发展，极大地推动了月份牌这一当时最受市场欢迎的广告载体的崛起繁荣。正如当时舆论所言："用月份牌广告分赠于众人，得之者可继续使用至一年之久，于其旁附以广告，可使人永远不忘，其收效之大，用费之省，远非他种广告所可及也。"②

从另一个方面来看，石印工艺的诞生和发展，可以说为月份牌画的起飞插上了翅膀。通常，为保证一定的流通，争取更大的广告效应，月份牌的印量都会上万，像"英美""南洋"这样的大商家会更多，单张月份牌二三万或三五万的印数都属于正常。当时就有人撰文言：因为月份牌广告效力历时最久，"闻南洋烟草公司每年赠去之月份牌，须百余万张、实骇人听闻"③ 由于月份牌的发行量非

---

① 姜修宜《借助生活范式，植入商品场景——月份牌，作为品牌植入与营销渗透的载体的研究》，上海大学博士学位论文，未出版，指导老师赵健。
② 马世口《月份牌广告之效益》刊 1921 年 1 月 8 日《申报》。
③ 佚名《谈月份牌》刊 1925 年 12 月 9 日《申报》。

常巨大，印刷界也将此视为重要业务，如中华书局在1916年3月，承接了一单当时政府要求的月份牌印刷业务，单张印量就达到20万张，印价2万有余，① 这在当时是一笔不小的数目。像这样的业务量，以当年刷印年画的木版印刷工艺来讲，几乎是难以承担的。

石印技术是1796年由德国人阿洛伊斯·赛尼费尔德（Aloys Senefelder）发明的，风靡于十九世纪中叶，并流传到亚洲。1847年，由英国传教士麦都思（W. H. Medhurst）在上海创办的墨海书馆最早把石印技术引进上海。当时尚无电力，印刷动力靠牛拉，故有人作诗吟咏此事："车翻墨海转轮圆，百种奇编宇内传。忙杀老牛浑未解，不耕禾陇种书田。"② 石印出来的印刷品色彩鲜艳，着色

---

① 钱炳寰编：《中华书局大事纪要》中华书局2002年5月版。
② 孙次公：《洋泾浜杂诗》，转引自王韬《瀛壖杂志》，沈恒春、杨其民标点，上海古籍出版社1989年5月版。

均匀，润色饱满，无论是质量还是数量，都是传统的木刻印刷工艺难以比拟的。申报馆老板勇于尝新，最早将石印工艺用于商业领域，他1878年引进石印机，成立点石斋画室（后改名点石斋书局），开始大规模印刷石印书籍，其中就包括大卖热销的《康熙字典》缩印本。点石斋因此而大获其利，石印也就此成为申报馆营利的一大热点，石印能快速赚钱的信念至此已深入人心，并由此带动了近代史上延续几十年的石印热。

  点石斋将石印引入商业领域大获成功之后，跟风者迅速崛起，其后开设的石印书局如万马奔腾，汹涌而至，从1880年至1910年的三十年间，仅上海一地发行过石印书刊的出版机构就在二百家左右，造就了石印业的黄金三十年。石印术能在19世纪中后期的中国异军突起，占领印刷出版市场的半壁江山，有其内外两方面的原因。从外部环境来说，自1840年鸦片战争后中国被迫开埠，西方各种学说纷纷涌进，报馆书局争相创办，引起印刷业的大繁荣，而新兴的石印术以其方便快捷，投资小见效快的特点，在优势不再的传统雕版印刷和有待完善的铅活字印刷两面夹壁中突围而出，受到市场青睐。从石印本身来讲，相比其他印刷方法，它也确实有其自身的优势。1860年，照相术传入上海，依托摄影技术，石印制版得以随意放大或缩小；1882年，上海电光公司成立，印刷动力得到解放，石印技术得以如虎添翼，迅猛发展。点石斋书局1878年开展石印业务，向国外订购大型的马里诺尼（Marinoni）石印车，印刷质量虽然有了显著提高，但仍然是落后的手工操作，每台石印机需四个壮劳力通过轮带来驱动机器，劳动强度极大，效率不高，印刷速度也无法提高，机器的优势仍然难以体现。直到1882年上海开始引进电力以后，这种局面才有了显著改变，每台石印机每小时能印将近一千张，初步凸显了现代化工业的优势。

  真正助力月份牌画迅速起飞的是彩色石印工艺的进步。上海最初的石印都是黑白印刷，偶尔有些彩色印刷业务，也都只能委托英商云锦五彩石印公司运往英国承印。19世纪80年代后期，上海的富文阁宏文书局也掌握了彩印工艺，上海始有五彩石印，但这个五彩需大打折扣，因其技术比较粗陋，色彩无法细分，最多只能印四色。1904年，文明书局进口彩印机器并雇佣日本技师，上海始能承印色彩比较丰富的印件。翌年，商务印书馆在总经理夏粹芳的筹划下，聘请日本著名技师和田满太郎和细川玄三来华指导业务，并设立彩色石印部，上海的彩印业务至此始更上了一层楼。进入20世纪20年代以后，上海的印刷企业已经掌握了非常复杂的"十三套彩色石印业务"，可以承印分色丰富细腻的彩色印件了。这种"十三套彩色石印业务"按当时的记载是这样的："彩色石印所印刷之品，类多风景美女，先自将画稿从画师购买，或由他家托印之后，即照画稿颜色之多寡分给于印石上，每印一套颜色，即需印石一块，印十三套色者，遂需十三块印石，且将画稿上风景或美女，必须照样绘于印石上，不可稍有毫发之爽。例如风景画上，有红黄蓝三种颜色者，即须绘该三种色于三块印石上（即一套色一块石），不可稍同；印刷时必须极留意于套印功夫，不可稍有偏歪，否则颜色不匀，五官不正也。彩色石印，绘画时固极不易，然印刷亦为难事，吾国各印刷所所印刷之风景美女或月份牌等，所以不及东西各国者，缘套印功夫之技艺尚浅，因十余块之印石，一一印之，毫发不爽，极为难能可贵，稍有一块印石套之不得其法，则全景为之减色。再彩印工人，对于颜色之配置，皆具有特长之处，设如淡青或深青之颜色，彼等一望而知为几份黄色与几份蓝色配成，百不爽一，是亦不易之事业。"19世纪70、80年代发行的月份牌，主要是黑白印刷，像申报馆1889年发行的"二十四孝图月份牌"，以红绿双色套印，已经属于先进。进入20世纪以后，月份牌迎来了彩印阶段，最初是"三色版精印"，20年代以后，就大力标榜"十三套彩色印刷"了，诸如此类的广告竞争非常激烈，如："南京路山西路口四百九十号，陈嘉庚橡皮公司发售橡皮新鞋、玩品、车胎等，种类甚多，兹为优待爱用国货者起见，凡购满洋二元五角以上者，赠十三套彩色精印郑

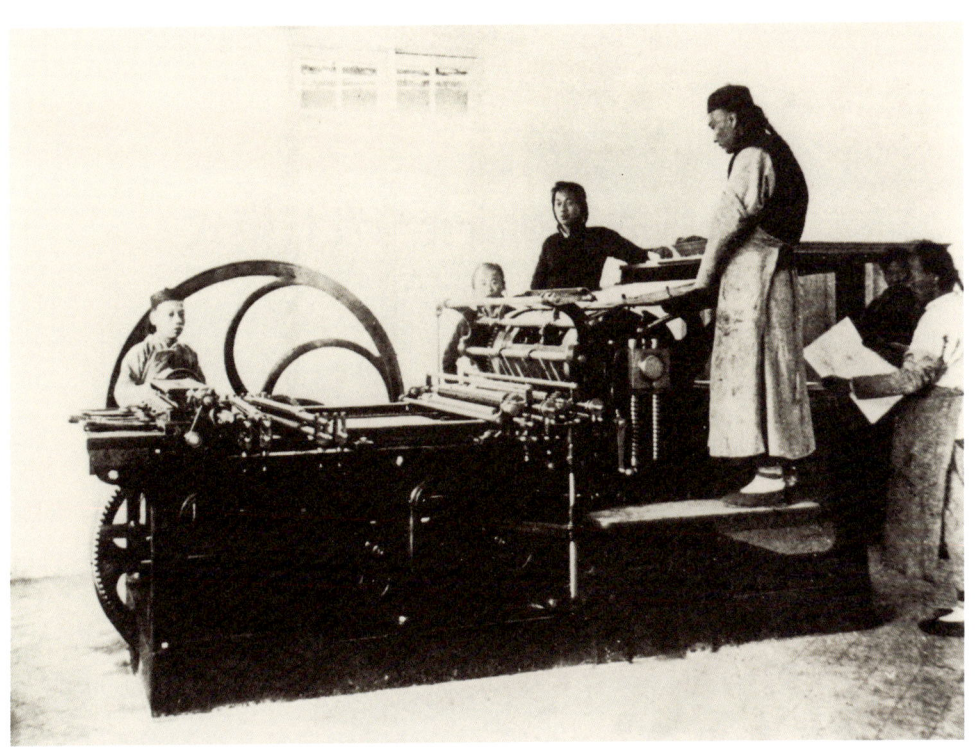

曼陀时装美女月份牌一帧。"① 等等。从现还存世的月份牌实物来看，20年代发行的彩印月份牌，分色细腻，层次丰富色彩非常靓丽，确实达到了较高的彩印水平。上海作为全国印刷规模最大、水平也最高的城市，在20年代就成立了彩印业的联合机构，1930年，正式成立上海彩印业同业公会，会址设在汕头路（后迁往西藏路平乐里），加入公会的彩印企业有四十多家。②

---

① 《陈嘉庚公司赠曼陀画》，刊1924年1月25日《申报》。
② 中国征信社《上海之彩印业》，刊1936年5月20日《申报》。

清末上海土山湾印书馆彩色石印工作情景

月份牌的形制演变与发行模式

月份牌的形制种类和演变，和其色彩一样也颇为多样，甚至更为复杂。如前所述，中国最早的一批月份牌出现在 19 世纪七八十年代，虽然很简单，只是黑白或双色印刷，但已初步具备了月份牌的要素，上面印有月历，具有广告宣传的功能。这时候的月份牌，尺寸尚比较小，根据现尚遗存的申报馆 1889 年发行的"二十四孝图月份牌"来看，它的画面长宽是 22.5 厘米 ×32.2 厘米，还不到以后月份牌的一半尺寸。进入 20 世纪以后，月份牌的尺寸也还没能定型，呈现多样化的情形，一般比较偏方型的月份牌尺寸在 38 厘米 ×54 厘米左右，如果偏长的则在 35 厘米 ×75 厘米左右。这些都印有月历，当时也有少数不印月历的月份牌，尺寸在 45 厘米 ×62 厘米上下。民国以后，特别是 20 年代以后，形制趋向统一，市面常见的月份牌多在 52 厘米 ×76 厘米左右，长宽比例呈现黄金分割之比。这个规格的月份牌也有偏长形的，一般尺寸为 35 厘米 ×75 厘米。当时还有超长形的月份牌，尺寸长宽之比达到 38 厘米 ×108 厘米，英美烟公司的胡伯翔和梁鼎铭比较擅长画这种尺寸的作品。这种超长形的作品市面能见到的最大尺寸是 50 厘米 ×150 厘米，当然比较少见。当时还有一种比较常见的月份牌，叫屏条，细长条形状，一般多为四屏条，绘制春夏秋冬的人物穿着或自然景色，尺寸多见 30 厘米 ×108 厘米，也有 30 厘米 ×78 厘米或 32 厘米 ×128 厘米的。上述均为竖幅作品,是月份牌的常规形制,也是人们常见的。横幅的月份牌比较少见,似乎有点另类,一般尺寸为 78 厘米 ×50 厘米,也有大横幅的,如杭稚英和倪耕野绘制的红楼梦题材月份牌就是大横幅规格,前者宽一些,为 98 厘米 ×50 厘米,后者窄一点,为 100 厘米 ×38 厘米。

19 世纪的月份牌都是薄纸印刷的单张作品,即便有人保存,也只是另行存放而已;如想悬诸壁上,多半像民间欣赏年画一样,调制糨糊后选个合适地方,黏贴上去即是。月份牌渐成气候以后,喜欢的人群日渐增多,发行的商家也日益重视,思考怎样才能让月份牌的寿命长一些,附加的广告效益也能随之增加。这时就出现了在月份牌两端加嵌铜条或铁条,方便用户悬挂的举措。1918 年,商务印刷馆在月份牌上焊接铁条时碰到了技术难题,主管印刷的鲍咸昌绞尽脑汁也无法解决,正在一筹莫展时,正好张元济到车间检查,他亲自上阵,出计出策,帮助工人进行技术革新。解决问题后的张元济颇为得意,回家后还在日记上记载了此事:"在印刷所见印成洋铁月份牌,鲍云后面无法焊铁丝架,因焊则印墨受热,颜色即变。余旋思一法,在上边卷口作成圆角,将铁丝插入。"[①] 这种单幅的月份牌,当时还有一种流行的装帧形式,即挂屏。当年做挂屏名气最响的是创立于 1917 年的审美书馆。所谓挂屏,就是比较纯粹的美术作品,这种画,有的会在不显眼的下方位置标上商品名称,有的甚至表现为和商品毫无瓜葛,就是单纯一幅画,略作装裱或镶嵌镜框,成为纯粹的美术品,一般视相赠者为广告方。这种形式的月份牌画当时通称为挂屏,因其没有赤裸裸的商业味道,受到很多人的欢迎,郑曼陀和徐悲鸿当年就曾为审美书馆绘制过不少挂屏画。20 世纪二三十年代的月份牌名家胡伯翔为英美烟公司所绘月份牌画,不少也是这种不带广告词句的挂屏,尤其是他的四季山水,春夏秋冬,四幅一套,俗称四屏画,更是名闻遐迩。胡伯翔的这些山水四屏画,早在 20 年代中期,就已受到人们关注,被

---

① 《张元济日记》1918 年 1 月 23 日,商务印书馆 2018 年 1 月版。

胡伯翔所绘山水题材月份牌：
骑驼客——大前门香烟广告

予以很高评价，并且有人专门收藏："胡君又为英美烟公司作月历一组，写四季景色，各极其妙。一曰龙华春色，极烂漫之致。二曰巫峡晓云，自是夏季清晓景象。三曰闽江远眺，长松植立如人，秋光照眼。四曰燕郊霁雪，写骆驼三数，一驼夫加红风帽，与白雪相映发，明艳极矣。此类月历，年必一出，均为胡君手绘，并皆佳妙，予已收藏至三年之久，颇珍视之也。"[1] 简照南、简玉阶兄弟创办的南洋兄弟烟草公司是英美烟公司最大的商业竞争对手，为了抗衡英美烟公司大受欢迎的"山水四屏画"，"南洋"费尽周折，反复试验，推出了一种可以灵活更换画面的"活络四屏画"，结果一炮打响，受到市场欢迎，和英美烟公司打了个平手。当时报端对"南洋"的这种"活络四屏画"予以了很高评价："现今月份牌之最佳者，惟南洋兄弟烟草公司所出之一种，高约二尺许，厚纸制成，上端嵌

---

[1] 鹃《月份牌小谈》，刊1928年2月4日《申报》。

入活页之画片，分春夏秋冬四帧，作时令之描写。此种画片，可以取下，配以镜框，供诸室中，可作新饰，宜乎其受人之欢迎也，其设想可为巧矣！"①"南洋"在20年代不惜耗费巨资，几乎把当时的月份牌画名家一网打尽，推出的全年13幅名画（12个月加封面）的挂历式月份牌，更是惊艳一时，时论誉之为"空前绝后之美术品"。②"南洋"的这种挂历式月份牌，开了后世挂历盛行之先河，其影响一直延续到20世纪80、90年代掀起的挂历高潮，可谓无意中开创了一股新风。

月份牌既是商品，又不单纯是商品，本质上它更是一种广告宣传品，一般并不直接销售，而是作为附属于商品的一种赠品。买一定量的商品，商家即附赠一张月份牌，买得越多，赠得也越多。一幅月份牌的成本大约在一角左右，当时的行情，一般买两、三元的商品，即可获赠一张，非常受欢迎。为吸引顾客，商家的附赠方式也是争奇斗艳，无所不有，如："花旗烟公司发行之三八牌香烟，市上早已风行。近该公司将美国前到之货，赠送各界，凡得该公司优待券者，购三八牌一听，再赠一听，满洋两元，更加郑曼陀绘《双艳秋思图》月份牌一幅。"③"韦廉士医生药局，近发行本年彩色月份牌一种，该月份牌图示老莱子戏彩娱亲之故事，绘事布景，印刷设色，均甚精良。以之悬诸座右，可作美术之赏鉴，可作举行之箴言。若将韦廉士医生红色补丸包皮上两端之蓝色圆牌子二枚揭下，附邮票洋一角另半分，寄至上海江西路四五一号韦廉士医生药局，当即行寄奉该月份牌一张，分文不收。"④漫画家叶浅予晚年写回忆录，即生动地叙述了附设于商品的月份牌在乡镇大受欢迎的情景：其父在浙江小镇开南货店，"开始时仅在纸烟专卖公司作小批量买卖，后来生意做大了，直接从省城整箱进货。上海的烟草公司颇有心眼，在大木箱里附送一种时装美女月份牌，一式数份，既做广

---

① 翁莹庐：《月份牌》，刊1926年1月12日《申报》。
② 《空前绝后之美术品，奉赠海上十二名画集》刊1921年5月10日《申报》。
③ 《花旗烟公司之赠品》刊1922年1月19日《申报》。
④ 《韦廉士药局赠送精美月份牌》刊1939年2月8日《申报》。

告,又当礼品。父亲每开一箱,便将月份牌分给店员,自己只带回家中一份,挂在饭桌墙上。每次只要新到了月份牌,叔伯邻居的女眷都赶来观赏。除了观赏,还可查阅本年的月份、日期和节气等。我对这种新式的美女画特别感兴趣,觉得画得既像照片又不是照片,面部设色柔润,衣褶分阴阳高低,有立体感,而且姿态娇美,引人爱慕"。①

月份牌的这种附赠模式,既受到市民的欢迎,也得到商家的重视,更引起舆论的关注,当时甚至有人将市面流行之月份牌作了分类,分别阐述附赠之方法:"用月份牌广告以分赠于众人,得之者可继续使用至一年之久,于其旁附以广告,可使人永远不忘,其收效之大,用费之省,远非他种广告所可及也。月份牌广告所用之月份牌,可分为三种,其分赠之法,亦各不同,兹分述于左:1.普通者。此种月份牌不必十分精美,但于其上印成彩色之图画,其旁附以广告可矣。此种月份牌所费较省,可随报附赠,或沿街分送,散布之数愈广,则收效亦愈大。2.精美者。此种月份牌于其上印成美女画或古画,其旁附以广告。此种月份牌所费较贵,其分赠之法,可于上年十月间即散布广告,其云:自某月某日起凡购本公司(或商号)物品,价值满若干以上者,可于明年元旦持本公司(或商号)发票换精美月份牌一张。顾客既得此月份牌,即可使其永远不忘赠送者之店号,而时常惠顾;且于散布广告之际,顾客因有月份牌,可得群集购买,是则又兼有大廉价之作用矣。3.小本者。此种每月一页,订成一小本,以分赠予伏案作事者为宜,如各公司商号之经理、会计,各报馆之新闻记者,各机关之办事人员,以及各学校之教员、学生。其受赠者之资格,当视其是否需用本店物品为断。"②

---

① 叶浅予:《细叙沧桑记流年》,群言出版社1992年6月版。
② 马世口:《月份牌广告之效益》刊1921年1月8日《申报》。

月份牌创作的丰富内容

在很多人印象中，月份牌就是美女图，两者合二为一，互为因果。这不能说没有道理，而且在很大程度上也确实符合事实。我们如果说，占月份牌总数的70%、80%都是美女图，这大概不会有错。但凡事没有绝对，去除70%、80%美女图，还有20%、30%是其他题材，我们看月份牌，山水风景的就很不少，如徐咏青、胡伯翔等名家就专门以擅长画山水风景月份牌而驰名画坛，此外，其他还有古代神话、成语故事、人物传说等各种题材，内容非常丰富。除了古代人物，现代人物成为月份牌主角的也并非独一无二，中国图书公司发行的《中华民国元年月份牌》就是一例。

1911年10月10日，武昌起义爆发，各省纷纷响应。孙中山在美国得知消息后，于12月下旬赶回国内，即被以16票赞成、1票反对（17省代表以每省1票的方式投票选举）的结果，选举为中华民国临时大总统（任期为1912年1月1日—1912年4月1日）。同时，作为封建专制象征的黄龙旗也被扔进了历史垃圾箱，取而代之的是一面由红、黄、蓝、白、黑五色横长条自上而下排列的五色旗。这是中华民国第一面法定国旗，又称五族共和旗，分别代表汉族、满族、蒙古族、回族和藏族。1912年（民国元年）1月1日，孙中山在南京宣布就职，组成中华民国临时政府，建立了共和国。2月12日，宣统皇帝（溥仪）宣布退

位，267 年的清朝统治和 2000 多年的君主专制制度被宣告推翻。这在中国历史上是一件翻天覆地的大事，商务印书馆属下的中国图书公司发行了一张月份牌，名字开宗明义就叫：中华民国元年月份牌。这是一张十分有意义的月份牌，画面简洁大方，最上方是一面飘扬的五色旗，中心图案即孙中山的正面照片，上书"中华民国临时大总统"9 个大字。孙像左侧是阴历，右侧为阳历，仅此四物，再无冗余。这是一幅充满阳刚正气的月份牌，也是珍贵的革命文献，历史文物。

无独有偶，接替孙中山就任总统的袁世凯也有一张以其肖像为图案的月份牌，但这幅月份牌给他带来的只是历史的耻辱，以致没有正式发行。这就是所谓的"洪宪月份牌"。袁世凯称帝，是中国近代史上的重大政治事件。袁世凯是北洋军阀领袖，握有强大的军事实力。1912 年 2 月，袁世凯逼清帝溥仪退位，以和平的方式推翻清朝，并以此取代孙中山成为中华民国临时大总统。但其并不满

中国图书公司发行《中华民国元年月份牌》

足于此，在多方势力博弈下，1915年12月12日，袁世凯建立中华帝国，就任帝国皇帝，定帝号为"洪宪"。此倒行逆施遭到全国人民反对，纷纷起而讨伐。1916年3月22日，焦头烂额，称帝仅83天的袁世凯被迫宣告退位。6月6日病逝。这张"洪宪月份牌"由袁世凯称帝前下令中华书局开印，印数达到20万幅之巨，本来是为了赏赐给"臣下"的，但因反对称帝复辟的声浪汹涌，袁世凯皇宫上下人心浮动，根本就无暇顾及这所谓的"赏赐"，称帝失败后，又全部当作罪物被毁，20万张毁于一炬。这张月份牌因此原因外间绝少流传，几乎无从得见。但拜托两位大学者的睿智远见，我们今天还有幸能目睹这件历史遗物。

这两位大学者，一位是历史学家、江苏省图书馆馆长柳诒徵，据其1936年回忆："项城出殡后，予入新华宫，诸物搬毁无遗。壁间贴有元年月份牌未毁，即撕怀而出。最名贵者，有当今皇后万寿生辰，书中华帝国元年而不书洪宪也。纸幅与常牌同，四围盘五彩龙花，上横列新旧历对照表，次横列中华帝国元年，旧历岁次丙辰，再次横列中华帝国皇帝陛下，再次中刊项城帝容。容左直联云：听四百兆人巷祝衖歌，恍亲见汉高光、唐贞观、明洪武。容右直联云：数二十世纪武功文治，将继美俄彼得、日明治、德威廉。左联之左横列当今皇上万寿，下横列小字：新历九月十六日。右联之右横列当今皇后万寿，下横列小字：新历十月二十二日。皇上万寿下横列春夏秋冬四节，自小寒至夏至。皇后万寿下横列自小暑至冬至，初中末伏日蚀。再次一长列一月至十二月。再次排代行立法院决定君宪推戴今大总统为皇帝咨文、全国国民大会总代表第一次推戴书、全国国民大会总代表第二次推戴书，三种全文。按元年元旦宣布洪宪帝号，月份牌刊布于元旦前，故只书中华帝国元年。此种月份牌宫内刊用，外间绝少流传。"[①] 柳诒徵的回忆绘声绘影描摹了月份牌的形状和内容，让读者如临其境。另一位大学者是马相伯，他也是自己进入新华宫从而得获这张月份牌的。马相伯获得的这张月份

---

① 张伟：《一张有故事的洪宪月份牌》，刊2015年11月13日《文汇报·文汇学人》。

牌如今珍藏在上海图书馆的特藏库内，上面还有曾担任徐家汇藏书楼主任的张璜（字渔珊）的两段亲笔题跋："此表于民国五年五月中旬由北京马公相伯寄来，据说本为袁世凯登极分赠大小官员之物。不幸自洪宪纪元历八十二日之久（一月元旦起至三月二十三日止），帝制竟行取消，此表已在消除禁品之内。马公寄至本汇藏书楼，命璜珍藏之，以为后世纪念品之希有物云。渔珊识。

袁世凯自帝制取消后因各省纷纷独立，忧郁成病，六日午前十时四十五分，以患尿毒症暴卒。噫！帝制之自害害人，卒得如此结局，是谁之过欤？"[1]

马相伯不愧为大学者，目光敏锐，视野广阔，一眼就看到了此物的价值：一是能作为一时代之佐证实物；二是存世极罕，具有文物价值，此即所谓"以为后

---

[1] 上海图书馆编：上海图书馆藏人物文献选刊，上海古籍出版社2015年版，第270页。

世纪念品之希有物"也。他亲手将这张"洪宪月份牌"从北京寄回上海，指定由徐家汇藏书楼收藏，并叮嘱藏书楼主任张璜好好保管；而张璜不但不辱使命，且亲笔题跋，将此物流传过程记述下来，留下了一段历史珍闻。有人认为，这张洪宪月份牌是袁世凯复辟帝制的铁证，非常重要。笔者倒觉得不必说什么铁证。袁世凯复辟帝制，欲当皇帝，本身就是事实存在，似乎也没有人否认，故根本就不需要什么铁证来证明。只是任何一件事总需要一些物化的东西来支撑，需要细节来丰富，这就是文献的功能了，而这张洪宪月份牌就是这样一件难得的文献，而且由于存世罕见，上面还有名人题跋，细述详由，所谓流传有序，当然就更显其价值了。

  以古喻今是中国传统文化中的一个特有现象，特别是在言路不畅的特殊环境中，往往会被有心人拿来作武器，以成百上千年前的古人故事来寄托难以畅说的心绪，即所谓"借他人之酒杯，浇自己之块垒"。杭稚英、谢之光等11位画家在上海沦为"孤岛"期间创作的《木兰荣归图》，就是这样一幅难得的月份牌佳作。"木兰从军"的故事在中国妇孺皆知，花木兰替父从军，抵抗外侮的事迹，鼓舞了无数代中国人。杭稚英等人正是受此启发，绘制了这幅《木兰荣归图》。著名画家郑午昌特为此图题跋："此图系海上十大艺人精心妙手所合绘，制作精美，用意深长，洵为当代美术画片之杰构。"题跋中"用意深长"四字恰如点睛之笔，把众画家们在国难期间合作此画的良苦用心点了出来。绘制《木兰还乡图》的11位画家是：设计郑梅清，起稿周柏生，木兰杭稚英，双亲吴志厂，木兰姊谢之光，木兰弟金肇芳，孩童金梅生，副将元度李慕白，双马戈湘岚，护兵田清泉，布景杨俊生。画家们不但在画上一一签上自己的名字，甚至每人都钤盖了自己的印章，以表郑重之意。这幅画，可以说开创了中国月份牌画的一个奇迹，是月份牌画家们以自己的专业特长指涉时政、参与社会运动的著名例子，也是杭稚英等人在"孤岛"这一特殊时期的一次勇敢亮相！这幅画后来遭到日军的禁毁，故存世极为罕见。

唐铭生于"孤岛"期间创作的《李霞卿环球飞行》也是这样一幅月份牌佳作。李霞卿（1912—1940），广东海丰人。早年曾以李旦旦的艺名加盟上海民新影片公司，主演《海角诗人》《木兰从军》等影片。1929年赴欧洲，入瑞士日内瓦康塔纳飞行学校、美国奥克兰波音航空学校学习。1935年回国，多次作飞行表演，倡导妇女就业、航空救国。1939年，她驾驶"新中国精神"号飞机在美国及南美洲一些国家作巡回飞行表演，开展国际援华抗战活动。1940年，李霞卿在一次募捐表演时因飞机失事，壮烈殉国。《李霞卿环球飞行》这幅月份牌画，表现的是李霞卿驾机在世界各国作飞行表演，为中国抗战募捐，受到欢迎的情景。画家以这样一个非常时期特定的场景，鲜明地表达了自己的爱憎，可谓难得之至。

杭稚英、谢之光等十一位画家绘月份牌《木兰还乡图》（1940年）/ 左
唐铭生绘《（李霞卿）环球飞行》月份牌 / 右

月份牌史上的三位关键人物

月份牌艺术崛起于十九世纪末的上海、香港等中国口岸城市，有其时代背景。中国的传统绘画艺术到清代的四王，已发展到巅峰，后起的艺术家很多都在考虑怎样有所创新，画出自己的面目。任伯年、吴昌硕、陈师曾、齐白石、张大千等一批艺术家相继变法，在国画方面走出了自己的一条新路。与此同时，西方油画艺术也在此时逐渐传入中国，李叔同、李铁夫、刘海粟、林风眠、徐悲鸿、陈抱一、颜文梁等一批艺术青年更是相继走向海外，虚心学习西方的绘画艺术，然后回到国内宣传推广。这两类艺术家在当时代表了中国画坛的主流阵营，但他们青睐的艺术之神和商业是相隔很远的，两者并没有很好地结合起来。清末民初，正是商潮涌动、贸易大兴的时期，而应运而生的月份牌画则是把艺术与商业完美结合的典范。从事月份牌画创作的画家，都有过绘画实践的锻炼，有的还从事过照相肖像画的工作，打下了严格的绘画功底，接受过商业艺术的熏陶。他们大多没有出国留学的显赫经历，在画坛上也无法像吴昌硕、张大千那样高价鬻画，地位不可同日而语。但商业大潮将他们推到了社会前沿，他们的聪明才智在这一领域得到了充分发挥，所谓风云际会，恰逢其时。而上海、香港正是当时中国工商业最发达的城市，月份牌画崛起、繁荣于此绝非偶然。

创作月份牌画的画家，在整个 20 世纪上半期大约有近百位之多，其中作品

多，影响大，地位高的就有十几位，而且画作风格鲜明，各有绝招，诸如徐咏青之风景，胡伯翔之山水，梁鼎铭之古典传说，丁云先之绣像人物，周柏生之年画风格，谢之光之时尚仕女，都在当时独具特色，各领风骚，成为月份牌领域的代表性人物。对月份牌发展影响最大的关键人物是下列三位：

1. 周慕桥：开风气之先

十九世纪中期鸦片战争之后，中国门户洞开，口岸城市相继通商，进口贸易空前繁荣，大批西洋货物进入中国市场。为了拓展销售，洋商们展开宣传攻势，月份牌就是他们手中用来"攻城陷寨"的一件利器。

周慕桥（1868—1922），江苏苏州人。名权，字慕桥，以字行。号梦樵（亦作梦蕉），又号红薇馆主、古吴花朝生。从时间上来说，周慕桥正是最早受到洋商们青睐，并重金礼聘绘制月份牌的中国画家：他是《点石斋画报》和《飞影阁画报》的主笔画家，以后还绘制过大量以租界景象为内容的上海年画，画技过

周慕桥像

硬,又熟悉洋场生活和市民喜好,实在是绘制月份牌的不二人选。事实上,在绘制月份牌的中国画家中,周慕桥具有祖师爷的身份,他创作月份牌的时间要比郑曼陀早很多,英美烟公司等外商机构早在辛亥前就已聘请他绘制中国风格的月份牌,现在所见最早的一幅出自周慕桥之手的月份牌,是英美烟公司于光绪三十四年(1908)所发行,以后,亚细亚火油公司、白礼氏洋烛公司、明治制糖株式会社等在华外企也纷纷请他绘制月份牌,时间大都在 1910—1914 年之间。周慕桥所绘月份牌大都出以中国传统笔墨,但又糅入了西画造型和透视等新颖技法,视觉效果令人耳目一新;他一直努力结合所宣传的商品来营造月份牌的画面安排,所以场面阔大,人物众多,是他作品的一大特点,这也使他的月份牌画有别于他人所作,充满了当时社会生活的世俗场景,颇有点类似日本江户时代的浮世绘。正是从周慕桥开始,越来越多的中国画家参与到月份牌的绘制中去,至 20、30 年代形成了一股商业绘画的新潮流,追根溯源,不能不说周慕桥实有开风气

周慕桥绘《民国万岁》,协和贸易公司 1914 年月份牌

之先的功劳。

2. 郑曼陀：奠基础之实

作为一门新兴艺术，月份牌画走过了一条曲折的发展道路。从印刷工艺和表现技法上来说，最初的月份牌大都采用石印或木板雕印，其传统的单线平涂笔法和木板年画与国画工笔相混的绘制技法，只能提供比较生硬、略显呆滞的样式，在画面上难以表现出细腻灵动的效果，尤其是人体的微妙质感。在这方面大胆创新、并获得成功的是郑曼陀。他是奠定月份牌画基本技法的第一个开创性人物。

郑曼陀（1885—1961），名达，字菊如，笔名曼陀。他生在杭州，从小就显露绘画才能，曾在著名的"二我轩"照相馆内设画室为顾客画人像，打下了描绘人物的扎实基础。辛亥革命后郑曼陀来上海谋生，挂单卖画，一时名声大噪。当时的上海仕女画已很风行，书店里也多出售画得很细腻的西洋美女画和日本浮世绘美女。在激烈的竞争中，郑曼陀煞费苦心，首开新风，创出了一条具有独特风

格的新路,这就是擦笔水彩画。其基本画法是先用不开锋的羊毫尖沾炭精粉揉擦阴影,使主体形象呈现出立体感,然后再用西洋水彩反复晕染,以显出丰富的层次,形成人物细腻柔嫩、丰满立体而风景自然明朗、清丽妩媚的意境,其效果令人耳目一新。郑曼陀所绘的月份牌画在题材、构图和色彩方面继承了中国民间年画和仕女画的传统,而在表现方法上则采用了全新的擦笔水彩画技法和西方的焦点透视法,使美女的肤色白里透红,细腻圆润,视觉效果极佳。一时,郑曼陀的美人画大受欢迎,被时论誉为有"呼之欲出"的迷人魅力,他独创的画法也为众画家争相仿效,成为最流行的广告画风。很快,在郑曼陀的周围形成了一个庞大的上海月份牌画家群体。月份牌画从此不仅风靡上海,而且迅速从上海辐射到全国各地,深入农村,甚至漂洋过海到了东南亚,以及欧美华人居住的地方。

3. 杭稚英:集大成之局

任何一门艺术,都有不同的时代需求。20 世纪 30 年代,中国工商业迎来了

郑曼陀《梅边倩影图》原作 / 左
杭稚英 / 右

自己的黄金时期,它们对作为广告的月份牌画也相应提出了更高的商业要求,而杭稚英恰在此时应运而生,将月份牌艺术提升到一个新的高度,成为继郑曼陀后月份牌界的又一个领军人物。

杭稚英(1901—1947),杭州宁海人,早年在商务印书馆美术部工作时,其超人的美术天分即被客户们所看好。1921年他脱离"商务",开设"稚英画室",对外承接设计业务,当年一些脍炙人口的商品广告杰作,如"美丽牌香烟"、"双妹牌花露水"、"杏花楼月饼"、"阴丹士林染料"等,都出自他之手。当时人们说:周慕桥善绘古装女郎,郑曼陀擅长时装女郎,而杭稚英笔下最成功的则是充满时代风韵的摩登旗袍女郎,这正折射出上海开埠以来社会审美情趣的变迁和市民对美女形象的不同追寻。旗袍对于那个年代的女人来说是必需品,而且样式多变,用料考究,这里缝上一点滚边,那里设计一些盘扣,加上复杂多变的颜色和

杭稚英绘《骑自行车的少女》广告画

图案，然后用匀称的身材支撑起来，一下子就把那种难言的味道给带出来了：闲适优雅，加一点点慵懒。杭稚英可说是抓住了那个时代城市女人的神韵。杭稚英的身边还有两位得力的干将金雪尘、李慕白参与创作，故市面上流行的署名"稚英"的画作，不少是画室的集体创作，一般由杭稚英定设计图稿，李慕白绘制人物，金雪尘补加风景，最后由杭修改定稿。如此各擅所长，出品既迅速，质量又可靠，大受社会欢迎，最高峰时，稚英画室一年出品超过八十种。20世纪30年代，杭稚英取郑曼陀而代之，成为月份牌领域名副其实的"龙头老大"，他的画风及完善的商业运作机制也影响了当时众多的月份牌画家。

周、郑、杭三位，从出生年份来讲，各自相差将近20年，从事月份牌创作的时间，则不超过十年，就艺术辈分而言，正好是半代之隔，新旧之间，传续时间十分理想；而且，他们各有师承，艺术功底扎实，在创作月份牌前都有过较长时间的艺术实践，起点高，出手即不凡，各有独特的艺术追求，作品丰富，在当时以及身后都有广泛深远的影响，无愧于月份牌界功绩最大的三位关键人物。

月份牌的价值

月份牌是晚清期间伴随着商业的激烈竞争而诞生繁荣的。进入民国以后，随着工商业的发展繁荣，月份牌的市场也更加庞大，几乎所有生意兴隆的行业都发行有月份牌，以此作为赠品来推销自家的商品。而无论是商埠闹市，还是城镇乡村，月份牌都是大受青睐的礼物，其受欢迎的程度，有时甚至要超过商品本身。月份牌不但在一般市民群体中受到欢迎，就是知识阶层也往往未能免俗。1910年蔡元培在德国留学，张元济春节期间特地给他写信问好："寄上月份牌十份，并乞分致同人为祷"。[①]商务印书馆、立报社等还曾多次举行过月份牌展览会，借以推广企业文化。这些都说明月份牌在当年是十分时尚的礼物，不但一般市民百姓买来悬挂张贴，就是知识分子精英阶层也彼此相赠，以为礼物，甚至政府部门也印有自己的月份牌，作为公关之需，用途十分广泛。

月份牌画崛起之初，主要面向市民阶层和乡镇富裕农民，故画面较多表现传统内容，如戏剧故事、古装仕女等。以后逐步以城市中产阶级作为主体消费对象，因而画面大量出现飞机、游泳池、高尔夫球等时尚消费和唱机、钢琴、电话、洋酒等高档奢侈品。当时月份牌着重表现的是：舒适的生活——洋房、汽车、佣人，优秀的特质——宽容、优雅、亲切，美好的形象——健康、端庄、秀

---

① 张元济1910年2月23日致蔡元培信，高平叔编《蔡元培年谱长编》第一卷，人民教育出版社1998年12月版。

美,并以此作为大众消费的导向和风向标。在艺术层次,月份牌的美人画,透露出清末民初时装化新女性的时尚、情趣和格调。画家们一般都用细腻的工笔技法去勾画人物,特别注重细部,如五官、肌肤、衣服花纹等,甚至连人物头发也绘制得纤毫毕现。他们受传统年画的影响,一般画面都撑得比较满,人体的结构比例也略有失调,有的画作,更以大胆的半裸体表现,以女性的肉体美色去吸引消费者,体现了当时唯美主义的心态和审美取向。月份牌画也有一些反映社会巨变的时事作品,如表现民国成立的《中华大汉民国月份牌》,反映上海"一·二八"事变的《一挡十》,隐喻抗日的《木兰荣归》等。新中国成立后,有很多画家用月份牌画的形式创作了一批表现新中国初期沸腾生活的画作,这不仅展现了画家们力图以新的内容来改造传统月份牌画的可贵尝试,也反映了他们努力融合于时代的良苦用心。

《中华大汉民国月份牌》(1912年)

月份牌和宣传画、电影海报一样，过去没有引起人们重视，张贴一空，随风飘散，故存世量很少。现在，随着日月流逝，它已悄然成为收藏界的宠儿，并且身价越来越高。月份牌在今天之所以受到人们重视，有其必然性。

首先是它的历史价值。一百多年的时间，月份牌从内容到艺术，可说涵盖了近代中国这一段历史的流行时尚和社会风情，具有别种艺术难以替代的特性。无论是晚清的西风东渐，商潮涌动，还是民国的奢华梦幻，衣香鬓影，或是新中国初期的明媚朝气，万千气象，它都是见证历史的一道深深印记。

其次是文物价值。月份牌虽然作品众多，印量巨大，但经过一个多世纪的岁月淘洗，不要说画稿原作，就是印刷物也已并不多见。月份牌开启了中国现代广告的先河，它展示的内容对研究我国近代史、美术史、商业广告史乃至服装、民俗，愈来愈显示出其重要价值。

再者是艺术价值。月份牌画是中国艺术与商业正式结合的开始，它的绘制技法在当时是突破性的创新。月份牌画虽然起源于商业并且始终为商业服务，夹杂有浓郁的脂粉气，但仍无法掩盖其艺术价值。近代美术史上有很多大画家都从事过月份牌创作，包括徐悲鸿、颜文梁、谢之光等名家，他们的作品有的已成为见证一段历史的经典之作，有着很高的艺术审美价值。

还有经济价值当然也不容忽视。受怀旧氛围的影响，近年来，以旧上海为背景的小说、电视、电影、画作风行一时，而以表现旧上海风情为特色的月份牌收藏也随之渐成热点，它和《夜来香》《花样年华》等流行歌曲一起，已成为最能代表海派文化的两个象征符号。月份牌画在海派文化中地位高企，受人崇尚，不但凸显艺术价值，也具有极高的经济价值，文物市场和拍卖会上其价格屡创新高，国内一些眼光敏锐的收藏家已抢先一步"建仓"，海外的藏界人士也日益对其显示出浓厚兴趣，升值空间巨大。

月份牌的收藏与研究

说起月份牌收藏,距今百年之前的20世纪20年代即已有人痴迷其中。1927年,周瘦鹃主编的《紫罗兰》杂志刊出有杨剑花先生谈月份牌的一篇文章,开篇即言:"余夙具收藏癖,与华子吟水有同嗜,杂志报章无伦已,即美术画幅如月份牌,亦喜搜集,每常腊尾年头,辄闲步市廛,于冷摊间择其尤者,购置数帧,虽斥资稍钜不吝也。频年以还,积存遂多,不下百余帧。"① 此时距月份牌的兴起繁荣仅仅十余年间,这位杨剑花先生可说是最早的月份牌收藏者之一了。稍后的三十年代,上海出现了一位月份牌画集藏大家陈思明先生。他是江苏武进人,从事商业,家中颇有资产,除了收藏月份牌外,他还是中国第一个集邮团体神州邮票研究会的首批会员。陈思明逢牌必收,藏品极其丰富,尤其是早期罕品、精品,收藏之富,无人能及。可惜这些月份牌最终毁于战火,他数十年的心血也因此丧失殆尽,令人扼腕痛惜。80年代以来,国内涌现出一批以集藏月份牌见长的收藏家,如南京的高建中、沈阳的赵琛、哈尔滨的宋家麟、西安的高小龙等等,他们的藏品数量都在数百至千幅左右,拥有精品不少,更值得一提的是,他们并非仅是收藏而已,而是收藏与研究并行,办展览,出专著,显示了新一代藏家的见识和功力。近年来,一批国家文博机关也开始涉足月份牌的收藏和

---

① 杨剑花《月份牌续谈》刊1927年《紫罗兰》2卷10期。

研究，像上海图书馆、上海人民美术出版社、辛亥革命武昌起义纪念馆等，或以藏品之精享誉，或以收藏之富见长，且都有所投入，有人整理研究，开启了很有意义的先例。

对美的东西的爱好是不分地域的，这些年，愈来愈多的海外收藏家也开始介入月份牌的收藏和研究领域，这方面，起步最早的可能是一位叫格雷斯·帕拉玛斯芭利的新加坡人。她是一位华印混血女子，曾经在美、法等国留过学，虽不谙华文，只会说少许华语，但却非常喜爱中国艺术。她1990年在越南开始收集到第一幅月份牌，从此一发不可收，至今藏品已近千幅。格雷斯认为月份牌画展示了旧上海独特的一面，她将月份牌制成书签、扑克、海报和明信片，还举办展览会，在当地掀起了一股收藏老上海怀旧物的热潮。还有一位美籍华人张燕凤女士在收藏月份牌方面也颇有名声。她也是出于喜爱而开始收藏，等集藏到一定数量后便自然而然进入到整理研究的新境界。张燕凤女士从1992年开始收藏月份牌，虽然起步时间比格雷斯要晚，但藏品数量却要超过她。值得骄傲的是，张燕凤早在1994年就出版了一本《老月份牌广告画》，虽然时间已过去了几十年，但这本大型画册至今仍是这一领域的启蒙之书。

月份牌受到社会重视的一个重要标志，是越来越多的人开始喜欢它、研究它，除了收藏、举办展览以外，论文的撰写和专著的出版都呈现逐年上升的状态，近年来更趋繁荣。论文（包括硕、博士论文）太多，不及细述，这里仅就近年来比较有特色的月份牌专著略作回顾。

张燕凤的《老月份牌广告画》可能是这方面的开风气之作。此书分上下两卷（另附有一册手记），上卷为论述篇，下卷为图像篇，由台湾汉声出版社于1994年1月出版。上卷论述篇主要部分为《时光倒流七十年》一文，分上海滩与月份牌广告画的兴起、外国资本主义与月份牌广告画、中国民族主义与月份牌广告画、五千年的萎靡或五千年的妩媚等十二节，外加一节序曲、一节尾声，基本属于文献整理与普及性质，文字略显抒情，附有较多月份牌图以衬托时代背景。下卷图像篇分图解和图录两部分，附有更多的图片。图解部分以美女题材、商品包装、美工设计三个方面展示，图录部分将月份牌分成烟草类、药物类、纺织类、化妆品类等 14 个小类，分类上图。此书价值在于出版早、图片多，开风气之先，但图片尺寸太小，切割过细，印刷方面也存在着时代缺陷。

吴昊、卓伯棠、黄英、卢婉雯汇编的《都会摩登——月份牌：1910s—1930s》一书，由三联书店（香港）有限公司于 1994 年 12 月出版。书卷首有卓伯棠的《早期商品海报的沿革》和《月份牌画的风格与特色》两文，作者系美国南加州大学电影硕士，对月份牌颇有研究，文章具有学院派气息。书末附有画师小传、参考书目。该书为大 8 开本，图片系根据原版印刷物制版，印刷非常精美，色彩还原准确，每幅月份牌且附有尺寸，下了较大功夫，是一本很有价值的月份牌参考书。

上海市美术家协会编辑的《百年风华——上海月份牌 100 年》一书，由上海锦绣文章出版社于 2014 年 12 月出版。之所以说"百年"，之所以选在 2014 年出版，源于编者认为郑曼陀 1914 年从杭州来上海的创作，标志着月份牌的诞生。这是很多文章这么多年来一直的提法。但实际并不准确，月份牌早在 19 世纪 70 年代即已萌芽，而成熟的月份牌也在 20 世纪初就有发行，周慕桥的月份牌创作时间要远远早于郑曼陀；即使郑曼陀本人，也不是于 1914 年才到上海，起码早此一年他即已在上海开始月份牌画的创作。此书实际由曾经分管年画、宣传画的上海人民美术出版社副总编辑江显辉负责主持，卷首《上海月份牌百年回望》一文即由其署名，是比较认真的写作；卷末所附《大事记》也下了较大的功夫，具有文献价值。图片较多，但质量并不太好。

由龚建培编著的《摩登佳丽——月份牌与海派文化》一书，由上海人民美术出版社于 2015 年 12 月出版。作者的日常工作是致力于传统染织工艺与染织艺术设计及教学研究，而本书也是《20世纪中国平面设计研究文献》课题的一部分，故书中所谓的"摩登佳丽"，糅合着十里洋场、女性时代、繁华消费与感性营销等文化特征，并且融进了诸如面料花样、服饰工艺、中西新潮样式的交融混合等专业角度的叙述与分析，这是该书不同于以往月份牌研究专著的一个特点。该书也是大8开本，图片由月份牌收藏家提供实物扫描，故图像呈现精美，书中并附有一些和月份牌图像配套的历史照片，颇显用心。

蒋割荆的《逝去的时光——上海月份牌》一书，出版于2016年5月，是一本私人出版物，但这丝毫不影响该书的质量。编者出生于洋行世家，他的外祖容家自晚清即任职和记洋行，世代传袭。故其收藏月份牌，是将之作为一种与家族史相关的历史资料来看待，这也使他的收藏独具一种历史厚度，而且更显系统，品相也格外精致，年份最早的为光绪年间所发行，非常稀见。该书图像以洋行出品为序排列，书末附有晚清民国常见的洋行及其出品介绍，这都是该书不同于同领域出版物的特别之处。该书的图像呈现也非常柔和精美。

沈家琳的《上海月份牌年画的历史沿革》一书，由同济大学出版社于2019年8月出版。作者系月份牌年画非遗传承人，50年代起即在上海画片出版社（后并入上海人民美术出版社）担任创作和编辑，后来主要主持月份牌年画的创作工作，故对1949年后的月份牌创作情况相当熟悉，有很多事甚至是亲身所经历。这本书的主要篇幅及价值也在于对50年代至80年代上海月份牌创作情况的回顾和总结，其中对谢之光、金梅生、李慕白、金雪尘、郑曼陀、何逸梅等老一辈月份牌画家的晚年心境及其创作情况的介绍，尤其难得。该书所配图片不少，但印刷一般。

月份牌的风行距今已远，而且这一画种已经随风而去，今天，存世的月份牌画已然稀少，原稿就更寥若晨星了。如果说，月份牌印刷物在古物市场上偶尔还能见到的话，那么，稀罕的月份牌画原稿就只能到拍卖场上一睹其芳容了。

从 20 世纪 90 年代起，以往以拍卖高档艺术品为主的拍卖会上开始出现月份牌原稿的身影，并很快成为买家的新宠。1996 年，上海国际商品拍卖有限公司独家推出月份牌原稿拍卖，名家周慕桥的一幅月份牌画稿拍至 3 万元才落槌，释放出强烈的市场信号。次年，该公司再度推出 3 幅月份牌原稿，拍卖场上众多买家展开了激烈角逐，其中杭稚英的一幅《彩楼配》以人民币 4.18 万元（包括佣金，下同）成交，大大超出估价。金梅生的《柳塘绮红》，画法细腻，色彩温和，当年沪上女性风采和城市生活场景跃然纸上，这幅估价 8 千元的画稿经过买家多次争夺，最后以 3.3 万元才成交；金氏的另一副《戏水》画稿也以 1.98 万元的高价成交。"上海国拍"尝到甜头，月份牌原稿的拍卖也因此成为他们的优势品种。2001 年春，他们更举办了月份牌原稿专场拍卖，金梅生的《花木兰》《伞舞》，金雪尘的《木兰辞》等画稿无一例外地被藏家以高价拍走。至今，"上海国拍"拍卖成交的月份牌原稿已有约 50 幅。月份牌画在国内热，在国外也毫不逊色，1996 年，在纽约佳士德藏品拍卖会上，来自世界各地的几百幅广告招贴画参加竞拍，其中一张 1932 年的《上海快车》月份牌画原稿，起拍价就高达 1.6 万美金。应该说，这些价格已远远高出民国时期一般画家画作的市场价，这显示出月份牌画原稿良好的市场前景。进入 21 世纪以来，月份牌原稿的拍卖在各拍卖公司更趋常态，下面仅列举近年来一些名家月份牌原稿的拍卖成交记录，以见一斑：

周柏生，月份牌原稿《梁红玉挂帅》，在 2017 年西泠印社春拍时以 14.95 万元成交；

谢之光，月份牌原稿《穿紫衣的抱犬女子》，在 2014 年上海泓盛拍卖会上以 28.75 万元成交；

梁鼎铭，月份牌原稿《麻姑献寿图》，在 2016 年西泠印社春拍上以 17.25 万元成交；

徐咏青，月份牌原稿《颐和园》，在西泠印社 2019 年秋拍上以 15.525 万元成交；

胡伯翔，月份牌原稿《大观园贾元春归省庆元宵》，在 2016 年西泠印社春拍上以 43.7 万元成交。

如果说，收藏月份牌的人很多，能卓然成家的也不少，但收藏月份牌原稿的人则绝对只能以凤毛麟角来形容，原因无他，数量少，难度大，价格高而已。一幅月份牌原稿，动辄十几万、几十万元，而且有缘能见的机会也很少，需要长期关注，仔细辨别，辛勤参拍，没有别的捷径可走。目前，在这方面追踪有时，收藏有量，研究有心，能称之为收藏家的，除了歌手张信哲，未知是否还有第二人？张信哲的收藏，真正做到了恒心、用心、细心，为了能和原稿对比研究，他尽量去寻找根据原稿印制的印刷品，两两匹配，方便成对比照；他还四处托人，到处寻觅，不遗余力地搜集和月份牌原稿同时代的服饰和各种物件，以加深理解

谢之光绘月份牌原稿，张信哲藏 / 左
周柏生绘《花木兰与梁红玉》月份牌原稿，西泠印社 2019 年秋拍以 10.35 万元成交 / 右

当时的时尚和历史语境。张信哲还秉承独乐乐不如众乐乐的侠士风范，拿出他的收藏精品，组织专业团队，精心出版图录，举办展览，将一己微博之力回报于社会大众，堪称一位有责任有爱心的收藏家。

月份牌画从清末民初的崛起繁荣到20世纪六七十年代的归于沉寂，再到21世纪初成为人们怀旧恋昔的时尚藏品，正是我们这个社会曲折发展的一幅缩影。在现代媒介尚未发达的年代，商家对月份牌画的广告宣传功能情有独钟，将之作为宣传商品的首选工具，而漂亮时髦的月份牌画也成为市民们争相寻觅的珍宝。为此，财大气粗的商家们竞相出高价雇佣优秀画家进行月份牌创作，以谋取最大的商业利润，以至于在当年的商圈里流传着这样一句话：一幅好的月份牌画能支撑一款质量平庸的商品，甚而有可能创造出销售奇迹。但经济的发展是月份牌画产生的动力，也是其夭折的原因。随着广告业的迅速发展和现代媒体的出

张信哲正在整理收藏的月份牌原稿

现，月份牌在商业宣传上的价值逐渐被削弱，面对眼花缭乱的现代广告，已经很少再有人会去挖潜月份牌的广告潜能了。但另一方面，月份牌画在近几十年里却逐渐成为收藏家们的宠儿，它从廉价的商品附庸升值为收藏界骄傲的白雪公主。这正是商业社会的辩证法，所谓"东边日出西边雨，道是无晴却有晴"。

原版后记：关于小校场年画的一些回忆
张 伟

　　1980年夏我进徐家汇藏书楼工作，一天，在五层阁楼的一个大木箱里发现有四厚册装裱过的年画集，事后我才意识到，这几册年画集子居然是国内外收藏上海小校场年画数量最丰的一批，几占存世上海清末年画的三分之一，而我竟然有幸亲眼目睹，亲手摩挲，这是何等的运气呵。当时就被这些色彩鲜艳、构图饱满、内容新奇的画所震撼，让我这个从来没有见过木版年画原作的人一下子就产生了莫名的好感，并勾起了探索研究的强烈兴趣。以后的时间里这些画一直在我脑海里萦绕，它们也成为我始终未能忘怀的几个研究领域里的一个。我在书山报海里巡游，虽然相关史料是那样的少，社会关注也几乎为零。说来令人难以置信，在小校场年画于沪上诞生的大约一个多世纪以来，上海本土竟然没有举办过一次小校场年画专题展览，也从未出版过一本这样的专题画册，以致即使在专业圈中不知年画产地还有上海的也大有人在；而和国内各年画产地相比，小校场年画的研究现状也很难让人满意，不但没有相关的研究专著问世，散篇的研究论文为数也不多，且少有对第一手原始文献进行认真发掘的，以致始终拿不出一份关于小校场年画店庄和业人的传承谱系，其绘稿、刻版、刷印、销售、使用的具体情况更是长期缺少调查。即使在这样贫瘠的土壤上，我仍锐意穷搜，勾稽爬梳，不放过点点滴滴的线索,并记下一页页蝇头笔记。正因为有着这些经历,1999年和2001年,我两度代表上海图书馆到香港举办年画展览,并有底气站在香港科技大学和香港中央图书馆的讲堂上开讲,讲述上海小校场年画的历史渊源及其发展流变。

进入21世纪以来,随着国家对民族民间文化遗产抢救保护工程的进一步重视,以冯骥才先生为首的中国民间文艺家协会及其辖下的一批有识之士,将我国中华农耕文明最骄人的财富之一——木板年画列入为民间文化普查的第一个专项,中国木版年画的各个传统产地也随之开始立项普查,并正式启动了《中国木版年画集成》这项多卷本的大工程。近代上海在开埠后的城市化发展过程中,迅速超越各地成为全国最繁华的大都市。这种经济繁荣,一方面造就了大量新的官绅富商,同时也产生了人数众多的新兴市民阶层。他们在物质丰饶之余,随之产生对文化艺术产品的必然需求,从而催生出有着强烈地域色彩和时代特色的"海派文化",上海小校场年画正是在这一特定历史情境中崛起和繁盛,并自然产生了诸多和其他各地传统年画不同的地方。作为小校场年画产地的上海,2004年由"民协"出面向中国民间文艺家协会提出立项普查的请求并得到了批准,"上海小校场卷"也得以正式列入《中国木版年画集成》的出版计划。工作于2005年开始,其间却因遭遇诸多困难而一度停顿,以致拖了即将完成的《中国木版年画集成》这项宏大工程的后腿。2009年末,我因眼疾住院治疗,上海民间文艺家协会的新任秘书长忻雅华捧着鲜花到医院来看我,希望我出来担任小校场年画卷的主编,重新起头,不要让好不容易立项的这项工作半途流产;但时间很紧,留给我的只有半年多的工夫。记得我只是问了一些具体问题就爽快答应了,因为这是我喜欢的事,更主要的是这几年始终没有放弃,一直在关注相关领域的文献和研究,在图和文方面都有所积累,否则我万万不敢伸手来接这个半空抛来的"烫手山芋"。接下来就是紧张而有序的工作,2010年的春节和五一休假,我都是在电脑旁度过的。当我码好最后一个字，将书稿完整地交给中华书局时已是炎热的夏天了。经过秋和冬的往返修改校对，2011年的春天，这部书稿终于赶上了《中国木版年画集成》的最后出版，并得到了很高评价，我也因此荣获特殊贡献奖，并代表全部22卷的主编上台发言。

作为中国传统木版年画终结地的上海，小校场年画自有其和他地年画诸多的不同之处，而城市化和商业性正是它的最大特色，纲举目张，其他一切都能豁然开朗。我在研究中注意及此，对小校场年画的创作团体、版本变化、店坊分布、制作和销售特点及作品在世界范围内的存世量等等问题进行了初步考察，将相关研究向前推进了一步；而注重年画作品的个案研究，并将其置于广阔的时代背景中进行考察，则是本书的另一特点，诸如在年画与语言流变、年画与公众活动、年画与外来事物、年画与民众心理等等方面都做了探讨，有所创新。这是我们稍感欣慰的，也祈望读者提出批评。

最后，要介绍一下我的助手严洁琼小姐。2005年，上海图书馆新成立"上海年华"小组，以整合近代文献和网络资源，由我具体负责小组业务的开展。我还记得，当时第一个考进"上海年华"的就是毕业于复旦大学的小严。这几年，考进小组的年轻人大都有了很好的发展，而跟着我做项目最多的还是小严。她聪慧文静，谦虚好学，是个很有前途的好苗子。前期，我们做得较多的是中国早期电影史的研究；2009年起，她跟我做年画研究，是《中国木版年画集成·上海小校场卷》的副主编之一，本书则是我们进一步研究的合作成果。希望大家能够认识这位新人，也希望小严有更好的发展。

2013年1月28日晚于上图1233室

修订版后记：一份不成熟的答卷

这本小书的最初出版距今已经有 7 年了。

2011 年 4 月，我主编的《中国木板年画集成——上海小校场卷》一书，荣幸列入冯骥才老师挂帅的"中国木板年画全国普查"项目，由中华书局出版。由于首次比较系统地梳理了上海小校场年画从崛起到繁荣再到式微的历史进程，因此在北京人民大会堂上荣获由中国民间文艺家协会颁布的特殊贡献奖。之后，我再鼓余勇，和助手严洁琼小姐合作，开始写作《都市风情——上海小校场年画》一书。我们认为，城市化和商业性是上海小校场年画的最鲜明特色，纲举目张，其他一切都能豁然开朗。我们以此为抓手，对小校场年画的创作团体、版本变化、店坊分布、制作和销售特点及作品在世界范围内的存世量等等问题进行了初步考察，还注重了年画作品的个案研究，并将其置于广阔的时代背景中进行考察，在诸如年画与语言流变、年画与公众活动、年画与外来事物、年画与民众心理等等方面都做了探讨，有所创新。

台湾的近代文史专家蔡登山先生最早获悉我的写作计划，力促在他主持的秀威书局出版。我和蔡先生是多年朋友，非常感谢他的盛情相邀，于是在书稿完成之后，很快于 2014 年 7 月在海峡对岸的秀威书局正式出版。这是这本小书的真正初版本，虽然很多人没有见到过这个版本，但由于此书尚具创新之处，故还是在业界受到了关注，当时在学林出版社工作的解永健先生，强烈建议出大陆版，并表示学林愿意承担出版。对解先生的好意，我自然乐观其成，在对书稿略作修订增补后，我便将稿子交给了学林。期间恰逢解先生因故调离学林，因此而耽搁了一些时间，好在接手的许钧伟女士也很看好此书，故修订版很快于 2015 年 12 月由学林出版社出版。现在大家看到的基本都是学林的版本，我应该感谢学林，是它让更多的读者得以接触到这本小书，并由此而关注上海的小校场年画。

今年初，上海科技文献出版社总编辑张树先生甫一上任，便屈尊来到寒舍，商谈出版选题，其中便说到这本年画小书。张总编有意重新打造，推出新款。因学林的版权正好今年到期，我遂一口答应进行修订。经过几个月的打磨，此书现已修订完成，即将迎来它的第三个版本。这次修订主要体现在三个方面：

1. 个案研究，对个别篇章进行了修改，并且新写了一篇。

2. 增补了第三部分：小校场年画的转身与衍变——海派月份牌。在全国众多年画产地中，上海的小校场年画是诞生最晚而又消亡最早的，从 1880—1910，它的黄金时期大约只有 30 年光景。但 1910 年后进入民国，小校场年画并不只是简单地隐退舞台了事，而是紧随社会变革，像变身金刚般转身化为了月份牌，再度崛起，迎来了新的繁荣。这次修订，对小校场年画这一转身的历史因缘及其月份牌的崛起繁荣、形制演变和主要创作人员等作了尽可能详细的论述。这是别的年画产地所没有的现象，值得我们关注。

3. 对图片部分进行了大幅增补。此书 2014 年在秀威初版时，图版部分是 48 幅；次年在学林出内地版，图版部分增加到 80 幅。这次科技文献修订重版，图版进一步增加到 120 幅。上海小校场年画在全国主要年画产地中作品存世量最少，国内外加在一起也只有 1000 幅左右，故平时大家很少能够看到，何况这次增加了月份牌部分的论述，所以图版方面作了较大的增加，以尽可能让大家多一些审美享受。

我 1980 年进徐家汇藏书楼工作，得以接触到小校场年画，从而产生研究的兴趣，至今整整 40 年了。但我仍然感到有太多的疑惑没有答案，在研究的征程上还有很长的路要走。前几年在一篇文章中，我对小校场年画研究的现状用了一个词来形容：扑朔迷离，因其所关涉到的种种疑团至今难解，概括起来就是：

一、来源之谜

年画 1860 年从苏州转移到上海的观点为学术圈所普遍接受，但来沪的到底有哪些人？有多大的规模？有哪些人是继续从事年画创作和生产的？这种种疑问至今仍无答案。

二、作者之谜

中国各地年画大都有一些出名的画师和技师，年代、姓名、作品和主要事迹都大致清楚，而上海的小校场年画几无清晰可辨的画师和技师。吴友如和钱慧安是以往人们经常列举的创作过上海年画的著名画家，但实际上却无明确考证清楚的作品存世；周慕桥是近年学术界挖掘出的创作了很多年画作品的上海本土名画家，但其生平也不详。

三、销售传承之谜

相比画师和技师，小校场年画当年的销售模式和规模更模糊不清，至于从作画到雕版再到刷印的生产各阶段，也无传人。今天的朵云轩等单位，虽然还有作画、勾线、雕版等技师，有的还荣获了非遗传承人的称号，但其实和年画并无太大的关系。

四、衰落之谜

上海小校场年画的黄金期只有大约三十年的光景，也即从 1880—1910 年左右，之后很快就消失在人们的视野当中。随之继起的月份牌画，则和年画有着说不清、扯不断的复杂关系，两者之间到底是什么样的关系？至今仍然有着种种说法。

五、存世量之谜

全国各地年画产地，作品存世量大都尚可乐观，几千至几万幅是普遍状况，有的地方甚至私人藏家手中就拿得出上千幅当地年画。至于年画雕版，存世量也不在少数。而距今只有百年历史的上海小校场年画，可考的存世量，可能仅仅在1000幅左右且散落在世界各地，至今没有一个准确的统计数字。

这些疑惑应该是激励我们继续努力的动力，这本关于上海小校场年画的小书，则是我们交出的一份不成熟的答卷，希望大家看了以后能产生兴趣，激起勇气，和我们一起前行！

张 伟

2020年5月24日晚于宛华轩